寒冷地区高等学校
建筑节能关键技术研究

冯　伟　吕恒林　黄建恩　田国华　张丽娟　等著

中国矿业大学出版社

内容简介

本书以寒冷地区高等学校建筑为研究对象，在调查分析高等学校建筑使用特点和建筑能耗的基础上，综合运用建筑学、城市规划、建筑环境与能源应用工程等专业的基础理论，多学科、多角度地对高校建筑节能关键技术进行了研究，重点阐述了校园建筑能耗特点及节能潜力、校园微气候调节技术、建筑设计节能技术、建筑围护结构优化设计技术、门窗节能技术和建筑设备节能设计技术、可再生能源利用技术以及建筑节能技术适宜性评价指标体系，并介绍了校园建筑节能设计应用实例。

本书可供建筑节能、建筑技术研究等领域的科研人员、工程技术人员以及大专院校师生参考。

图书在版编目(CIP)数据

寒冷地区高等学校建筑节能关键技术研究 / 冯伟等著. —徐州：中国矿业大学出版社，2017.11

ISBN 978-7-5646-3797-2

Ⅰ.①寒… Ⅱ.①冯… Ⅲ.①寒冷地区—高校管理—教育建筑—节能设计—研究 Ⅳ.①G647.6

中国版本图书馆 CIP 数据核字(2017)第 300122 号

书　　名　寒冷地区高等学校建筑节能关键技术研究

著　　者　冯　伟　吕恒林　黄建恩　田国华　张丽娟　等

责任编辑　耿东锋　崔永春

出版发行　中国矿业大学出版社有限责任公司

（江苏省徐州市解放南路　邮编 221008）

营销热线　(0516)83885307　83884995

出版服务　(0516)83885767　83884920

网　　址　http://www.cumtp.com　**E-mail**:cumtpvip@cumtp.com

印　　刷　江苏凤凰数码印务有限公司

开　　本　787×1092　1/16　**印张** 15　**字数** 370 千字

版次印次　2017 年 11 月第 1 版　2017 年 11 月第 1 次印刷

定　　价　48.00 元

（图书出现印装质量问题，本社负责调换）

前　言

我国人口众多，能源和资源短缺已成为制约社会可持续发展的重要瓶颈。目前，建筑能耗约占社会总能耗的28%，随着城镇化的发展，人民生活水平的提高，建筑用能还在快速增加。在建筑领域实现节能减排对建设节约型社会、贯彻落实科学发展观具有十分重要的意义。建筑节能是国家确定的十大重点节能工程之一。

中国教育类事业单位数量约占全国公共机构总数的34.46%，用能总量约占各类公共机构用能总量的39.33%，机构数量和用能总量均居各类公共机构首位。截至2015年年底，全国共有普通高等学校和成人高等学校2 852所，其中普通高等学校2 560所（含独立学院275所），各类高等教育在校总规模达到3 647万人，普通高等学校校舍总建筑面积89 141.38万m^2。调查显示，高校校园能耗约占社会总能耗的8%，高校生人均能耗指标高于居民人均能耗指标，是全国人均生活用能的4倍。高校资源利用主要包括土地、能源（包括电力、煤、油、气、热力等）、水、建筑材料、办公用品、教学用品、实验用品等多个方面。高校能源和资源具有种类多、总量大、人均消耗水平高、能源费用支出高、节能潜力较大等特点。实行高校建筑节能、建设节约型校园，是推行建筑节能工作的重要组成部分。

为促进节约型校园建设，教育部2005年发布了《关于贯彻落实国务院通知精神做好建设节约型社会近期重点工作的通知》，2006年发布了《关于建设节约型学校的通知》，2008年和建设部联合发布了《关于推进高等学校节约型校园建设，进一步加强高等学校节能节水工作的意见》和《高等学校节约型校园建设管理与技术导则》，2013年下发了《教育部关于勤俭节约办教育建设节约型校园的通知》，这些文件的制定说明国家对建设节约型校园高度重视和关注。

受寒暑假的影响，高校建筑在使用方面具有间歇性，然而在现行的居住建筑和公共建筑节能设计标准中没有对高校建筑的特殊性做出专门规定，亟待展开相关研究。本书在调查分析寒冷地区高等学校建筑使用特点和建筑能耗特点的基础上，综合运用建筑学、城市规划、建筑环境与能源应用工程等专业的基础理论，多学科、多角度地对校园微气候调节技术、建筑围护结构节能技术、建筑设备节能技术以及可再生能源应用技术等高校建筑节能关键技术进行研究，建立高校建筑节能技术适宜性评价指标体系，提出满足节能标准要求的校园建筑节能技术方案，并将研究成果加以推广应用，可为寒冷地区节约型校园建设提供参考和借鉴。

本书是在江苏省“六大人才”高峰项目“寒冷地区高等学校建筑节能关键技术研究”、江苏建筑节能与建造技术协同创新中心开放基金项目等研究成果的基础上撰写而成的，全书由冯伟负责整体策划和组织，拟定编写大纲和审稿。具体编写分工如下：第1章由冯伟、黄建恩、陈艳霞、张丽娟编写；第2章由冯伟、周泰、陈艳霞编写；第3章由黄建恩、冯伟、周永阳、刘朋编写；第4章由田国华编写；第5章由吕恒林、黄建恩、李悦、申亚楠编写；第6章由冯伟、张丽娟编写；第7章由张丽娟、黄建恩编写；第8章由黄建恩、陈艳霞、李悦编写；第9章由田国华、陈艳霞编写；第10章由吕恒林、黄建恩、冯伟、田国华、张丽娟编写。周淑春副教授、刘志勇副教授、胡波老师、张见超老师等在本书撰写过程中给予了热情指导和帮助，研究生闫加贺、张丙利、周泰、周永阳、张胜旺、刘朋、李思慧、申亚楠、郭大鹏、邱玉、薛雨凝等在本书实验测试和相关研究开展中给予了极大帮助；中国矿业大学基建处、档案馆，江苏建筑职业技术学院，江苏省建筑节能工程技术研究中心等相关单位提供了相关工程案例和资料，在此一并对他们的工作给予诚挚的感谢。

本书可供建筑节能、建筑技术等领域的科研人员、工程技术人员以及大专院校师生参考。

由于时间仓促，作者水平有限，书中难免存在缺点和错误，恳请广大读者批评指正。

著　者

2017年6月

目 录

1 绪论

1.1 研究背景、目的与意义

1.1.1 研究背景

由于资源和能源日趋紧张，生态环境日益恶化，土地资源日渐减少，节能减排已成为世界各国政府的重要工作。据统计，建筑物在其建造、使用过程中消耗了全球能源的50%，产生的污染物约占污染物总量的34%。在严峻的现实面前，建筑业别无选择，必须走可持续发展之路[1]。根据近30年来能源界的研究和实践，目前普遍认为，在各种节能途径中，潜力最大、最为直接有效，且能缓解能源紧张、解决社会经济发展与能源供应不足这对矛盾的有效措施之一就是建筑节能[2]。

我国人口众多，能源和资源短缺已成为制约社会可持续发展的瓶颈。目前，建筑能耗约占社会总能耗的28%[3]，随着城镇化的发展和人民生活水平的提高，建筑用能还在快速增加。在建筑领域实现节能减排对建设节约型社会、贯彻落实科学发展观具有十分重要的意义，建筑节能也是国家确定的十大重点节能工程之一。

中国教育类事业单位数量约占全国公共机构总数的34.46%，用能总量约占各类公共机构用能总量的39.33%，机构数量和用能总量均居各类公共机构首位[4]。截至2015年年底，全国共有普通高等学校和成人高等学校2 852所，其中普通高等学校2 560所(含独立学院275所)，各类高等教育在校总规模达到3 647万人，普通高等学校校舍总建筑面积89 141.38万 m^2[5]。调查显示，高校校园能耗约占社会总能耗的8%，高校生人均能耗指标高于居民人均能耗指标，是全国人均生活用能的4倍[6]。高校资源利用主要包括土地、能源(包括电力、煤、油、气、热力等)、水、建筑材料、办公用品、教学用品、实验用品等多个方面。高校能源和资源具有种类多、总量大、人均消耗水平高、能源费用支出高、节能潜力较大等特点。实行高校建筑节能、建设节约型校园，是推行建筑节能工作的重要组成部分。

为促进节约型校园建设，教育部2005年发布了《关于贯彻落实国务院通知精神做好建设节约型社会近期重点工作的通知》，2006年发布了《关于建设节约型学校的通知》，2008年和建设部联合发布了《关于推进高等学校节约型校园建设，进一步加强高等学校节能节水工作的意见》和《高等学校节约型校园建设管理与技术导则》，2013年下发了《教育部关于勤俭节约办教育建设节约型校园的通知》，这些文件的制定说明国家对建设节约型校园高度重视和关注。

随着国家的发展，高等教育将进一步普及，按2010年制定的《国家中长期教育改革和发展规划纲要(2010—2020年)》，高等学校的毛入学率将从2009年的24.2%提高到2020年的40%，高等学校办学规模将进一步扩大。受寒暑假的影响，高校建筑在使用方面具有间歇性，然而在现行的居住建筑和公共建筑节能设计标准中没有对高校建筑的特殊性做出专门规定，缺少专门针对高校建筑节能的相关标准和成熟的技术方案，亟待展开相关研究。因此，开展寒冷地区高等学校建筑节能关键技术研究具有十分重要的意义，是建设节约型校园的重要支撑。

1.1.2 目的与意义

当前我国经济社会发展进入新的历史时期，中央明确提出建设节约型社会。高等院校作为培养人才、传播和创造知识并为社会服务的重要场所，在我国社会和经济发展中占有相当重要的位置，应该为建设节约型社会做出应有的贡献。

在调查分析寒冷地区高等学校建筑使用特点和建筑能耗特点的基础上，综合运用建筑学、城市规划、建筑环境与能源应用工程等专业的基础理论，多学科、多角度地对校园微气候调节技术、建筑围护结构节能技术、建筑设备节能技术以及可再生能源应用技术等高校建筑节能关键技术进行研究，建立高校建筑节能技术适宜性评价指标体系，提出满足节能标准要求的校园建筑节能技术方案，并将研究成果加以推广应用，为节约型校园建设提供重要技术支撑，具有十分重要的意义。

(1) 对大学生具有重要的教育示范作用。培养大学生正确的世界观、人生观、价值观是高等学校的根本任务，在高校中开展节能减排行动，并将其与学校管理、学生工作进行有机结合，可以让大学生充分认识和体会到建设节约型校园的重要意义，培养节能减排理念。

(2) 控制校园建筑总能耗。随高校招生规模的扩大，我国高等教育逐步由精英教育转向大众教育，一些高校纷纷建设新校区，高校建筑总量不断增加。控制高校建筑能耗是节能减排的重要组成部分。开展高校建筑节能关键技术的研究与应用有利于控制校园建筑能耗总量。

(3) 高等学校具有丰富的人力资源和技术优势，广大师生具有极高的社会责任感和使命感，为推行建筑节能提供了良好的客观条件。相对于社会其他地方，高校推广建筑节能具有十分强的示范作用，可促进全社会对可持续发展理念的理解和接纳。

(4) 研究寒冷地区高校建筑节能关键技术有助于完善建筑节能技术体系，研究成果可转化性强，市场前景广阔，经济效益、社会效益较大，对促进节约型校园建设具有重要的意义，对整个建筑领域的节能发展也具有重要的参考和借鉴意义。

1.2 节约型校园建设概况

1.2.1 国外发展概况

西方发达国家十分重视节约型校园建设工作[7]。欧美国家自 20 世纪 70 年代能源危机以来，在这方面进行了很多的研究和尝试，值得我们学习。1972 年斯德哥尔摩人类环境会议第一次提出了绿色学校的理念。1994 年联合国教科文组织提出了“可持续性的教育”[8]。美国成立了气候变化应对协议校长联盟，有 318 所学校加盟；美国、加拿大还联合成立高等教育可持续发展协会，由 320 所学校组成[9]；英国开展了以学校为舞台，学生为主体的“人与地球”环保节能运动，加盟高校有 55 所；英国还成立了由 170 多所大学和其他机构组成的高等院校环境联合会，以论坛形式的有 18 所高等教育机构参加的面向可持续的高等教育合作社[10-12]。可见，发达国家在高校推广节能与环保的理念和行动走在世界的前列，已经取得了显著的成效[12-14]。

不同的国家，不同的学校，情况不同，具体的做法也存在着差异，但目标是一致的，即促进可持续的节约型校园建设。例如,耶鲁有一个综合全面的可持续发展的框架,包括对自然生态环境的保护、水资源的节约保存、材料回收再生,以及在餐厅使用自然、当地产的食品等。2000 年,耶鲁成立了一个由教员领头的工作组——环境管理咨询委员会,对学校在环境上的做法提出改进意见。其后,学校建设了一系列的小型环境工程,还创立了可持续发展办公室。耶鲁的主要目标是到 2020 年使学校的温室气体排放在 2005 年的基础上降低 43%。

2005~2007 年,耶鲁的具体做法如下:在全校的 300 座大楼中,对 90 座大楼的供暖、通风和冷气系统进行了改装;供暖和照明采用全自动控制;所有大楼都安装了隔热窗;多个大楼内安装了地热泵,帮助供暖和制冷;学校还使用太阳能和风能。根据绿色建筑评级系统——领先能源和环境设计(LEED),所有的新建大楼和既有建筑改造均达到或超过了“银”级标准。因此,在项目启动的前两年,耶鲁的碳排放减少了 43 000 t,即在 2005 年的水平上下降了 17%。

英国在高等教育可持续化的议题上所采取的措施是相当领先和独特的,尤其是在绿色高校学生公寓方面很有建树。东英吉利亚大学康斯特布尔学生宿舍(Constable Terrace, The University of East Anglia, England)和牛津大学利纳克尔学院亚伯拉罕楼(Abraham Building, Linacre College, Oxford University, England)都是著名的绿色低能耗建筑,使用了混合型通风、被动太阳能设计、保温隔热等措施,且利用厚重结构调节室内环境,使环境自我调控;人工照明采用配有高频镇流器的节能荧光灯,并在公共区域设有自动红外线照明控制感应器;供热系统采用高效节能的冷凝式燃气锅炉;对于水资源的回收与利用,设计了中水回收及利用系统,并综合场所特点、植被特点、经济等因素提出了运用场所绿化的手段来抵消因运营而产生的温室气体的方案[12,15]。

可见,发达国家在高校推广节能和环保理念方面与行动上已走在世界的前列,且取得了较为显著的建设成效。学习国外先进的节能措施固然非常重要,但考虑到国外气候、环境、文化等因素与我国的差异性,应根据我国校园建筑的实际情况有选择性地进行借鉴和吸收。

1.2.2 国内发展概况

有关资料显示,我国高校年电力消耗总量占全国总消耗量的 5%,能源费用超过 800 亿元,单位面积电耗是普通居民家庭单位面积电耗的 4 倍以上,单位建筑面积能耗超过世界头号耗能大国——美国[16-17]。自 2007 年开始,住房和城乡建设部、教育部、财政部以推进节约型校园建筑节能监管体系建设为切入点,通过综合应用制定政策、建立标准、财政扶持和示范引导等手段全面推进高校建筑能效提升工程[18]。从 2008 年浙江大学、同济大学等 12 所高校试点建设节约型校园建筑节能监管体系示范项目以来,截止到 2016 年,我国的节约型示范校园建设已覆盖全部部属院校,并带动了一批地方院校的示范校园建设,数量超过 300 所。2011 年由我国第一批节约型校园示范大学为核心发起中国绿色大学联盟,成为推动我国节约型校园建设的第一个 NGO 组织和核心力量[19]。

屈利娟、王立民、陈伟[18]对 52 所监管平台示范建设高校 2013 年度的能耗与水资源消耗情况进行了统计分析,所有样本高校的平均能耗为 754 kgce(千克标准煤)/生,单位面积能耗平均为 2 079 kgce/m^2,平均水耗为 65 m^3/生。其中:增均能耗以严寒地区高校最高,为 1 290 kgce/生,是夏热冬暖和温暖地区高校的 3.75 倍,是夏热冬冷地区高校的 2.76 倍;相应的单位面积能耗也与平均能耗一致,为夏热冬暖和温暖地区高校的 4.2 倍,是夏热冬冷地区高校的 2.66 倍;平均用水量以夏热冬冷地区高校最高,严寒地区高校最低,分别为 90 m^3/生和 61 m^3/生。

从监测建筑物类型分析,各高校纳入能耗监管平台的建筑类型均较为齐全,其中,教学楼、行政办公楼、图书馆、食堂餐厅、综合楼、科研楼和学生宿舍等 7 类校园常规建筑的监测率均达到 94%以上,教学楼达到 100%监测,其他建筑如场馆建筑、特殊实验室、校医院、集中浴室和交流中心等,由于部分高校并不具备该项功能的建筑,因此在受监测的比例上有所降低,分别在 87%~75%之间。从各高校总体节能节水量化成效的自我评价来看,大多数高校认为通过节能监管平台节能节水成效在 5%~10%之间;而水耗节约与能耗节约比较,校园节水的量化效果优于节能量化效果。

为了从制度上保障节约,北京 90 多所高校成立了节约型校园建设领导小组和能源管理办公室,将建设节约型校园纳入学校规划,建立长效机制,加大投资规模,改善设施设备,完善节能团体和志愿者队伍建设。同时建立完善的节约制度,包括仓库管理,物资设备配备,设备运行与修缮管理,资源与能源统计、公示、审计等制度,做到节能、节水、节地、节材、节粮和保护环境。北京计划投资 3 亿多元,为 90 多所高校的 150 个校区免费安装餐厨垃圾就地资源化处理设备。试点已在昌平区内的北京农学院、中央财大、华北电力大学等 11 所高校展开,学校每天产生的剩饭剩菜将就地处理,变废为宝。据统计,近年来,北京高校在节能减排方面共投资 8.9 亿元,用于节水、节电、节气、节能等工程建设。目前北京绝大部分高校装有雨水透水砖和下凹式绿地等雨水利用装置,有 48 所学校完成水平衡测试,建立了 52 座中水处理站,每天可处理污水回收利用近 2.1 万 m^3。为节约能源,高校普遍采用了加装有限电装置的智能 IC 卡用电管理系统,学生食堂实行用电成本核算,办公场所普遍更换节能灯具,图书馆、自习室采用分区照明技术等。供暖期内,则采取低温供暖、寒假期间合并学生宿舍等办法,以减少采暖能耗[20]。

可见,国内对节约型校园建设也十分重视,国家和地方政府出台了相关政策大力推动节约型校园建设。研究校园建筑节能关键技术对推动节约型校园建设具有重要的意义。

1.3 微气候调节技术

20 世纪 50 年代以来,国内外学者持续关注绿化和建筑布局对室外微气候的调节作用,并通过实验、现场测试和数值模拟计算等方法进行了很多相关的研究。

1.3.1 植被对微气候的调节

植物蒸发、成荫性、冷却通风等天然功能,能十分有效地调节城市微气候[21]。苏联学者研究了不同种类的树木对室外热湿环境的改善效果,分析了各个树种的影响程度[22],为绿化树种的选择提供了理论指导。日本学者 Akira Hoyano 从建筑物的温度和空气的温度着手研究了绿化对建筑热环境的改善作用[23]。Toshickt Ichinose 通过现场实测的方法研究分析了绿化对建筑热环境的影响,结果显示,绿化对建筑热环境改善效果明显[24]。美国学者主要对绿化缓解热岛效应进行了研究,定量分析了绿化对环境的改善作用;通过研究发现,通过增加果园的面积和加大灌溉力度的方法可以使城市的温度降低 2 ℃,说明城市绿化可以有效缓解热岛效应[25-26]。B. Bonan 利用卫星观测图片,测试了科罗拉多的一个居民小区，以研究建筑设计对室外温度、风速及相对湿度等环境变量的影响，从而研究植物选择、浇灌草坪和住房密度对室外热环境的影响。新加坡学者 Nyuk Hien Wong 等对不同密度和高度的绿化进行了数值模拟，并对结果进行了验证，在对 32 种情况进行分析的基础上，提出绿化是改善热环境的有效措施，绿化可以使城市的温度降低 2 ℃[27]。

王廷夷[28]研究了夏热冬冷地区植被对建筑热湿环境的影响，在对不同覆盖物地面的温度进行了现场测试的基础上，通过数值模拟分析了植被的面积、高度及覆盖率对室外温度和风压的影响。李帅、敬鑫、于海漪[29]对北方工业大学的三处典型性地段实地检测，用温度和湿度两个指标定量分析了绿化、铺地面材料和建筑布局对校园微气候的影响。林波荣[30]通过大量现场实测工作，建立相关数据模型，研究了不同绿化形式对室外热环境的影响效果及特征，提出利用有效遮阳绿量的概念以指导绿化，改善小区热环境。胡永红、王丽勉、秦俊等[31]在研究上海植物园群落的基础上，选择了单纯草坪、乔灌草复合型群落、纯林等几个比较典型的群落配置，对微环境的改善效果进行了现场实测，结果表明，结构越复杂的群落在增湿降温方面的效果越明显，而单纯草坪对微气候的调节能力则相对较弱。

晏海、王雪、董丽[32]选择北京奥林匹克森林公园 8 个植物群落为研究对象，对其夏季日间微气候效应进行了定量化研究，在夏季时，植物群落与对照点相比，日平均空气温度、相对湿度及光照强度之间的差异均达到了极显著差异。群落日均空气温度降低 1.6～2.5 ℃，平均值为 2.0 ℃；日均相对湿度增加 2.9％～5.2％，平均值为 4.3％；日均遮光率达 61.0％～96.9％，平均值为 82.2％。不同树种的微气候因子也存在差异，日平均温度排序均为：钻天杨/油松＞旱柳＞洋白蜡＞银杏＞刺槐＞毛白杨＞栾树；日平均相对湿度排序均为：栾树＞银杏/毛白杨＞刺槐＞旱柳＞油松＞钻天杨＞洋白蜡；日平均光照强度排序为：旱柳＞钻天杨＞银杏＞油松＞洋白蜡＞刺槐＞栾树＞毛白杨。

李英汉、王俊坚、陈雪等[33]选取深圳市 3 个典型居住小区为研究对象，利用实地观测及景观格局分析方法，探讨居住区绿地植物冠层格局特征对微气候的影响。3 个小区绿地温湿度调控效应都与高度在 1.5 m 以上植物的冠层格局特征显著相关，表明以乔木为代表的高大绿化树种温湿度调控能力最强，基于温湿度调控功能的小区绿化应考虑以乔木为主的绿化方式。在温湿度调控能力达到预期目标的基础上，再考虑结合灌木、草坪等绿化方式，以完善小区绿地的综合功能。赵娜[34]对草地、草地＋灌木、草地＋乔木＋灌木、树林＋草地等四个不同植被结合方式的调节温度效果进行了实测比较：单纯露天草地最差，草地＋灌木结合次之，树林＋草地结合再次之，灌木＋乔木＋草地的结合方式最优。由此看出，当前很多地方采用大面积草地的绿化手法对降低温度效果并不是很好，特别是在武汉这种夏季时间相对较长的地区。

赵敬源、刘加平[35]利用街谷动态模型，对典型街谷进行了温度场数值模拟。通过大量的数值分析，比较了街谷高宽比、下垫面材料、街谷走向以及街谷两侧建筑立面形式等一系列街谷设计因素对其热环境的影响。模拟结果定量地揭示了各项因素对街谷热环境的影响方式和影响程度，给出了最佳高宽比的推荐范围。

众多学者的研究结果表明，植被绿化对缓解城市热岛效应、调节城市微气候环境具有十分显著的效果。绿地率对建筑能耗的影响最大，可使气温降低 2 ℃左右，这将导致建筑能耗降低 4.5％。

1.3.2 建筑布局对风环境的影响

风环境对城市人居环境的质量具有重要影响，建筑单体设计或建筑群体布局不当会影响行人的舒适感与安全感、不利于开窗通风、局部通风不良致使污染物难以扩散等。对建筑室外风环境进行预测评价可以为城市规划设计的优化提供一定的指导意义，城市风环境的研究越来越受到重视。

印度学者 Kamlesh Dutta 等[36]在考虑室外风环境的基础上分析了合理的规划布局和建筑空间结构，并且基于一定的参数给出了一些可行的解决方案。英国学者 Hugh Barton 等列举了几种比较典型的规划布局形式，并对其进行了通风效果的模拟，分析了几种典型规划布局的优劣，提出了有利于通风和降低能耗的建议[37]。Hsieh、Lien 和 Zhai、Chen 均借助于 CFD 软件对室外风环境对建筑的影响进行了研究，分析了其影响因素[38-39]。吴晓冬[40]从城市住宅组团的空间形态出发，基于局地微气候的合理性，从组团规划布局各要素几何特征、组团空间形态界面、组团空间填充物分布及特点等方面，研究住宅组团布局对组团居民居住心理舒适度、微气候环境所产生的正作用及局地微气候对于组团布局起到的反作用，从而得到间距、高度比等量化的规划因子评价指标体系。

陈飞[41]对不同形式的建筑室外风环境进行了研究，分析了建筑形式、平面布局及空间形态对风环境的影响，运用层次分析法建立了夏热冬冷地区风环境评价体系，为城市建筑布局的选择提供了必要的技术参考。王新华[42]对不同室外环境和建筑形式等对室内流场分布的影响进行了研究，采用 FLUENT 软件对室内外气流场稳态湍流流动进行数值模拟，分析了小区的室内外风环境，使得风环境的研究更加全面和系统。都桂梅[43]采用 FLUENT 软件对小区人行高度的风环境进行了模拟研究，主要从规划布局和风向两个方面对人行高度的风环境进行了分析，并且对建筑的规划布局提出了相应建议。

于海泳和全远丽借助于 CFD 软件模拟研究了室外风环境的影响因素[44-45]。殷超杰[46]通过现场调研的方法，对室外地形、水体和植被等因素对小气候的影响进行了调查，在现场调研与理论分析的基础上，利用 Phoenics 软件分析了建筑室外风环境的影响。王珍吾、高云飞、孟庆林等[47]以广州为例，针对典型规划布局的室外风环境进行研究，对常见的楼群布局(并列式、错列式和周边式)进行了整体的风环境模拟，分析了不同布局方式对室外风环境的影响。杨晓彬、陈志龙、上官林宏等[48]以南京某居住小区地下停车规划为实例，利用微气候流体力学模拟软件 ENV-met 量化分析了地下停车规划对该居住区室外环境的影响，探讨了地下停车规划对居住区城市微气候的影响与效益。邱长存、任乃鑫[49]以临沂地区某住宅项目为例，通过 Ecotect 软件模拟，从风环境、光环境、热辐射等影响因素方面对规划住宅小区的单体朝向、建筑间距、布局形式进行了分析，并依托分析结果，对该项目规划方案的合理性进行了评价。张春灵、姜允芳[50]以常州某一住宅小区规划设计方案为例，运用计算流体力学 Airpak 软件对居住建筑群进行了风环境数值模拟和优化。郑子豪、陈颖彪、千庆兰等[51]将快速三维建模软件 CityEngine 2012 与局地微气候模拟软件 ENVI-met 相结合对珠江新城西区的微气候进行了数值模拟研究，利用 CityEngine 这一交互建模工具可以基于 GIS 数据快速建立大范围观测模型，并且能够方便、快捷地更新与维护模型系统的特点，同时，应用 ENVI-met 软件进行城市局部地区的微气候模拟，将城市三维模型与微气候模拟结果相结合，进行可视化展示。冯伟、吕恒林、田国华等[52]采用 FLUENT 软件对 8 种苏北地区典型布局方式的农村住宅建筑群的室外风场进行数值模拟计算，对比分析不同布局建筑群室外风场的优劣，提出了合理的住宅建筑布局方式。李晗、吴家正、赵云峰等[53]以青岛市居住区最常采用的3种建筑布局形式(行列式、围合式和点群式)为研究对象，采用城市微气候模拟软件ENVI-met进行数值模拟，研究了不同建筑布局居住区的室外微环境特征。叶宗强、周典、徐怡珊[54]通过对大型居住区风环境的实测调查，验证了利用FLUENT流体计算软件并合理设置参数与计算方法是可以用来研究及表达大型居住区风环境特点的，并利用正交实验设计对居住区的空间规划方案进行典型化提取，通过对规划方案的风环境进行模拟评估，分析总结了大型居住区在建筑平面布局、空间高度控制和住宅单元组合方式上的规划策略。麻连东[55]运用微气候模拟的数值模拟软件对哈尔滨地区多层住宅行列式、围合式和混合式建筑布局的室外微气候环境进行了数值模拟研究，运用人居环境评价标准对各种布局模式的微气候环境水平进行了对比，并提出了优化设计策略。

龚晨、汪新[56]针对行列式、错列式、斜列式、混合式等4种典型的城市住宅小区布局形式，采用ANSYS-CFX软件建立76种不同参数的数值模型，并通过CAARC标准模型对采用的网格划分、模拟方法及边界条件进行验证分析，对数值模型进行三维流场模拟，研究不同参数(风向角、布局形式、建筑尺寸等)对典型城市住宅小区风环境的影响。分析结果表明：微风环境下，当来流风速垂直于建筑长度方向进入小区时其内部风环境较差；不同工况下人行高度(离地1.5 m)处高风速主要发生区域为小区过道入口；建筑物长度对小区风环境的影响较为显著，当长宽比$L/B=3:1$时及采用斜列式布局能够有效改善小区内风环境状况。

王宇婧[57]运用Phoenics方法，对不同周边范围影响下的典型板式建筑街区、塔式建筑街区进行了风环境模拟与比对，同时还研究了不同等级的道路、公园等开场空间，不同夹角的主导风向以及建筑高度对城市街区风环境的不同影响。

李顺[58]以济南市某大学校园为研究对象，运用计算流体力学(CFD)软件模拟了夏季典型风向下风速为2.8 m/s和冬季典型风向下风速为2.7 m/s时的校园室外风热环境分布状况，对校园内的风速分布和压力分布以及温度分布进行了模拟分析及评价。王芬[59]利用流体力学计算软件Phoenics分析法和现场调查法，对赣南师范学院校园内部的风环境舒适状况进行了全面分析，针对风环境条件较差的区域，在建(构)筑物布局、绿化种植和景观设计等方面提出人性化改进措施。徐进欣[60]对现有风环境舒适度评估标准进行归纳总结，确立了适合大学园区的风环境舒适度评价标准。利用风环境模拟软件Phoenics，针对山东建筑大学现状和规划方案分别建立模型，通过对山东建筑大学风环境的分析总结，从校园整体布局、建筑群优化、建筑单体设计和景观布置利用等方面提出大学园区的风环境优化策略，为大学园区的建设提供参考和借鉴。

目前，建筑室外风环境评价方法主要有现场实测、风洞实验法和数值模拟计算等方法[61]。风洞实验法具有模型制作成本高、周期长、难以同时研究不同方案等特点，而数值模拟计算方法利用计算流体力学理论进行模拟分析，具有快速简便、准确有效、成本较低等优点，受到广泛认可并大量应用到工程实践中。

1.4 建筑设计节能技术

对于建筑师来说，可以通过科学规划布局、合理建筑设计等手段，在保证和提高建筑舒适度的条件下，减少采暖、空调的能耗，来实现建筑设计的节能。建筑平面的布局，特别是建筑物的平面形状、进深、长度、层高、层数等参数对建筑室内热环境影响非常大，决定了建筑的被动节能效果。为了使室内获得良好的通风效果，必须在规划和设计阶段进行节能控制，包括庭院的绿化、建筑的布置、建筑的朝向、开口位置和方向等。

我国在最初执行建筑节能标准的过程中，很多时候更加注重建筑围护结构和采暖空调的节能技术，没有足够重视建筑设计阶段的节能工作。随着建筑节能工作的深入，对于建筑本体的节能设计技术越来越重视，在我国各类建筑节能设计规范中，都对建筑设计的节能技术提出了相应的要求。

建筑体形系数是建筑设计重要的参数，其体形的变化直接影响着建筑采暖空调负荷的大小。《严寒和寒冷地区居住建筑节能设计标准》(JGJ 26—2010)对建筑体形系数提出了相应的要求，规定了寒冷地区 3 层以下建筑体形系数≤0.52，4～8 层建筑≤0.33，9～13 层建筑≤0.30。有研究资料表明，体形系数由 0.4 减少到 0.3，围护结构传热损失可降低 25%，全年采暖空调能耗可减少 13%，建筑体形系数对建筑能耗影响显著。但是体形系数在节能建筑设计中的变化规律和应用、在操作过程中的价值讨论甚少，使建筑师对体形系数了解不多，重视不够。

建筑物的朝向对于建筑能耗指标的影响也非常大。在冬季，采暖建筑的能耗主要由建筑的热损失减去得到的太阳辐射热，为了在寒冷的冬季得到更多的太阳辐射热，减小能耗，就需要建筑具有南向的主立面。而夏季的空调能耗主要是太阳辐射热和建筑室外热传递的总和，因此在夏季应尽量减少太阳热辐射，这就需要减少东西向的空调房间数量和面积。

国内对校园建筑的量化研究不多，王洪光[62]对西安地区高校教学楼建筑室内热环境进行了研究，通过测试和问卷之间的对比分析找出了西安地区高校教室室内热环境存在的问题。即夏季处于自然通风状态的教室室内热环境质量较差，需要进一步改善。冬季采暖教室内的温度偏高，不利于学习，而且老教室门窗渗透严重，热能损失过多，室内温度偏低。由于教室无换气设施，室内空气质量较差，空气比较干燥。

胡帆[63]从低能耗角度探讨长沙地区高校教学楼低能耗优化设计策略。但其有关论文仍然以经验研究为主，没有提出具体设计方法。

王磊、龚波等[64-65]采用计算流体力学方法，对成都某高校新校区教学楼周围风环境进行数值模拟分析，比较了风向及教学楼间距对教学楼周围自然通风引入的影响。然后在此基础上进一步对自然通风教室室内温度场、速度场进行模拟，并利用国内外自然通风热舒适研究成果，结合成都地区气象特点建立了成都自然通风热舒适评价模型，对自然通风教室内学生热舒适性做出评价及比较分析。但其对于教室的模拟是以自习课教室为对象，在教室门窗全开敞的状态下进行的，这与高校教室以上课为主的情况不一致，并且多媒体教室在上课时无法对流通风。该研究没有考虑自然通风的不确定因素，故其研究成果不具有广泛意义。

在建筑设计节能方面，涌现出了很多优秀的设计实例[12,15]。

东英吉利亚大学康斯特布尔学生宿舍能容纳将近 400 名学生，是英国迄今为止规模最大的低耗能宿舍，总面积 9 100 m^2，造价约 620 万英镑。在建筑设计过程中，以下几个方面与众不同：首先是形体，依照传统类型演变过来的联排房单元，以服务空间为中心沿东西分布，形体与空间紧凑，体形系数小，加之由于联排而使外部围护面积暴露少，因此使得冬季热损失少，同时又减少了保温层使用量，节省造价；缺点是不利于自然通风、自然采光和利用太阳能。其次是保温绝热设计，其外墙是由 100 mm 的泡沫型加强砌块、50 mm 的空气层、100 mm 的矿棉保温层、100 mm 的泡沫型加强砌块构成的(顺序由外到内)，此种围护结构拥有较好的热惰性，可以滞后和减弱室温波动。窗采用双层中空低热反射率玻璃；为了减少热损失，窗的尺寸采用了规范中的底值(1 400 mm×900 mm)。在节能建筑中，由于不完善的冬季通风控制导致的热耗是相当大的。该楼采用混合型通风方式(mixed mode ventilation)设计，夏季通过开窗实现自然通风[大致 6 AC/h(AC 为一个循环)]；冬季置换式机械通风系统将室外新鲜空气从屋顶挑檐下引入，途经位于顶层的热回收系统低速低位送进室内，室内陈旧空气亦途经热回收系统排出(卧室 0.5 AC/h，卫生间 6 AC/h)，用以加热进入室内的冷空气(大致可利用 70%的潜在热量)。研究表明，虽然此设计增加了 2 000 kW·h 的通风耗能，但通风方式的改变在加强型保温隔热方案的基础上节省了 7 863 kW·h 的供热耗能(达到 333 kW·h)。

牛津大学利纳克尔学院亚伯拉罕楼(以下简称"利楼")建于 1994 年，面积 986 m^2。采取的基本设计策略如下：

(1) 充分利用被动太阳能设计

利楼的设计平面具有短进深的特点，将自习型卧室置于朝阳的南侧，把诸如厨房、储藏、卫生间等空间置于北侧。房间南墙开大型高窗，配合百叶遮阳，减少冬季供热量，并充分利用自然采光，减少照明用电。

(2) 加强保温隔热措施

利楼的围护结构采用了较高水准的保温隔热措施，围护结构的传热系数约为英国当时规范标准的一半。墙体采用"三明治"构造，即外层红砖墙加 125 mm 矿物纤维保温层再加内侧混凝土砖墙；窗采用皮尔金顿(Pilkington)低散热型双层中空玻璃窗。

(3) 利用自然通风

利楼除地下室的健身房采用机械通风系统以及厨厕采用了抽风装置外(设置热回收装置)，其余部分均采用自然通风系统。卧室在夏季通过开窗实现自然通风，冬季依靠上下推拉窗的细部设计实现微量通风。厨房与卫生间平时可利用烟囱效应拔风，其效果受室内外温度和气压影响较大，但监测表明在一般状态下，其通风效果良好。

(4) 利用厚重结构调节室内环境

混凝土楼板和室内外厚重的砖墙热容量较大，使室内温度变化幅度受室外影响减小。

清华大学超低能耗示范楼总建筑面积为 3 000 m^2，包括地下一层，地上四层。其中地下层主要为设备用房(包括空调冷、热水机房，配电室及水泵房等)，地上部分主要为实验室、办公室及展示厅。建筑采用钢框架结构，内部可以根据使用要求灵活隔断。建筑物东立面和南立面采用双层皮幕墙及玻璃幕墙加水平或垂直遮阳两种方式，综合得热系数为 1.0 W/(m^2·K)，太阳得热因数为 0.5。西北向采用 300 mm 厚的轻质保温外墙，铝幕墙外饰面，传热系数为 0.35 W/(m^2·K)，外窗采用双层中空玻璃，外设保温卷帘。屋顶采用种植屋面，同时还设置了光导管采光系统，利用太阳光为楼道和地下室提供采光，减少白天照明电耗。室内采用相变蓄热活动地板，使得冬季室内温度波动不超过 6 ℃。除卫生间冬季采用散热器供暖外(热源接自相邻建筑)，整个建筑物均采用模块化结构的集中空调方式来保证室内的温湿度要求。节能楼全年电耗仅是同类建筑物的 30%，节能 70%[66-68]。

中国台湾成功大学被称为"绿色魔法学校"，其采取的主要建筑节能措施为[69]：(1) 采用百分之百的绿色建材设计。首先该建筑采用了高炉水泥技术,减少了 30%的水泥用量与10%的二氧化碳排放量,同时增加混凝土最终强度 40%;其次将水库的污泥烧制成陶粒,作为隔间墙骨材以及屋顶花园的土壤,可吸音、保水;采用不会产生戴奥辛(Dioxins)与卤酸气体等有害物质的电线、回收尼龙做的地毯、回收宝特瓶抽纱制作的窗帘,以及不含甲醛与重金属的油漆、抑菌钢板,可吸臭气的墙面等。此外,建筑外的车道,采用的是柳中明教授设计的生态工法,“可耐高压,开坦克车都行”,还可吸附二氧化碳。屋顶有空中花园隔绝热气,还有可随太阳转向的太阳能板,以及作为风力发电的桅杆。(2)采用灶窑通风系统。该建筑利用古老的灶窑原理,使其崇华厅内部的风速即使在冬天 11 月至 3 月不开空调也可维持在 0.1～0.6 m/s 的舒适范围内,新鲜空气的换气次数可达 5～8 次的最健康水平。当气候变热、室内人数增多时,会增加烟囱效应的热流动力,同时也会增强室内风速与通风量,符合通风卫生上的需求。

尽管国内外都曾针对校园建筑进行过很多节能设计研究,但由于各地气候差异、社会经济发展状况不同,造价等各方面原因,这些技术并没有在高校建筑中普及采用,因此,根据目前的现状,我国亟须发展适合于高校建筑的节能关键技术,特别是形成一整套具体详细的技术措施和评价体系,具体应用于学校建设和管理中,促进节约型校园的发展。

1.5 围护结构节能技术

建筑围护结构是构成建筑空间、抵御环境不利影响的构件。随着全球可持续发展和节能减排意识的不断增强,建筑围护结构再次成为人们关注的焦点。在建筑能耗中有 60%左右为采暖空调能耗,是建筑能耗中最大的部分,其中,围护结构的耗热量占建筑采暖空调能耗的 1/3 以上[70-72]。围护结构节能是建筑节能的关键组成部分。

1.5.1 外墙

研究表明,外墙的热损失占建筑总热损失的 30%左右[73],外墙保温体系的优化对整个建筑的节能起着重要的作用。

1.5.1.1 外墙保温系统

国外关于建筑外墙保温体系的研究起步较早,早在 30 多年前就制定了很多的相关法规。国外称外墙保温体系为 EIFS 系统——外墙保温和装饰系统。德国在过去的几十年里使保温系统变成了建筑标准构件,在 1973～2004 年,德国有大约 6.5 亿 m^2 的外墙使用了 EIFS 系统。瑞典在 20 世纪 40 年代就将抹灰砂浆喷在较高密度的矿棉板上,形成一种外墙保温系统。20 世纪 70 年代,石油危机使得能源出现了短缺,外墙保温系统也迅速发展起来。20 世纪 80 年代中期,经过对大量的既有建筑进行翻新改造,德国和瑞士约有 40%的建筑采用了 EIFS 系统[74]。20 世纪 90 年代,欧洲的外墙保温系统逐渐趋于成熟,并稳定发展。目前,国外对于外墙保温的研究主要集中在材料上,并且重点考虑材料的燃烧性、适用性、美观性等,使得外墙保温体系更加趋于完善。

在国内,随着建筑节能研究的深入和要求的提高,单一的节能墙体逐渐地不能满足节能标准的要求,于是产生了复合节能墙体。复合节能墙体按照保温材料位置不同,分为外墙内保温、外墙外保温和夹芯墙保温,其中外墙内保温和外保温技术是大量采用的技术,在建筑

节能的不同阶段，二者先后发挥了重要作用，而且外保温技术到目前为止，依然是最主要的外墙保温技术。[75-77]

外墙内保温技术由于具有对材料性能要求不高、便于施工和成本较低等优点，一度得到广泛的应用。但随着节能标准对外墙保温要求的提高，以及内保温容易产生热桥和不便于二次装修等缺陷逐步被发现，其应用受到限制。

我国20世纪80年代中期开始进行外保温工程试点，首先用于工程的是EPS板薄抹面外保温系统。北美、欧洲和韩国公司的进入，以及第一套外墙外保温国家标准图集的出版发行，对外保温的发展起到了很大的促进作用[75,77]。由于外保温技术具有能够避免热桥、保护主体结构和扩大室内空间等优点，于是迅速发展起来，成为目前我国建筑外墙保温的主要技术措施。住建部已把外保温作为重点发展项目。在《中国节能技术政策大纲》中也明确提出，重点“推广外保温墙体”。经过多年的发展，我国已形成了一批较为成熟和完善的外墙外保温技术体系，并且在实际工程中得到广泛的应用，取得了良好的节能效果。

外墙复合保温系统是采用多种材料复合的外墙保温体系，存在施工层次多、质量难以控制、系统可靠性低、安全隐患多、使用周期短、维护费用高、防火性差、占用建筑有效使用面积、功能丧失后回收利用难等诸多问题。因此，近年来墙体自保温技术逐渐受到重视和发展。墙体自保温技术是指通过提高建筑墙体材料自身保温性能来改善整个墙体保温性能的技术体系，即建筑物外围护墙体采用具有较大热阻的墙体材料，使用配套的专用材料进行砌筑或安装，配套合理的冷桥及接缝处理措施构成的外墙保温系统[2]。自保温体系分为单一墙材和复合墙材的结构体系。页岩模数多孔砖、江湖淤泥烧结砖、蒸压加气混凝土砌块、陶粒等轻集料砌块以及各种节能砖和NALC板属于自保温单一墙材。轻集料砌块指采用浮石、火山渣、煤渣、煤矸石、陶粒等轻集料制成的砌块(砖)。页岩模数多孔砖是以页岩为主要材料经高真空挤出成型和高温焙烧而成的高孔洞率的节能型烧结砖。在墙材(板或砌块)内镶嵌高效保温材料的各种复合砌块及墙板，则属于自保温复合墙体结构体系，即以复合墙体材料良好热工性能和良好力学性能为基础，构筑形成构造简单、施工便捷的节能环保型墙体。自保温技术的主要优点如下：① 具有良好的耐候性、耐久性，与建筑物同寿命。② 防火性能、抗冲击性佳，外贴饰面砖、挂石材和传统的做法一样，不受建筑物高度等限制，安全可靠。③ 墙体热惰性指标较大，热稳定性好，具有较好的隔热性能。④ 施工工艺简单，施工方便、快捷，易于掌握。⑤ 综合经济性较好。自保温墙体虽然比普通的砌筑墙体成本要高一些，但省去了外墙外保温系统的成本费用，综合成本比外墙外保温系统更有优势，且在建筑物全寿命周期内无须再增加费用进行维修、改造，可最大程度地节约资源、费用。自保温技术的主要缺点为：① 热桥较多。② 容易开裂渗水。[78]

1.5.1.2 外墙保温层经济厚度

据统计，在建筑物的热损失中，通过外墙体的热损失占建筑总热损失的30%左右[79]。随着建筑节能工作的深入开展和节能标准的不断提高，单一材料墙体(或屋面)很难满足新的节能标准要求，各种复合保温墙体(或屋面)不断涌现。保温是一种提高围护结构热工性能实现节能的可行和合理的解决方案，是建筑节能最有效的方式之一。保温材料类型确定的情况下，保温层厚度对墙体的热工性能具有决定性的影响，确定保温层厚度是建筑墙体热工性能优化设计的主要工作。针对保温层厚度的确定，国内外学者进行了大量相关研究，从冷热量计算角度可分为稳态和动态负荷计算法。

（1）采用稳态负荷计算法确定最佳保温层厚度

Al-Khawaja[80]考虑太阳辐射的影响，采用空调季室外综合温度的平均值按一维传热计算空调能耗，用全寿命周期费用分析法给出了卡塔尔多哈地区墙体的最佳保温层厚度，并对不同类型的保温层进行了比较。Mahlia 等[81]针对马尔代夫商业建筑，采用室外空调计算温度计算空调负荷，并用等效满负荷时间计算空调能耗，采用现值法经济模型，得出了不同绝热材料最佳保温厚度和墙中空气间层厚度对节能性和减排量的影响。Sisman 等[82]分析了土耳其四个城市采暖建筑外墙和屋顶最佳保温层厚度和度日数的关系。Tosun 等[83]用人工神经网络法确定保温层的厚度。Arslan 等[84]考虑水蒸气的凝结用㶲经济学研究了土耳其屈塔希亚墙体保温层的最佳厚度。Ucar[85]也采用㶲经济学考虑水蒸气的凝结对墙体保温层的最佳厚度进行了研究。但文献[84-85]均采用度日数法进行负荷计算，运用稳态水蒸气传递理论对水蒸气传递的影响进行分析，与实际热湿传递的动态性存在一定的差异。Kayfeci 等[86]比较了空调负荷作用下度时数法和当量满负荷运行时间法两种最佳保温层厚度优化结果的差异。Cuce 等[87]采用度日数法计算热损耗，建立了英国诺丁汉气候条件下气溶胶保温层经济厚度的计算方法，并分析了度日数和现值因数对保温层经济厚度的影响。

一些学者采用 P_1-P_2 经济性模型对最佳保温层厚度进行了研究。Bolattürk[88]用室外综合温度计算的全年空调和采暖度时数计算全年采暖空调能耗，运用 P_1-P_2 经济性模型计算墙体的最佳保温层厚度。Mahlia 等[89]采用室外空调计算温度计算空调负荷，并用等效满负荷时间计算空调能耗，采用 P_1-P_2 经济模型研究了商业建筑最佳保温层厚度和最佳保温层厚度与导热系数的关系，但是计算过程中仅考虑商业建筑使用时间段，由于传热具有延迟和衰减，这会给计算带来一定的误差。Özkan 等[90]用 P_1-P_2 方法研究了窗和墙的面积对最佳保温层厚度的影响，采暖能耗需求量用月平均室外温度和月平均室内温度按稳态方法计算，并考虑室内得热和太阳辐射得热的影响，但是没有分析室内得热变化对保温层厚度的影响。Söylemez 等[91]用室外设计温度和室内设计温度按稳态传热计算负荷，采用等效满负荷时间法计算能耗，运用 P_1-P_2 经济性模型建立了最佳保温层厚度计算模型。Nyers 等建立了一个基于静态投资回收期最短的投资-节能建筑墙体保温层厚度优化模型，并给出了分析解法和作图解法，但是该模型仅考虑了冬季采暖工况，采暖负荷采用稳态方法计算[92]。

燃料种类决定着暖通空调系统供应单位热量或冷量的运行费用，对保温层经济厚度具有重要的影响。Bolattürk[93]、Dombaycı 等[94]、Ucar 等[95-96]、Kaynakli[97]、Ekici 等[98]对燃料种类对保温层厚度的影响进行了分析和研究，能耗计算采用度日数法或度时数法。波兰学者 Dylewski 等[99]考虑经济和环保效益，通过设置权重给出了一个确定最佳保温层厚度的方法，围护结构能耗用度日数法进行计算，并考虑了燃煤锅炉、热泵、燃气炉和电锅炉等四种热源对最佳保温层厚度的影响。燃料种类对保温层厚度的影响主要是燃料种类不同围护结构单位能耗所需要的能源费用不同造成的。

我国研究人员对保温复合墙体的构造、施工技术、施工质量控制等方面的研究较多[100-104]，对保温层最佳厚度的研究成果相对较少。黄春华、叶勇军[105]利用全寿命周期费用分析方法，建立了外墙保温层经济厚度优化模型，计算了长沙地区 6 种基层墙体的最佳保温层厚度，并分析了保温材料类型、现值因子、采暖度日数、外墙非保温层热阻、单位热量的燃料费用等对保温层厚度的影响。李斌、张春囡[106]考虑墙体的耐久性及破损后的维修成本、外墙年维护管理费用、折旧费等，运用全寿命周期费用分析法对两种外墙保温方案进行了对比分析，但没有提出最佳保温层厚度的计算模型。陈凡、谭大璐[107]用度日数法计算采暖能耗，运用全寿命周期费用分析法建立了最佳保温层厚度的数学模型，并用投资回收期对其经济效益进行了评价。王厚华、吴伟伟[79]以重庆地区常见的几种居住建筑外保温墙体为例，采用采暖和空调度日数并结合现值系数的方法，得出不同墙体构造时保温材料的经济厚度。许建柳、何嘉鹏、孙伟民[108]根据南京地区的特点，兼顾冬夏季工况，运用全寿命周期费用分析法研究了典型节能住宅建筑外墙和屋面的最佳保温层厚度，并分析了空调能效比对保温层厚度的影响：能效比增大，保温层经济厚度减小，反之亦然。于靖华、杨昌智、田利伟等[109-111]针对夏热冬冷地区的住宅建筑，考虑太阳辐射对墙体传热的影响，采用度日数法计算耗热量和耗冷量，用 P_1-P_2 经济模型对全寿命周期内的最佳保温层厚度进行了研究。于靖华等还分析了现值系数、热阻和气候、夜间运行和 24 小时连续运行对最佳保温层厚度的影响。郭楠、赵松源、赵嵩颖[112]利用全寿命周期费用分析方法，建立了针对长春市既有住宅节能改造墙体保温层最佳厚度的数学模型，得出外墙改造的保温层限值厚度和最佳保温层厚度。张小波、张旭、王健[113]用稳态法，忽略局部热桥的影响，研究了围护结构采暖负荷随外墙及外窗传热系数和窗墙比的变化关系，指出当外窗传热系数降低到一定数值时，外墙可不采取保温措施，但是他们仅仅从能耗角度进行了分析，并没有从经济角度分析保温层厚度。Zhu 等[114]对我国不同气候区的最佳保层温厚度和节能量进行了研究，并将得出的最佳保温层厚度和节能标准进行了对比，但在研究过程中没有考虑资金的时间价值，研究结果的精度受到一定的影响。

采用稳态方法计算围护结构的能耗具有简单、方便和快捷的优点，但是由于外界气候条件的复杂多变性，围护结构引起的冷热负荷具有动态特性，用稳态法计算围护结构负荷来确定最佳保温层厚度会带来一定的误差。

(2) 采用动态负荷计算法确定保温层最佳厚度

为更好地反映围护结构的能耗状况，一些学者采用动态分析的方法计算围护结构能耗。Al-Sanea 等[115]用一个典型的日周期性温度变化代表一个月的温度变化，按一维非稳态传热，用有限容积法进行数值求解分别计算保温层厚度 2～20 cm 的沙特阿拉伯利雅得地区某建筑西墙的全年采暖空调负荷，用现值法计算最佳保温层厚度。Aktacir 等[116]用一栋位于土耳其南部城市亚达那的模型建筑，运用全寿命周期费用分析中的现值法对三种保温层厚度的建筑及空调系统进行了对比分析，空调系统的负荷采用美国 ASHRAE 建议的辐射时间序列法，空调系统的运行费用采用温频法进行计算，但是没有提出围护结构保温层厚度优化设计方法。Daouas 等[117]用有限傅里叶变换的分析方法求解夏季冷负荷，用现值法计算了两种墙体的两种保温材料的全寿命周期费用，确定其最佳保温层厚度，并和度日数法的计算结果进行了综合比较。两种方法给出的结果具有相同的数量级，但是，度日数法低估了冷负荷、最佳保温层厚度和投资回收期，高估了节能量。Daouas[118]还运用全寿命周期费用分析法计算了不同朝向夹心保温墙体的最佳保温层厚度，并和度日数法的计算结果进行了综合比较。度日数法和动态法相比，对最经济的情况(南向和北向)度日数法对最小费用和节能估计过高，对最不经济的情况(东向和西向)低估了最小费用和节能。朝向对最佳保温层厚度影响较小，但是对节能具有显著的影响。敏感性分析显示，保温材料价格、能源价格、通货膨胀率和贴现率等经济因素与建筑寿命对最佳保温层厚度和节能性具有显著影响。

Ozel[119-120]用每个月的第 15 天代表一个月，采用隐式有限差分法计算全年冷热负荷，用现值法分析了土耳其东部城市埃拉泽各朝向墙体的最佳保温层厚度、投资回收期、节能量。结果显示：南向墙体最佳保温层厚度和节能量最小，但是投资回收期各朝向几乎一样。针对稳态周期性边界条件，Ozel 研究了土耳其埃拉泽 5 种墙体材料和 XPS 及 EPS 两种保温材料的最佳厚度、节能性和投资回收期，并和度日数法的结果进行了对比。Ozel 还研究了动态条件下外表面的太阳辐射吸收性能对热工性能和最佳保温层厚度的影响[121]，结果显示：吸收比对最佳保温层厚度的影响非常小，但对节能率具有显著的影响。Ozel 还研究了炎热地区空调负荷作用下的最佳保温层厚度，并将动态负荷计算法的计算结果同度日数法和度时数法的优化结果进行了对比分析[122]。空调负荷的计算采用 6～9 月每个月第 15 天的气象参数为代表进行计算。Pan 等[123]通过定义节能收益比和年空调采暖总能耗变化比，研究了外墙保温层厚度对年制冷采暖能耗的影响，负荷计算采用 EnergyPlus 进行。Axaopoulos 等[124]考虑朝向和风速，用 TRANSYS 软件计算冷热负荷，计算了希腊雅典一栋住宅建筑外墙的保温层经济厚度，结果显示：风速对墙体表面的对流换热具有明显的影响，风速因素的考虑将使计算结果更加准确。Carreras 等[125]采用 EnergyPlus 进行负荷计算，考虑节能、投资和环境因素建立了保温层厚度优化模型。

我国学者房琳、曲德林、刘福祯[126-127]根据热流通过不同组件的时间相关分析，运用 Lagrange 乘子法，计算出给定绝热措施投资时不同围护组件的经济绝热厚度，并分析了上海市住宅建筑的保温层经济厚度及效益。李兆坚、侯军祥、张晓航等[128]根据某大型太阳辐射实验室的设计条件，采用计算机数值模拟方法，对建筑保温性能与空调负荷和能耗的关系进行分析，指出内部发热量很大时盲目增加保温层厚度，不仅会使建筑保温的一次投资增加，而且会使空调总能耗增加。张万征、郭凌云、程艳华[129]，刘磊、荆有印、杜海[130]，荆有印、柴保双、宋燕等[131]采用 DeST 软件模拟分析了保温层厚度对建筑能耗的影响，但是并没有给出基于动态负荷的保温层厚度计算方法。

(3) 保温层分布对经济厚度的影响

热阻相同的墙体，材料层的排列位置不同，传热的动态特性亦不同。Asan[132]用 Crank-Nicolson 法求解周期性边界条件下一维非稳态传热，研究了墙体厚度一定的情况下保温层位于墙体的内表面、外表面、中间位置和一半放置在内表面一半放置在外表面四种情况对时间延迟和衰减系数的影响，结果显示：保温材料一半放置在墙体内表面一半放置在墙体外表面可以获得最大的时间延迟和最小的衰减倍数。Ozel 等[133]采用一维非稳态传热模型分析了屋面保温层分布对负荷的影响，当保温层为三层，分别位于内表面、中间和外部时性能最佳，最差的情况为保温层全部位于内部时。Ozel 等[134]还从时间延迟和衰减系数两个方面研究了保温层在墙体中的最佳位置和分布，结果显示：当保温层分为三部分，一部分位于内侧、一部分位于中间、一部分位于外侧时可获得最佳热工性能。而且，从获得最大时间延迟和最小衰减系数角度，当墙体内、外侧的保温层厚度相同时比两侧保温层厚度不同时要好，保温层放在外侧比放在内侧要好。Al-Sanea 等[135]假定当保温层为多层时，总的最佳厚度和单层的一样，用一维非稳态传热模型分析保温层分布不同引起的峰值负荷、时间延迟和衰减系数等性能参数的差异性。Mavromatidis 等[136]建立了一个辐射-导热复合模型用来计算多层复合墙体的温度分布、时间延迟、衰减系数和热流量，可用来分析材料层分布等传热动态特性的影响。Chirarattananon 等[137]实验和模拟研究了泰国气候条件下宾馆、办公和商场三种功能的商业建筑空调空间保温墙体的节能和经济性能，结果显示：保温一般有助于提高热工性能;建筑的功能决定了保温层的位置和保温的效果。Bond 等[138]采用热电类比的方法分析了材料层分布对热工性能的影响。Ibrahim 等[139]通过一维热传递方程,分连续采暖、间歇采暖和不采暖三种情况,数值模拟研究了墙体构造及保温层位置对墙体热工性能的影响,并通过实验进行了验证。Cheng 等[140]基于热电类比采用热阻抗提出了一个建筑墙体动态传热性能的优化分析方法,该方法可以得出墙体的衰减倍数和时间延迟,可以考虑材料层分布对墙体性能的影响。但是该方法将热物性参数取为常数,并没有考虑含湿量变化对热工性能参数的影响。文献[141]指出,尽管保温层位置或分布对墙体传热的时间延迟和衰减系数具有明显影响,但对保温层经济厚度没有影响。

目前的研究大多针对保温材料的经济厚度,对保温体系的整体研究相对缺乏。还应该在选定各种保温材料经济厚度的基础上再对保温材料进行优选,这样不仅确定了保温材料,而且确定了保温材料的经济厚度,全面优化了建筑的外墙保温体系。同时,外墙保温体系的研究具有很强的地域性,不同地域的保温体系差异很大,需要进行针对性的研究。

1.5.2 屋面

国内外关于屋面的保温隔热研究主要集中在被动式降温技术、屋面形式、生态屋面等方面。

德国关于建筑屋面的研究比较超前,早在 20 世纪 60 年代就开始了对生态屋面的研究,主要针对屋面的构造、热工特性以及对局部小气候的改善作用进行了研究;80 年代在已有研究的基础上进行了拓宽和推广工作;90 年代则主要针对屋面植物的种类进行了研究,技术比较成熟,并且形成了相应的法规。

北美相对德国来说起步较晚,从 20 世纪 90 年代才开始生态屋面的研究,近年来则发展迅速。美国更加注重应用的推广,政府也颁布了相关的政策提倡人们建造生态屋面,并对建造生态屋面的建筑予以相应的补贴[142]。

国外目前主要通过使用生态屋面、改变屋顶结构形式和构造等技术改善屋面的热工性能,并且技术相对比较成熟,可以为屋面保温节能技术指明一个明确的发展方向。

我国关于屋面节能技术的研究也有很多年的历史,主要针对种植屋面的质量、种植屋面与裸露屋面热工性能的差异,以及种植屋面对微气候的改善和对建筑寿命的影响等方面进行研究。还有一些研究针对保温材料改善屋顶的保温隔热作用进行展开,主要从施工技术和应用的角度进行。

肖坚[143]主要从建筑技术出发,针对夏热冬冷地区住宅坡屋顶的保温隔热性能进行研究。在传热理论指导的基础上,对不同屋顶构造形式的热工性能进行分析,并且做了相应的构造设计、材料选择、屋顶形式的确定等方面工作。但是研究只是定性分析了各个保温材料的优劣,缺少定量化数据支持。朱江涛[144]主要从建筑屋顶形式方面分析了不同屋顶的节能效果,从施工、热工、保水等多方面分析了正置式屋面、倒置式屋面和种植屋面的优劣。研究也缺乏定量分析。马洪涛[145]选择了山东临沂市一建筑屋面采用硬泡聚氨酯保温材料进行处理,并从施工条件、施工工艺、材料性能等几个角度进行了研究。

目前国内外关于屋顶的保温隔热研究主要以屋顶本身形式、构造或者被动式技术为主,对校园建筑节能技术具有一定的借鉴意义。

1.5.3 楼地面

目前的建筑节能设计在能耗计算方面一般将整栋建筑作为能效评估对象,忽视了建筑物内部能耗的相互影响，特别是楼地面、建筑分户墙等热桥的影响。一般建筑物仅在外围护结构采取了节能保温措施，而楼地面和分户墙等未采取相应的节能措施，从而形成了建筑节能“空壳效应”。在重庆等南方地区采取的分户间歇式空调运行方式以及房间低使用率的状态下，建筑物内部的制冷和制热将极易通过楼地面和分户墙等热桥发生传热损失，这种能耗会对建筑节能的实施效果产生严重的影响[146]。董海荣、刘加平[147]的研究表明，围护结构中，墙体和屋顶外的其他部位选用习惯构造做法，与节能构造做法相比，建筑物耗热量增加了28.2%。这说明如果仅仅注重外墙和屋面的保温性能，而忽视了建筑物的其他部分，达到建筑物节能65%的要求将十分困难，这要求建筑设计者重视楼地面等部分的保温节能的设计。

文献[148]指出，高校建筑主要是公共建筑，使用人数众多，显然做成木地板或类木地板是不合适的。因此，可以将楼地面保温节能做成层间楼板(底面不接触室外冷空气)和底面接触室外空气的架空或悬挑楼板，保温层可直接设置在楼板底面；采用不采暖的地下室顶板作为首层的保温隔热，加强房间与房间的保温隔热。另外，用于楼地面节能工程的保温隔热材料，其厚度、密度、压缩强度、导热系数和阻燃性必须符合设计要求和有关标准的规定。各种保温板或保温层的厚度不得有负偏差。

可见，重视楼地面节能设计对提高建筑物的整体节能性具有十分重要的意义。

1.5.4 门窗

门窗是影响建筑保温隔热性能的重要因素。目前国内外关于门窗节能技术的研究很多，主要从门窗的材料和结构形式等方面展开。

国外比较发达的国家现在几乎已经全部使用节能门窗，并且以德国、法国和意大利等西欧国家为代表，使用了大量非金属材料。在美国，节能门窗的种类较多，以木芯和PVC组合的节能门窗占较大的比例，其次是以铝合金断桥结构的节能窗，还有一部分是PVC中空的节能门窗。日本的节能窗以铝合金断桥结构为主，这几年又新研制出了一种一面多色PVC，一面多色铝合金型材的节能窗。喷涂一些热反射高热阻透明材料在窗户的内侧，可以使中空玻璃传热系数K达到2.2～2.5 W/(m^2·K)[149]。但是这些节能门窗的价格都比较高。国外的一些发达国家在门窗节能技术方面的研究相对比较超前，可以为门窗的相关节能技术提供一定的借鉴和参考。

国内节能门窗的发展，主要经历了以下几个阶段：单层窗阶段、双层窗阶段、镀膜玻璃阶段及超级节能窗阶段。单层窗的传热系数较大，比较落后，不利于节能。双层窗就是两层玻璃的中间夹一空气层，可以增大热阻，减少热量传递，改善了门窗的热工性能，有利于建筑节能。镀膜玻璃采用低散射镀膜，在内层表面镀膜，增加了窗的热阻，达到了保温隔热的效果。还有就是把两层玻璃的中间部分抽成真空，或用透明绝热材料将其充填的门窗，热阻较大，而且这种节能门窗也能从阳光中获得热量[150]。门窗节能的发展对高校建筑节能技术的研究具有一定的指导作用。

1.6 建筑设备节能技术

在建筑物的能耗组成中，建筑设备能耗占总能耗的80%左右，是建筑能耗的主要部分[151]。因此,对于建筑设备节能技术的研究非常重要。对于高校建筑来说,建筑设备主要包括采暖系统、空调系统、照明系统、给排水和办公电器,其他设备较少。国内外对于建筑设备节能技术的研究主要集中在采暖、空调和照明系统方面,而办公电器和给排水设备主要从产品选用上进行优化。

1.6.1 采暖

发达国家在 20 世纪 70 年代石油危机之后就开始采取各种措施来降低采暖能耗。

苏联从 20 世纪 30 年代开始把发展热电事业和集中供热作为一项重大国策,采取各种措施提高供热效率,降低能源消耗,如对多种热源进行比较分析确定最优热源(特别是热电厂的应用)、开展有关热网可靠性研究并探讨行之有效的提高热网可靠性的措施并加以实践、研制和运用一系列集中采暖的技术和设备。20 世纪 70 年代已生产出了燃用液体燃料和燃气、单台额定输出功率为 210 MW 的特大型热水锅炉。多年来俄罗斯的采暖节能在国民经济中起着非常重要的作用[152]。

丹麦 1979 年开始实施供热法,丹麦的能源和气候变化部下属的能源处负责管理国内及国际范围的能源生产、供应和消费。供热法的实施使得丹麦在过去的 30 多年中,整个经济增长了 56%,但同期的能源需求却降低了 2%,每平方米建筑采暖能耗降低了 50%。减少的原因主要有以下几方面:一是热源的多渠道利用,且均为低碳环保型,如垃圾焚烧及生物秸秆焚烧热电厂的余热、集中成片的太阳能光热及风电多余的余电和用热高峰时段及故障时备用的燃油锅炉等,减少了对化石能源的依赖,节约能耗。二是用户端均设有供热计量装置和温度调控装置,避免了能源的浪费[153]。

与发达国家相比,我国建筑的采暖节能工作起步较晚。1985 年才制定发布了《采暖居住建筑节能设计标准》,经过近几十年的发展,2012 年制定并发布了《民用建筑供暖通风与空气调节设计规范》。这些政策及规范的实施推动了采暖能效的提高。但与国外同等气候条件下同等类型的建筑相比,我国民用建筑的采暖耗能量仍比发达国家高很多,并且远不能达到发达国家民用建筑的热舒适程度。主要的原因包括:供热系统平衡和控制失调造成热损失、现有的采暖体制造成供热系统运行和维修管理上的低效、用户对节能漠不关心等[154]。

目前,关于采暖技术的节能研究主要集中在以下几方面:① 开辟多种能源渠道,选择可再生能源代替常规能源,如地源热泵采暖、太阳能采暖等;② 提高热能输送过程的效率,如采用变频节电技术、高温送水技术、水力平衡技术等;③ 提高能源利用率,如采用烟气余热回收技术、烟气冷凝技术等;④ 采用各种控制系统达到节能最大化,如智能控制技术、分时分区技术等。

专门针对高校建筑的采暖技术研究,目前尚不多。赵美玉[155]对石景山区某图书馆的采暖方式进行了研究,经对比分析发现,采用低温地面辐射供暖系统成本低、舒适感好,适合于图书馆建筑。王新彬[156]对寒冷地区村镇学校建筑的太阳能采暖技术进行了研究,研究表明:在教学楼采用太阳能采暖技术初始投资低、费用年值低,并对环境保护的贡献大,具有很好的经济效益和社会效益。高飞、毛帮国[157]对学校采暖系统的运行费用控制方面做了研究,研究指出:采暖学校利用分区域分时段低温运行方式,可以节省很大一部分经费开支。此外,文献[158]还对分区域分时段低温运行采暖方式的操作要点做了详细的介绍。郝晓龙、戴德伟、马登峰等[159]研究了北方学校冬季采暖期的节能方法,研究发现:在我国北方学校办公楼、教学楼等公共建筑按作息时间采用分时恒温供暖的计算机远程自动控制系统,在锅炉供热正常的情况下，保证工作和上课时间内提供舒适的温度，在下班和下课后，公共建筑无人时，通过计算机网络对电控阀门实行部分关闭，采用小流量控制供热，可以达到节能减排的目的。

1.6.2 空调

日本的空调技术处于世界前列。1935 年日本就制造出了第一台空调器，1966 年生产了分体式空调。日本是个能源缺乏的国家，因此日本很重视空调的节能，早在 20 世纪 90 年代他们就提出了用旋转压缩机代替往复压缩机、发展热泵空调代替电阻丝加热空气、提高热交换器的热交换效率（如从平板切缝式翅片发展到螺纹切缝式翅片）、在热交换器铜管内刻槽、开拓多种能源等空调节能措施[160]。如日本的大阪大林大厦，地上有 32 层，地下有 3 层，其采取的节能措施是：采用蓄热式回收热泵系统，在冬季把室内的热源，如人体、照明设备、电器等散发出来的热量以及太阳辐射热进行全面回收，经过一系列处理，供采暖用。结果回收得到的热量竟然大于采暖需要的热量，起到了很好的节能效果[161]。

另外，对于空调的节能，一些学者也做了大量的研究。王志勇、刘泽华、王汉青等[162]从优选建筑物空调系统运行模式及设备，加强自动控制运行管理方式，改善建筑环境，提倡绿色建筑和建筑物的自身节能等方面提出了空调系统的节能技术措施。余晓平、黄大勇、陈三得等[163]在分析某酒店中央空调系统能耗特点和能耗水平的基础上，指出了该酒店中央空调系统设计和运行管理的不合理之处，提出了相应的节能降耗措施。杨新才、田开成、于天明等[164]提出，要做到中央空调系统运行的节能，首先应充分分析空调的应用环境因素，统计技术参数，做好空调系统的优化设计，选择合理、科学的节能控制技术方案，使节能控制技术方案在系统建设前期达到理论计算的最优化；然后，在系统调试、运行期间，就要因地制宜地完善方案，让系统的节能运行效果达到最佳，使方案的可行性达到最优。万玲、符永正[165]对 6 个中央空调工程的 8 台风机运行工况进行实测，指出若采用节流调节达到实测设计流量的方式，风机能耗相对于实测能耗可平均减少 7.4%。王良志、刘学勇、巴志强等[166]根据大型综合医院中央空调系统的特点，从 PID 控制、人工智能控制、室温调控、新风合理利用、系统水利平衡调整等方面提出了相应的节能技术措施。

张超等[167]对上海地区 19 幢高校行政办公建筑的全年能耗数据进行了分析和研究，获得了其能耗指标及用能特点，并从管理、行为、技术及加强能源监管等四个方面提出了高校办公建筑的节能措施，可为高校办公建筑的节能运行提供参考。

当前高校建筑内使用的空调形式有常规中央空调系统、地源热泵中央空调系统、分体式空调器等。中央空调的耗电量（采用电制冷方案）一般占建筑物总耗电量的 40%～50%，而空调水泵的耗电量又占空调耗电量的 18%左右。中央空调冷负荷始终处于动态变化之中，昼夜交替、季节转换、气温变化等因素实时影响中央空调冷负荷。建筑物在一年中中央空调处于最大负荷只有几十天的时间，而系统设计多数以最大冷负荷作为选泵基础，这样就造成实际需要冷负荷与水泵功率输出之间的矛盾，同时也造成巨大能源浪费[168]。

屈文斌[169]在变频技术在中央空调系统节能中的应用方面提出冷冻水和冷却水循环系统的控制，即通过变频调速实现恒温差控制，以及中央空调末端送风的变频控制，来适应空调区负荷的变化。

龚延风等[170]对定风量空调系统全年多工况节能运行进行了研究，通过对全年空调负荷的分析，确定了送风状态与新风状态的三种对应关系，给出了具体的分区形式和空气处理过程。而田喆等[171]则对某全空气集中空调系统进行了测试与诊断分析，找出了系统中存在的问题并给出了解决方案。

文献[172]对带有能量回收装置的空气处理机组的应用方式和特点进行分析，认为带有能量回收式空气处理机组可以显著地减少运行能耗，使全年运行费用大幅节省，方便运行，可以有效地调节室内新鲜空气引入量，适时提升室内空气品质。

目前，关于空调技术的节能研究主要体现在以下几方面：① 开辟多种能源渠道，选择可再生能源代替常规能源，如地源热泵空调系统；② 采用可靠的自动控制等技术，提高空调冷热源机组效率；③ 采用先进的技术，研制性能更优的空调机组及末端设备；④ 采用变频调节及水力平衡技术等，提高水或空气输送系统的效率。

1.6.3 冷热源

暖通空调能耗分三部分：冷热源能耗、末端设备能耗和辅助设备能耗（如泵等）。冷热源能耗约占暖通空调能耗的 50%，因此冷热源的节能至关重要。

当前暖通空调冷热源技术呈现出日趋多元化的趋势，能源利用途径、品种数量和利用效率都大大提高，但各种冷热源设备的能源转换差别很大，能源品种主要还是集中在常规能源方面。冷热源研究呈现出以下几个特点：① 分别向大型化和小型化两个极端发展；② 热源品位趋低；③ 能源利用率提高；④ 高环保性；⑤ 网络化、智能化、信息化。

当前暖通空调冷热源研究的热点主要包括以下几个方面。一为新能源的开发和利用。目前世界上暖通空调冷热源中新能源应用研究主要集中在太阳能、地热能、天然气、燃料电池、核能、水电等方面。相对于煤炭、石油等能源来说，天然气还处于刚刚被开发利用的阶段，今后有很好的发展前景。二为冷热电联产（CCHP）。CCHP 是一种建立在能源梯级利用概念基础上，把制冷、供热（采暖和卫生热水）、发电等设备一体化的联产能源转换系统，其目的是提高能源利用率，减少需求侧能耗，减少碳、氮、硫氧化合物等有害气体的排放。它是在分布式发电技术和热能动力工程技术发展的基础上产生的。与传统的能源转换技术相比，其最大的特点是能源利用率高达 90%以上，对环境的影响很小。三是热泵技术。热泵就是靠高位能拖动，迫使热能从低品位热源流向高品位热源，它既可用于供热也可用于制冷。它可以将不能直接利用的低品位热能转换为可利用的高位能，而驱动整个热泵系统运行所消耗的功占其总供量的 1/3 甚至更低，从而达到节约高位能的目的，广泛应用于暖通空调、热回收等领域。四是蓄冷系统。蓄冷系统就是在不需要冷量或需冷量少的时间（如夜间），利用制冷设备在蓄冷介质中的热量转移，进行蓄冷，并将此冷量用在空调或工艺用冷高峰期。蓄冷空调的实质是：将制冷机组用电高峰时的运行时间转移到用电低谷期运行，从而达到削峰填谷的目的，并利用峰谷电价差实现其较高的经济性[173]。

1.6.4 给排水

李洋[174]根据实例工程申报绿色建筑 LEED 认证要求，通过可持续性选址及节约水资源两个方面，结合雨水回用、中水回用、太阳能热水系统等对给排水系统的节能设计进行总结。蔡宇仕[175]结合给排水的设计工作，分析了目前水资源浪费存在的问题，从推广优质给水管材、节水型卫生器具和采取减压措施等方面，提出了建筑节水设计措施。刘永刚[176]针对节能、节水的重要性，对如何在建筑给排水设计中实现节能、节水做了探讨，提出了几种给水加压的方式，探讨了设置水表时应注意的问题，为给排水设计人员提供了参考依据。

赵世明等[177]提出，建筑给排水节能主要是节省热能和动力能。热能节省的主要控制方法有：减少热水损耗量，提高加热设备的加热效率，减少热水管道长度并压缩管径，增加管道保温效率，避免管道敷设在低温环境区，太阳能利用和冷却水废热回收利用等。动力能节省的主要控制方法有：高效或节约用水，叠压供水和合理竖向分区供水，减少管网的局部阻力损失，提高水泵的日常运行效率，抑制最不利点的自由水头等。张玉平[178]结合国家节能减排目标和保护环境战略，从给排水专业角度阐述了具体的节能减排措施，包括采用管网叠压供水设备、太阳能，做好保温措施等，并对污废水及雨水的再生利用进行了探讨。

徐扬等[179]结合上海虹桥综合交通枢纽西航站楼给排水节能节水设计，介绍了建筑给排水节能节水的一些途径，如室内给水采用直供系统、可再生能源利用、节水型卫生器具的应用和非传统水源的应用等，并进行经济分析和比较。通过技术经济分析可以看出以上措施具有显著的经济和社会效益。

1.6.5 建筑电气

近年来，随着市场经济的快速发展，高校办学规模越来越大，招生数量越来越多，高校资源供需矛盾和环境压力也随之增大。以徐州市为例，根据调研，徐州市高校公教楼平均每天日光灯的使用时间7～8个小时，仅照明用电，一间教室的用电量就高达1 000～2 000 kW・h/a。由此可见，校园建筑节约用电具有十分重要的意义。

建筑电气节能技术的发展大致可以概括为以下三个方面[180]：一是通过先进的自动控制技术、计算机技术等继续提高建筑电气系统中的能源利用效率，进一步降低建筑电气系统能耗；二是通过合理设计电气系统负荷和开发利用新型电气产品，降低电气系统能耗；三是改善建筑电气运行环境与再生新能源资源的开发利用。近年来，建筑电气节能技术在国内外得到广泛的推广使用，并形成了一系列有特色的建筑电气节能技术，主要有楼宇自动化智能管理系统、冷热电联产节能技术、LED照明节能技术、建筑电气输配电系统节能技术、新能源与可再生能源利用技术等。

龙惟定等[181]在对上海市公共建筑节能现状进行调研、分析后发现，上海市公共建筑在空调负荷统计分析计算、单位面积建筑能耗、照明负荷以及办公用能等方面与日本相比还存在很大差距，得出我国建筑电气系统普遍存在能源综合使用效率不高、节能降耗意识不强、节能潜力较大等特点。

根据清华大学[182]的调查，自1999年到2008年，城镇住宅、公共建筑除采暖以外的电气能耗逐年增加，各类建筑单位建筑能耗从1999年的10.8 kgce/(m^2・a)增加到2008年的14.6 kgce/(m^2・a)，电气设备节能技术及其应用还需要进一步研究。

总体来说，国内外建筑设备节能技术的研究成果已比较多，比较成熟，但研究主要是针对城市建筑，针对高校建筑的研究还非常少。因此，借鉴城市建筑的建筑设备节能技术的研究成果，对高校建筑进行相关研究可以做到事半功倍。

1.7 可再生能源利用技术

可再生能源是指可以永续利用的能源资源，如水能、风能、太阳能、生物质能和海洋能等非化石能源[183]。新技术的发展使可再生能源得到开发利用。随着化石能源的日趋枯竭，可再生能源终将成为化石能源的替代品。

1.7.1 可再生能源利用概况

从目前世界各国既定能源战略来看,大规模地开发利用可再生能源已成为未来世界各国能源战略的重要组成部分[184]。在20世纪末国际能源机构IEA制定的能源发展规划中,将利用可再生能源的复合能源技术和蓄能技术作为重点发展领域,提出二十余项科技发展国际合作协议(ECES-IA)项目,大大推进了可再生能源与建筑集成技术的进步和发展。

由于自然资源较为贫乏,德国将节约能源、提高能效奉为一项长期坚持的基本国策。2000年,德国正式颁布了《可再生能源法》,对推动风电、太阳能光伏等可再生能源的发展发挥了决定性的作用。2011年日本福岛核事故后,德国政府进一步修正《可再生能源法》,提出了能源转型战略目标,即:到2020年,35%以上的电力消费将来自可再生能源;到2030年,50%以上的电力消费将来自可再生能源;而到2050年,80%以上的电力消费将来自可再生能源。自2011年6月新的能源方案通过以来,已有约160项具体措施开始实施。目前德国可再生能源发电比重由2000年的不足7%上升至近25%,可再生能源已经超过核能,成为该国第二大电力来源[185]。

2009年以来,欧盟实行促进可再生能源发展指令(EC Directive 2009/28)等一系列促进可再生能源发展的政策,包括风能、太阳能、生物燃料在内的可再生能源的应用比例得到了极大提高。截止到2012年年底,欧盟成员国可再生能源消费占能源消费总量的比例已经达到13.4%,相比于2011年的12.5%提高了0.9个百分点。可再生能源发电装机总容量达315.91 GW,新增可再生能源装机容量达30.968 GW,增长10.87%。可再生能源装机容量占总装机容量的比重已经达到33.9%[186]。

美国正在加大可再生能源研发和利用力度,2005年美国能源部能源研发总投资7.66亿美元,其中可再生能源研发投资占了42%。美国制定了庞大的太阳能发电计划,克林顿政府出台"百万屋顶光伏计划",提出在1997年到2010年里,安装总容量达4.6亿MW的光伏发电系统[184]。

日本从2010年正式启动生物能源计划,并与美国和欧盟共同开发可再生能源,建设500个示范区,投资2 600亿日元,而与之有关的产品和技术成为日本新工业战略的重要组成部分[184]。

我国高度重视可再生能源的开发和利用,2006年1月1日开始实施《中华人民共和国可再生能源法》(以下简称《可再生能源法》),并颁布配套的相关法规,如《可再生能源发电有关管理规定》《可再生能源发电价格和费用分摊管理试行办法》等。这些法规的实施,从法律制度和政策措施的高度对可再生能源的发展做出了比较完整的规定。为配合《可再生能源法》的实施,中国也相应制定了新能源发展的战略规划,并加快应用步伐。2007年发改委发布的《可再生能源中长期发展规划》中提出了中国可再生能源的发展目标,对于我国可再生能源领域的发展起到一个指导的作用。该文件系统阐释了我国在2020年之前可再生能源的发展各项规划[187]。经过多年的政策支持及发展,我国在可再生能源技术的研究和推广应用方面已有了很好的基础,形成了较完善的可再生能源技术支撑体系和设备制造能力,为可再生能源的大规模开发和利用奠定了良好基础[184]。

"十二五"期间,我国可再生能源产业开始全面规模化发展,进入了大范围增量替代和区域性存量替代的发展阶段,可再生能源在推动能源结构调整方面的作用不断增强。2015年,我国商品化可再生能源利用量为4.36亿tce,占一次能源消费总量的10.1%;如将太阳能热利用等非商品化可再生能源考虑在内，全部可再生能源年利用量达到 5.0 亿 tce；计入核电的贡献，全部非化石能源利用量占到一次能源消费总量 12%，比 2010 年提高 2.6 个百分点。到 2015 年年底，全国水电装机为 3.2 亿 kW，风电、光伏并网装机分别为 1.29 亿 kW、4 318 万 kW，太阳能热利用面积超过 4.0 亿 m^2，应用规模位居全球首位。全部可再生能源发电量 1.38 万亿 kW · h，约占全社会用电量的 25%，其中非水可再生能源发电量占 5%。生物质能继续向多元化发展，各类生物质能年利用量约 3 500 万 tce[188]。

在我国高校中，可再生能源利用技术也正在不断地推广和应用。目前适用于高校建筑的可再生能源应用技术主要包括太阳能热水系统，光伏发电技术、照明技术，地源热泵技术，地道风技术等。高校成为太阳能技术研发、高端制造和应用展示中心，在新建、翻建、改造的校园工程中积极应用太阳能技术，如太阳能园林夜景灯光工程、太阳能供暖工程、太阳能热水工程等，通过新建以及逐步的改造，将原来需要电能的部分工程尽量用太阳能替代，这在一定程度上节省了用电，即减少了二氧化碳的排放。水源热泵作为开发利用地热能的一种新技术，由于其“水源”取材广泛，地表水、地下水甚至污水、工业废水均可使用，也可以在高校中推广使用。水源热泵技术利用土壤和水体所储藏的能量作为冷热源，无燃烧，无排烟，无废弃物，无污染，是一种清洁环保的可再生资源利用技术，而且可通过一套系统来实现供冷和供热需求，一次性投资和运行费用一般只占传统制冷制热费用的 1/2～2/3。通过利用可再生能源，在一定程度上替代传统的不可再生能源，可使传统能源需求量下降，从而达到节能减排的目的[189]。

1.7.2 太阳能

太阳能是一种取之不尽、用之不竭的新能源，具有分布广、存量大、清洁无污染和可再生的优点。美国是最早重视利用太阳能的国家之一，20 世纪 70 年代就制定了政府级阳光发电计划。1994 年对于光伏发电的投入预算达 7 800 万美元；1997 年制定了百万屋顶光伏计划，到 2010 年安装了 1 000～3 000 MW 太阳能电池，太阳能建筑利用已初具规模。

欧盟对于太阳能建筑利用提出了统一的规划和要求。1999 年启动“可再生能源起飞运动”，其中在太阳能领域计划投资 100 亿欧元，以有效推动太阳能利用技术的发展。意大利 1998 年开始实施全国太阳能屋顶计划，2002 年完成，总投入 5 500 亿里拉。法国的“太阳神 2006”太阳能利用计划，每年投入约 3 000 万法郎资金，安装太阳能热水器 2 万套以上[190]。

日本也非常重视太阳能资源的利用，通过推行可再生能源配额法和实行补贴等刺激政策，成为世界光伏发电的先导，1997 年出台的“屋顶光伏计划”的补贴经费高达 9 200 万美元，安装目标是 7 600 MW。

我国大力支持太阳能利用技术的研究和推广，特别是《可再生能源法》的制定和实施，极大地促进了太阳能等可再生能源的开发利用。我国的太阳能利用技术不断取得进展和重大突破，太阳能照明技术、太阳能光伏发电技术和太阳能热利用技术等已达到世界先进水平。

太阳能光伏技术的研究和利用始于 20 世纪 70 年代，最初主要用于空间技术方面，逐渐推广到建筑利用方面。近几年光伏发电产业发展较快，尤其是离网运行技术的应用，为许多偏远地区居民的生活带去了方便。此外，我国很多地方政府大力推广和强制建筑安装太阳能热水系统，大大推动了太阳能热利用技术的发展。太阳能热水供应技术已在我国得到全面的发展。

随着高等教育的发展和节能理念的提升，我国高校也越来越重视太阳能的利用。如清华大学超低能耗示范楼采用了太阳能发电系统；山东建筑大学生态学生公寓采用了被动太阳能空气采暖系统和太阳能热水系统[191]；北京市实行“阳光校园计划”，为 100 所校园建起阳光屋顶[192]；同济大学文远楼采用了太阳能发电系统[193]；等等。这些太阳能利用技术的应用，不仅促进了校园建筑的节能，而且改善了高校建筑环境。但是，由于投资、地理位置、屋面条件等各方面的原因，并不是所有建筑都适合安装太阳能系统，太阳能利用需要根据具体的建筑进行技术经济分析，并进行合理的设计。

1.7.3　地热能

地热能作为一种新能源，它具有分布广、洁净、可直接利用等优点。地热能的开发利用有悠久的历史，早在几千年前，人类就利用温泉治病和洗浴。随着人类社会的不断发展，地热能开发利用的范围越来越广，已受到世界各国的普遍重视。尤其是 20 世纪 70 年代以后，人口增长、世界性能源短缺、燃料价格不断上涨以及矿物能源消耗对环境的危害，使得人类更加重视开发利用地热能。地热能的开发利用包括发电和非发电两个方面。世界各国利用地热能的经验表明：高温地热资源（150 ℃以上）主要用于发电，发电后排出的热水可进行逐级多用途利用；中温（150 ℃以下 90 ℃以上）和低温（90 ℃以下）的地热资源则以直接利用为主，多用于采暖、干燥、工业、农林牧渔、医疗、旅游等方面[194]。

近年来，国外许多国家十分重视地热能的直接利用，即直接将地热能用于空调、采暖、供热水等。据统计，世界上超过 80 个国家和地区拥有比较不错的地热资源开发条件，并且到 2000 年年底，其中的 72 个国家和地区对地热能进行了直接利用。国外利用地热进行采暖应用较早，目前全世界至少有 12 个国家和地区利用地热资源进行生活热水供应，应用较多的国家包括冰岛、波兰、法国、土耳其、匈牙利、美国和日本等。其中美国比较正式的地热工程最早可追溯到 1982 年，总共利用地热能对超过了 400 户家庭进行了供热。1920 年，冰岛首次将地热能应用到温室采暖上，并于 1930 年将地热能率先应用到城市的区域供热管网中，解决了地热能应用受地域性局限的问题。目前，冰岛已经发展了相对成熟的大管径、大流量、长距离的地热水输送技术。值得一提的是，在低温地热能的利用过程当中，热泵技术的发展和应用起到了非常关键的作用。除此之外，还有地道风技术的应用[195]。

（1）地源热泵

1912 年，瑞士人首先发明了地源热泵技术。1946 年第一个地源热泵系统在美国俄勒冈州诞生。1974 年起，瑞士、荷兰和瑞典等国政府逐步资助建立示范工程。20 世纪 80 年代后期，地源热泵技术日臻成熟，其节能和减排效果得到了普遍认可。2010 年世界地热大会的统计数据显示：地源热泵的年利用能量达到了 214 782 TJ，与 2005 年世界地热大会的统计数据相比，五年内增长了 1.45 倍，平均年增长率达到了 19.7%。2010 年世界地热大会统计的地源热泵的设备容量为 35 236 MW，其在五年间增长了 1.29 倍，平均年增长率为 18.0%。[196]

我国从 20 世纪 70 年代开始地热普查、勘探和利用，建设了广东丰顺等 7 个中低温地热能电站，1977 年在西藏建设了羊八井地热电站。20 世纪 90 年代以来，北京、天津、保定、咸阳、沈阳等城市开展中低温地热资源供暖、旅游疗养、种植养殖等直接利用工作。进入 21 世纪以来，热泵供暖（制冷）等浅层地热能开发利用逐步加快发展。2009 年 7 月，财政部、住房和城乡建设部下发了《关于印发〈可再生能源建筑应用城市示范实施方案〉的通知》，对纳入示范的城市，中央财政将予以专项补助 5 000 万元；对推广应用面积大、技术类型先进适用、能源替代效果好、能力建设突出、资金运用实现创新的，将相应调增补助额度，每个示范城市资金补助最高不超过 8 000 万元。该《通知》中的“可再生能源”即为太阳能和浅层地热能[197]。为促进地方地热资源开发利用，部分地方政府也出台了一系列政策，这些政策包括针对地热资源的管理办法、条例以及工程实施方案。如《北京市地热资源管理办法》《天津市地热资源管理办法》《云南省地热资源管理条例》和《内蒙古地热资源管理条例》等。针对地热项目投资高、投资回收期长影响投资积极性等现象的存在，北京、上海、重庆、江苏等部分地区出台了一些财税补贴政策[198]。2016 年 10 月国务院印发的《“十三五”控制温室气体排放工作方案》明确提出，到 2020 年，单位国内生产总值二氧化碳排放比 2015 年下降 18%，碳排放总量得到有效控制[199]。这必将进一步促进地热资源的开发和利用。

我国利用地源热泵技术开发浅层地热能与国外相比，虽然起步晚，但发展很快，其范围之广、规模之大已远超国外。目前，浅层和水热型地热能供暖（制冷）技术已基本成熟。浅层地热能应用主要使用热泵技术，2004 年后年增长率超过 30%，应用范围扩展至全国，其中 80%集中在华北地区和东北南部，包括北京、天津、河北、辽宁、河南、山东等地区。2015 年年底，全国浅层地热能供暖（制冷）面积达到 3.92 亿 m^2，全国水热型地热能供暖面积达到 1.02 亿 m^2。地热能年利用量约 2 000 万 tce。

（2）地道风

国外地道风的应用领域较为广泛：可以应用于温室，对空气进行夏季降温和冬季加热处理，为植物提供适宜的生长环境；可以应用于住宅，对新风冬季预热和夏季预冷，提高了室内空气品质的同时，还节约了空调的用能；也可以应用于公共建筑，对其进行制冷或供热，为人们提供比较舒适的生活和工作环境。国外学者对土壤-空气换热影响因素的数学模型、地埋管通风换热系统、三维耦合传热传质数学模型等做了大量理论分析、数值模拟以及实验研究，并且分析了管长、管道材料、管道半径、管内空气流速、埋管的深度等因素对地道风换热系统的影响，从而为选择适宜的管长、半径、风流以及埋管深度等提供了依据，对地道风系统的设计具有指导作用[200]。

国内对地道风的应用研究就是从利用废弃的地道通风降温开始的。我国西北地区利用地道风降（升）温技术比较早。20 世纪 70 年代初，西安和乌鲁木齐等地就已经开始利用地热资源进行夏季供冷和冬季供暖。其中西安市的光明电影院就采用了地道风技术，地道的埋深为 7 m，周围是黄土层，稳定性和隔热性能都比较好，夏季地道内气温一般为 21～23 ℃，冬季一般为 11～13 ℃。乌鲁木齐某电影院也使用了地道风技术，它的主地道埋深为 11.80 m，利用地道风进行夏季降温和冬季预热，冬季用 0.2 MPa 高压蒸汽对地道空气进行二次加热处理，再送到房间内，改善室内热环境[201]。

我国地道风技术在校园建筑中也有应用。北大附小在校园内埋了 4 根内径为 1.2 m 的钢筋混凝土管，长度大于 290 m。在冬季作为预热系统，利用地道预热室外冷空气，给教室提供加热过的新鲜自然风；夏季，作为建筑的降温系统，室外热空气通过地道时与土壤中的冷量换热变冷，通过风机输送给各个教室，从而为教室降温[202]。同济大学作为首批“节约型校园建设示范高校”之一，采用了地道风新风预冷（热）系统，降低了空调机的负荷，为建筑节能工作做出了一定贡献[203]。此外，国内的很多学者也针对地道中的换热模型做了大量的研究，通过模拟和实验的方法对埋管长度、尺寸和深度等提出了合理的建议。

1.7.4 空气能

空气能，是空气热能的简称，即空气中所蕴含的低品位热能，又称空气源，能够被热泵装置转换利用，形成高于环境温度、满足用户需求的热源，通过热泵技术可以为建筑提供生活热水、冬季供暖等。在国际上，欧盟早在 2009 年就通过法令，将“空气热能”纳入可再生能源范围[204]。

2015 年 11 月 25 日，由住建部科技发展促进中心牵头召开的空气热能在夏热冬冷地区建筑上的应用技术交流会在常州成功举行，在本次会议中发布了《空气热能纳入可再生能源范畴的指导手册》。北京、浙江、福建、安徽、河北、广州、广西等省(区、市)已将空气能纳入可再生能源的范畴。

对于用空气源热泵供暖来说，针对运行问题有良好的解决方式。首先，室外机结霜问题，黄河以北地区天气干燥，结霜已不再是主要问题，通过有效的化霜措施解决；其次，北方冬天的室外温度一般在－15 ℃左右，温度太低可能导致室外机不能正常运行，通过双级压缩转子式压缩机，可以在－20 ℃下正常工作，COP＞2.5。国内空气源热泵热水器市场 2002 年国内总产值不到 100 万元，经过十多年的发展，空气源热泵在 2013 年市场销售额接近 50 亿元。2014 年空气源热泵热水器(机)即空气能热水机行业，全年总产值为 73.9 亿元[205]。可见，目前空气能(空气源)热泵技术已趋于成熟，逐渐被广大用户和市场认可，在校园建筑节能设计过程中应大力推广应用。

1.8 建筑节能技术评价

建筑节能技术包含规划设计节能技术、建筑设计节能技术、围护结构节能技术、建筑设备节能技术等方面。其中，围护结构能耗和暖通空调冷热源能耗在建筑能耗中的比例较大，下面重点对围护结构和冷热源节能技术评价研究现状进行论述。

1.8.1 围护结构性能评价

(1) 评价指标法

围护结构热工性能评价是衡量围护结构工作性能和对围护结构进行优化设计的基础。随着建筑节能工作的不断开展，很多国家都建立起了自己的评价标准和方法。在各国的标准或规范中，节能建筑的围护结构热工性能评价指标主要分为规定性指标、性能性指标、综合性指标和基于软件模拟的能耗指标[206-209]。

规定性指标即对各能耗系统的最高能耗进行规定，对建筑的各组成元素进行规定，如对建筑围护结构(墙体、屋面、门窗)的传热系数或传热热阻、体形系数、窗墙比、玻璃的遮阳，以及采暖、空调、照明设备最小能效指标等规定一个限值。很多国家均采用了规定性指标，如瑞典、丹麦、德国、美国、加拿大、日本和俄罗斯等均对外墙、外窗、屋顶传热系数有规定。

性能性指标只对建筑围护结构总性能进行规定，包括综合传热值 OTTV(overall thermal transfer value)、周边全年负荷系数 PAL(perimeter annual load)、围护结构耗能量(ENVLOAD)等指标。这些指标满足了设计师、设备工程师自由设计和建筑节能规范控制两方面的需求。

于靖华博士提出的 EETP 指标属于性能性指标的一种。EETP 指标是衡量建筑单位体积和温差耗能量的指标，是将建筑围护结构整体的热工性能看作一个系统，根据围护结构的热过程，在围护结构体形传热系数和体形太阳得热因子的基础上建立的，分为空调期指标 $EETP_C$、采暖期指标 $EETP_H$和全年指标 $EETP_Y$，包括外墙传热、屋顶传热、玻璃窗传热及太阳辐射得热等四个部分。EETP 计算公式的参数包括围护结构几何参数（建筑物体积以及墙体、屋顶、玻璃窗的面积）、热工参数（外墙、屋面及外窗的传热系数，外墙、屋面的太阳辐射吸收系数及玻璃的遮阳系数）、计算用气象参数（室内外平均温差、屋顶和各朝向墙体等效温差、标准窗的太阳得热因子）及空调采暖系统的运行时间和能效比。韩学廷、李国富、邹志胜[210]提出用权衡负荷法来判定节能建筑的围护结构总体性能，雷飞、胡平放[211]也建议以供暖空调的设计负荷或全年的累计负荷作为权衡判断依据，但计算权衡负荷时并没有考虑围护结构湿传递的影响和围护结构的传湿性能。

综合性指标即综合影响建筑能耗各个方面的因素，包括建筑围护结构、空调系统、其他建筑设备等，通过建筑能耗的统计数据，以建筑实际的能耗数据（如耗电量、耗煤量等）作为表达建筑能耗现状的指标。以实际年能耗作为评价指标的方法其优点是显著的：计算（统计）方法明确，能够比较广泛地从各个侧面反映建筑的综合能耗性能，而且可以方便地转化为经济指标，直接与建筑运行的成本相关联，比较容易被接受和运用。然而我国尚未建立起完善的建筑能耗统计制度，建筑能耗统计体系尚不完善，并没有考虑影响建筑能耗的各个相互关联的因素，给出一个绝对指标不足以反映建筑围护结构节能的潜力，评价过于笼统。

基于软件模拟的能耗指标是建筑能耗系统效率评价和建筑节能标准规范一致性评估的一种有效方法，为建筑总体节能设计提供了更大的灵活性。该种方法可以获得较为准确的能耗指标用于指导建筑设计，但专业性强，不便于普及和大规模推广应用。

（2）综合评价法

针对建筑围护结构热工性能评价，一些研究人员提出和建立了综合评价体系。杨玉兰博士[212]以证据理论和国家及地方建筑节能技术标准为基础，构建了一个建筑节能评价与能效标识数学模型，并将该模型应用到夏热冬冷地区居住建筑节能评价，形成了一套夏热冬冷地区居住建筑节能与能效标识方法。但该标准并没有将建筑围护结构瞬态湿传递及湿累积引起的围护结构热工性能和室内湿负荷的变化对建筑能耗的影响考虑在内。冯浩茹、彭盈[213]运用全寿命周期评价的基本原理，分析该节能体系的全寿命周期里外保温对建筑投资和收益的影响，并采用净现值法对外保温的实际应用做经济评价。陆宁、郭颖、赵丽萍等[214]构建了由外墙结构传热系数 A_1、屋面结构传热系数 A_2、楼地面结构传热系数 A_3、外窗结构传热系数 A_4、再生能源利用 A_5、室外管网水力平衡度 A_6、室外管网实时供水温降 A_7、室外管网热输送效率 A_8、采暖系统补水率 A_9、循环水泵实时耗电输热比 A_{10} 等十个指标构成的城镇既有住宅建筑的节能改造指标体系，制定可改造指标的取值范围与诊断评定标准，利用模糊综合评价方法对城镇既有住宅建筑节能诊断进行评价，进而给出了度量该类建筑整体能耗的方法。该体系对围护结构的节能性能选取了 4 个指标——外墙、屋面、地面和外窗的传热系数进行评价，没有反映围护结构的传湿性能，也没有反映门窗的气密性，而渗透风耗热量在建筑能耗中占相当大比例。魏晓东[215]利用属性层次模型对节能改造综合效益进行了评价分析，并用实例说明了该方法在建筑节能改造效益综合评价中的价值。

王清勤、何维达[216]针对公共建筑节能改造项目，以我国现行建筑节能相关法律法规和技术标准为统一评价标准，利用改进的德尔斐法从节能效果、环境影响、改造过程、经济效益和可持续性等 5 个方面 200 余个对影响既有建筑节能改造效果的相关因素进行筛选分类，提出了由 83 项具体评价指标构成的多级评价指标体系，并给出了指标综合量化方法。但是围护结构评价指标主要由热传导、遮阳系数、窗墙比、热桥表面温度等构成，没有考虑围护结构的传湿性能。

1.8.2 冷热源综合评价

空调系统的运行能耗占建筑设备总运行能耗的 30%～60%，而冷热源的运行能耗则占空调系统总运行能耗的 60%左右。此外，在整个建筑设备的总投资中，空调系统的投资占到了 10%以上，而冷热源的投资又占其中的 50%～70%[217]。冷热源方案的评价与优选对保证暖通空调系统经济节能运行具有十分重要的意义。

在实际工程中，工程技术人员多从技术可行性和经济合理性对冷热源方案进行评价和优选[218-221]，而实际上冷热源方案的选择受技术、经济、节能特性、环保、施工难易、运行管理等多种因素影响，需要进行多目标综合评价。陈绿华、符史亮、高航等[222]利用 AHP 法以淮南市体育文化中心空调冷热源设计为例，从初投资、运行经济性、一次能源利用率、环境影响等指标对 4 种冷热源方案进行对比分析。陈菲、陈震、何嘉鹏[223]利用层次分析法建立了包含经济性、技术可行性、节能性、环保性等 4 个因素的评价体系，针对具体的夏热冬冷地区大型商业建筑空调冷热源方案构建了 4 个冷热源方案的单层次判断矩阵，对冷热源方案进行了优化。郭永辉、谈莹莹、张国强[224]以长沙某一食堂建筑为例，对空调系统的冷热源系统的 6 种可能方案进行了全面的技术经济分析和比较，以初投资、运行费用、维护管理、可靠性、适用性、安全性等为评价指标，建立了评估决策模型，进行了多目标决策，提出了适宜的系统方案。周倩[217]根据方案排队法，建立了空调系统冷热源的优化模型，以综合定性和定量分析结果和决策模式，确定出优化的方案。刘慧卿、李文杰、潘文彦[225]对在进行空调系统冷热源方案优选时存在复杂性、模糊性和不确定性的问题，提出了一种基于离差最大化与灰色关联耦合的空调冷热源优选模型。闫加贺、黄建恩、冯伟等[226]建立了基于优属度和层次分析法的优选模型，并以海门某办公大楼为实例，对不同的冷热源方案进行优选，该模型计算简便，能够达到客观地、科学地优选空调系统冷热源的目的。王勇平、龚光彩[227]利用烟效率来评价冷热源，从能量利用的质和量两个方面对冷热源进行多目标优化。

可见，针对冷热源方案优选，很多研究者已经提出了一些评价模型和优选方法，但是由于该问题的重要性和复杂性，针对校园建筑内的冷热源选择还需要做进一步的研究，为校园建筑冷热源选择提供指导和技术支撑。

1.9 研究内容

本书以寒冷地区高校建筑为研究对象，以节能环保为目标，研究适宜的建筑节能关键技术措施。具体研究内容如下：

(1) 校园建筑能耗调查分析：对寒冷地区校园建筑能耗状况进行广泛深入的调查和分析，总结高校建筑的使用特点及能耗特点，分析校园建筑的节能潜力。

(2) 校园微气候调节技术研究：现场实测徐州地区常见的绿化树种对室外温湿度的影响，提出利用植被、绿化调节校园热环境的建议措施；利用区域风场模拟技术研究建筑规划布局对风环境的影响，实现风环境的优化，提出建筑物优化布局的指导原则。

（3）建筑设计节能技术研究：从建筑朝向、自然通风、建筑体形、平面布局、窗墙比和遮阳等方面进行研究，提出适宜的高校建筑设计技术措施。

（4）建筑围护结构节能技术研究：从外墙、屋面、楼地面、门窗等方面提出相应的节能设计要求和技术措施。

（5）建筑设备节能技术研究：结合国内外研究成果，对采暖、空调、冷热源、给水排水、电气等建筑节能技术进行研究，提出适用于高校建筑的设备节能技术措施。

（6）可再生能源利用技术研究：研究太阳能、地热能等建筑利用和设计技术，充分利用可再生能源降低校园建筑的能源消耗量。

（7）建筑节能技术适宜性评价研究：借助层次分析等综合模糊评价方法，综合考虑节能、环保、全寿命周期费用、施工难易程度、室内环境舒适度等因素建立冷热源和建筑外墙综合评价体系。

（8）学生公寓和图书馆建筑节能设计实例。

1.10 技术路线

依据系统科学的基本原理，从对寒冷地区高校能耗的调查入手，分析寒冷地区高校能耗现状，采取多学科、多角度、一体化方法，研究寒冷地区高等学校建筑节能关键技术。具体的技术路线如图 1-1 所示。

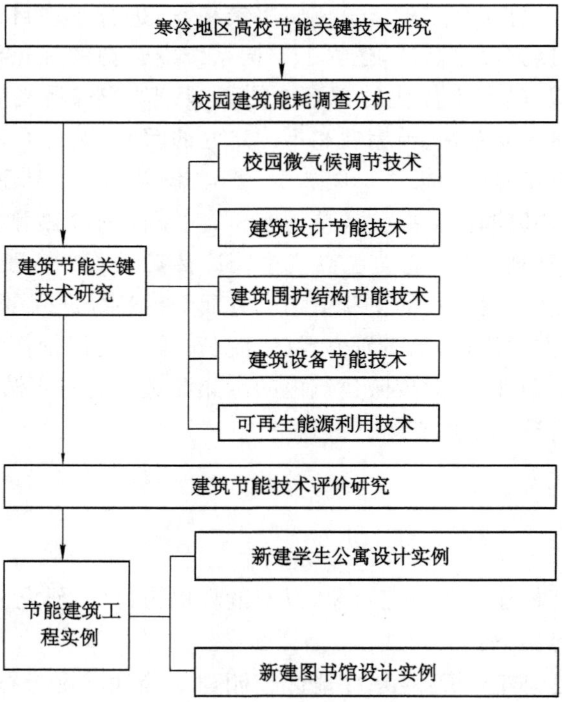

图 1-1　技术路线

2　建筑能耗调查及节能潜力

我们对寒冷地区校园建筑能耗状况进行了广泛深入的调查和分析，总结了高校建筑的使用特点、能耗特点，分析了高校建筑的节能潜力。

2.1　调查目的、内容与方法

2.1.1　目的

调查寒冷地区高等学校建筑的使用特点、能耗特点，总结分析高校建筑采暖降温、用水用电和运行管理中所存在的问题，分析寒冷地区高等学校建筑节能潜力，为节能关键技术研究奠定基础。

2.1.2　内容

针对高等学校建筑的用水用电、采暖降温方式、用电量、用水量及一些基本设施状况进行调查。

2.1.3　方法

本次调查采用网上调查问卷与现场实地查勘相结合的形式，两者相辅相成，力争做到详细与准确。现场实地查勘主要针对江苏省寒冷地区的高等学校进行，主要调研了中国矿业大学南湖校区、文昌校区，江苏建筑职业技术学院，徐州工程学院，淮海工学院等院校。

2.2　建筑能耗调查

2.2.1　公寓建筑

主要通过网上问卷调查的形式进行，2015 年 3 月 31 日开始，2015 年 4 月 10 日结束，共征集到 480 份调查问卷。男女比例为 49.58%和 50.42%。其中有 8.33%的人认为学生公寓在用水用电及其他方面非常浪费，完全不节能，有很大的节能空间；33.54%的人认为比较浪费，不够节能，有一定的节能空间；51.25%的人认为适中，比较节能，节能空间不大；6.88%的人认为无浪费，很节能，无节能空间。

下面分饮水机能耗、洗浴能耗、照明能耗、降温采暖能耗几方面进行详细分析。

2.2.1.1　饮水机能耗

(1) 饮用水供应方式及饮水机通电时间调查结果

在样本中 62%的学生都使用饮水机来供水，只有 31%的学生在公共开水房打水，如图 2-1 所示。饮水机通电时间，17.84%的宿舍每天的使用时长在 16 h 以上，9.09%的宿舍使用时长在 12～16 h 之间，有 13.13%的宿舍使用时长在 8～12 h，21.89%的宿舍使用时长在 4～8 h，有 38.05%宿舍使用时长在 4 h 以下，如图 2-2 所示。

(2) 饮用水供应方式及饮水机通电时间调查结果分析

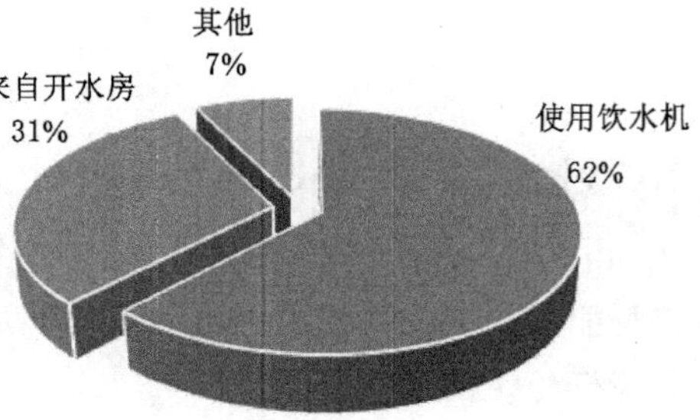

图 2-1　饮用水方式

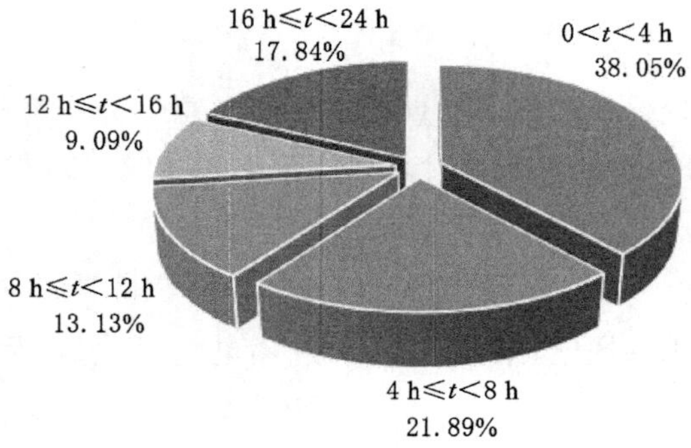

图 2-2　饮水机通电时间

从调查结果来看，目前高校学生公寓饮用水供应方式主要采用饮水机。随着人们对生活质量要求的提高，使用饮水机的学生人数比例会越来越高。但是，如果饮水机使用不当则会出现能耗浪费的情况。饮水机在一个小时的平均加热周期内 15 min 加热，加热功率为 0.42 kW，保温 45 min，保温功率 0.04 kW。饮水机的平均通电时间按加权平均时间计算：3×38.05%+6×21.89%+10×13.13%+14×9.09%+17×17.84%=8.07 h，饮水机的年平均使用天数按 270 天计算，则平均能耗：

$$Q_{ys}=(8.07\times15/60\times0.42+8.07\times45/60\times0.04)\times270=294.27\ \text{kW}\cdot\text{h/a}$$

饮水机能耗折算为标准煤耗量为 103.11 kgce/a。如果平均每 4 人使用一台饮水机，则生均能耗为 25.78 kgce/a。（电力按等价法换算，换算系数为 0.350 4 kgce/(kW・h)，下同）

通过调查，有 63.48%的同学认为每天合理使用饮水机的时间在 4 h 以下，36.52%的同学认为每天合理使用饮水机的时间在 4～8 h，按加权平均计算得出每天合理使用饮水机的时间为 3×36.52%+6×63.48%=4.90 h。而实际上学生宿舍每天饮水机的通电开机时间为 8.07 h，比合理的通电开机时间多出近一倍，存在巨大的节能潜力。

2.2.1.2　洗浴能耗

(1) 洗浴用水供应方式

学校洗澡水采用化石能源燃烧加热的占 48.96%，使用热泵加热的占 25.00%，使用电热水器加热的占 26.04%，如图 2-3 所示。当宿舍有独立洗浴设备时，使用电热水器的占 53.74%，使用热泵集中加热的占 31.31%，使用锅炉加热的占 14.95%，如图 2-4 所示。

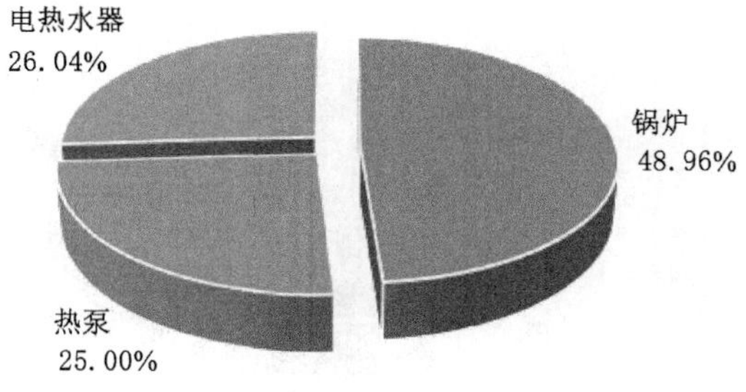

图 2-3 学校洗浴水加热方式

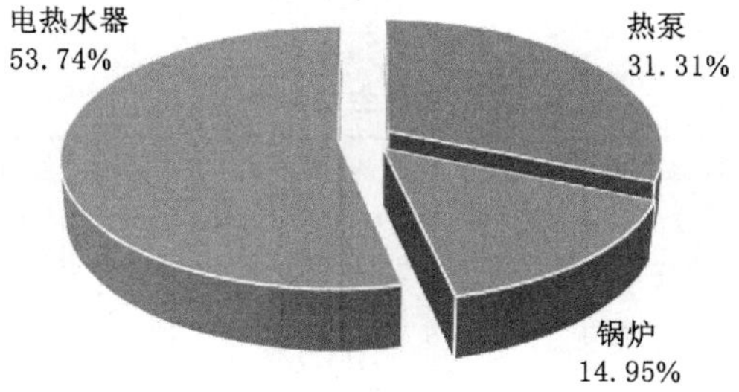

图 2-4 当宿舍有独立洗浴设备时加热方式

(2) 冬夏季洗澡频率

冬夏季学生洗澡频率调研结果见表 2-1。

表 2-1 冬夏季洗澡频率统计

洗澡频率	夏季	冬季
每天至少一次	36.25%	5.00%
两天一次	32.08%	18.54%
三天一次	20.83%	28.33%
一周及一周以上一次	10.84%	48.13%

(3) 洗澡收费模式

洗浴收费采取以水量收费的方式的占 41.88%,按时间长短收费的占 13.96%,按次数收费的形式占到 23.17%,如图 2-5 所示。

(4) 洗澡能耗

根据用水定额及洗浴水温的的要求,假定每位学生平均洗一次澡需要 40 ℃的热水 40 L,学生洗澡频率按冬夏季平均值计算为 3.5 天/次,每年在学校的天数按 270 天计算。热水器分别按储水式电热水器和空气源热水器计算,储水式电热水器的热效率与使用条件关系很大,一般介于 60%~90%之间,这里的热效率包含保温过程中所产生的热损失[228],取平均值 0.75 进行计算,热水输出率按 0.64 计算[229];空气能热泵热水器运行的平均能效取热泵热水器的全年综合性能系数 2.5[230-231];热泵热水器热水输出率按 80%计算;锅炉按燃煤锅炉,平均效率按 0.55 计算。每个学生的年平均洗澡能耗计算见表 2-2。

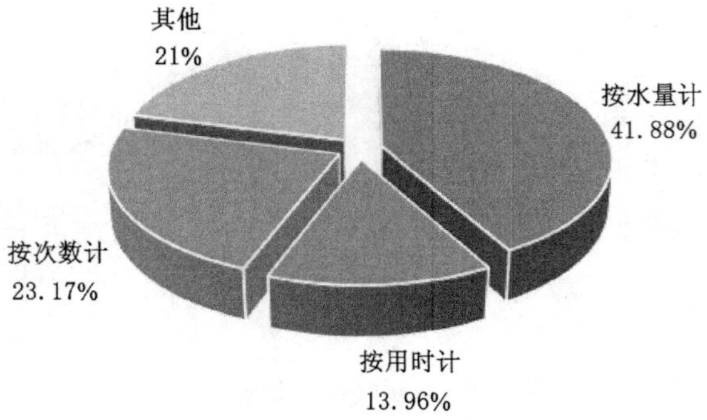

图 2-5　洗浴收费方式

表 2-2　　**学生洗澡生均年能耗**

洗浴方式	一次洗澡用水量/L	洗澡水温/℃	进水平均温度/℃	水的比热/kJ·(kg·℃)$^{-1}$	洗澡频率	年计算天数	设备能效	热水输出率	标准煤耗量/kgce
储水式电热水器	40	40	15	4.186	3.5	270	0.75	0.64	65.48
空气能热泵热水器	40	40	15	4.186	3.5	270	2.5	0.8	15.72
燃煤锅炉	40	40	15	4.186	3.5	270	0.55	1	20.04

2.2.1.3　照明能耗

(1) 照明灯使用时间

有 20.46%的同学照明灯使用时间小于 4 h,有 45.93%的同学照明灯使用时间为 4～6 h,有 20.88%的同学照明灯使用时间为 6～8 h,仅有 12.73%的同学照明灯使用时间在 8 h 及以上,如图 2-6 所示。

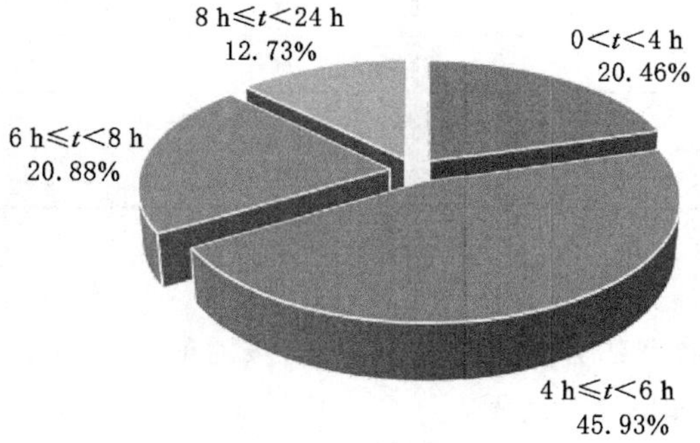

图 2-6　宿舍照明灯平均使用时间

(2) 照明能耗

宿舍照明灯平均每天工作时间(h),按加权平均计算,3×20.46%+5×45.93%+7×20.88%+9×12.73%=5.52 h,照明灯生均功率(P)按 0.025 kW,每学年按 270 天计算,则全年照明能耗为:

$$Q_{zm}=0.025\ \text{kW}\times 270\times 5.52\ \text{h}=37.26\ \text{kW}\cdot\text{h}/(\text{a}\cdot\text{人})$$

折算为标准煤能耗为 12.06 kgce/(a·人)。

2.2.1.4　降温采暖能耗

(1) 降温方式

既有空调又有电扇的用户占到被调查者的23.75%,只依靠电扇来降温的用户占到被调查者的33.96%,仅依赖空调制冷来降温的人数占到调查对象的8.14%,不依赖设备降温仅靠自然通风的人群占到调查对象的34.15%,如图2-7所示。

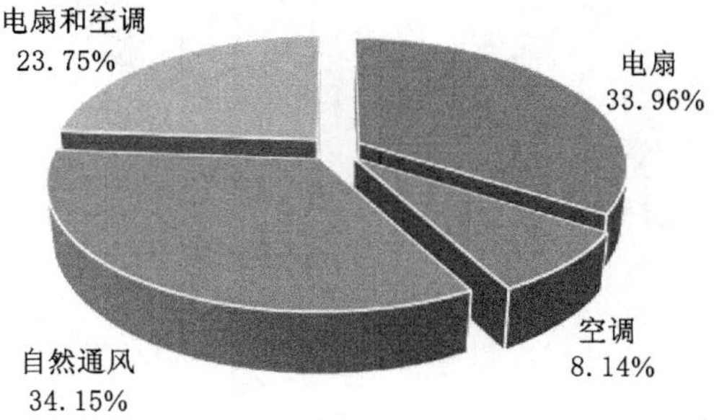

图2-7　夏季降温方式

(2) 夏季电扇、空调使用时间

电扇使用时间,在2 h以内的占12.27%,2～4 h的占18.41%,4～6 h的占28.16%,6～8 h的占18.77%,8 h以上的占22.38%,如图2-8所示。

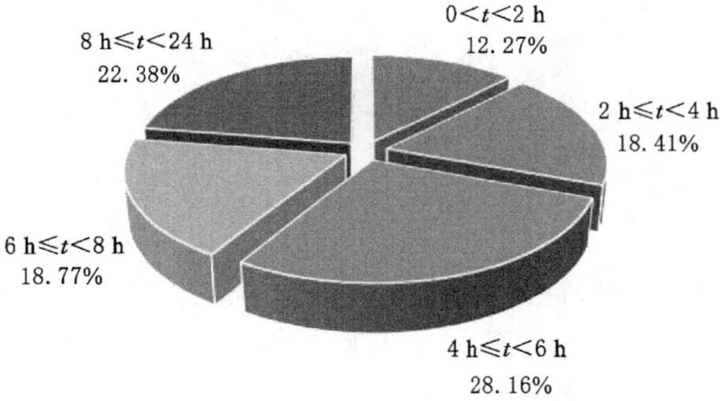

图2-8　宿舍电扇使用时间

夏季空调使用时间,在2 h以内的占18.3%,2～4 h的占33.33%,4～6 h的占26.14%,6～8 h的占11.76%,8 h以上的占10.46%,如图2-9所示。

(3) 冬季采暖方式

在调查样本中有67.94%使用暖气片的方式采暖,32.06%的学生宿舍既有暖气片采暖系统又装有空调。

(4) 冬季空调工作时间

冬季空调使用时间,在2 h以内的占40.43%,2～4 h的占31.21%,4～6 h的占17.02%,6～8 h的占7.09%,8 h以上的占4.26%,如图2-10所示(图中数据取整了)。

(5) 降温能耗

根据能耗调查,既有空调又有电扇的用户占到被调查者的23.75%,为便于能耗计算,假定电扇和空调不同时使用,认为这部分学生仅依靠空调进行降温,因此,高校学生公寓采

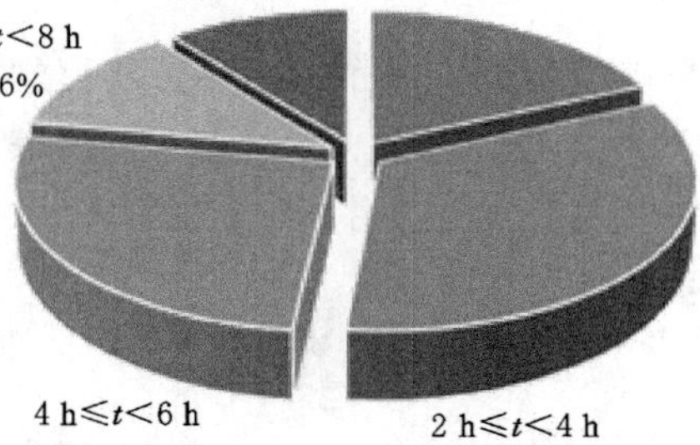

图 2-9 夏季空调使用时间

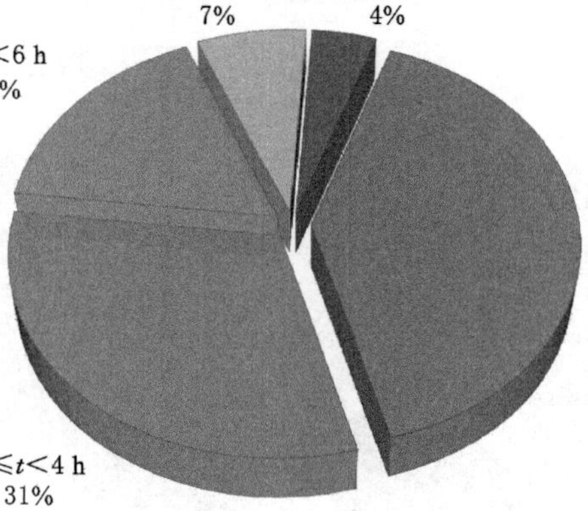

图 2-10 冬季空调使用时间

用电扇降温的比例为 33.96%；宿舍采用空调降温的比例为 23.75%+8.14%=31.89%。1 个 4 人间学生公寓通常配置 1 个功率为 0.06 kW 的电扇，生均功率 0.015 kW，每年使用天数按 60 d 计算，则电扇每年生均能耗计算如下。

平均每天使用时间按加权平均计算：

$$1.5\times12.27\%+3\times18.41\%+5\times28.16\%+7\times18.77\%+9\times22.38\%=5.47\ \text{h}$$

年平均能耗：$$Q_{ds}=0.015\times60\times5.47=4.92\ \text{kW}\cdot\text{h/a}$$

夏季平均每天空调工作时长，按加权平均法计算，$1.5\times18.3\%+3\times33.33\%+5\times26.14\%+7\times11.76\%+9\times10.46\%=4.35$ h，4 人间学生公寓通常配置 1 台功率为 1 kW 的空调，生均功率 0.25 kW，夏季空调的总使用时间按 60 d 计算，则夏季空调每年生均能耗计算如下：

$$Q_{ktx}=0.25\times60\times4.35=65.25\ \text{kW}\cdot\text{h/a}$$

夏季降温每年生均能耗为：

$$4.92\times33.96\%+65.25\times31.89\%=22.48\ \text{kgce}$$

（6）采暖能耗

对于六层的学生公寓建筑，根据国家《严寒和寒冷地区居住建筑设计标准》(JGJ 26—2010)，对于徐州地区冬季采暖耗热量指标为 12.8 W/m^2，冬季采暖时间每年大约 70 d

(不包括寒假),供热方式按燃煤热电联产考虑,综合热效率按 80%计算,二次管网输送效率按 92%计算;按实际调研和国家有关规定,本科生生均住宿面积为 8 m²,冬季采暖能耗按散热器采暖和空调取加权平均值,即认为在整个采暖能耗中 67.94%由供暖系统承担,其余为空调系统承担[空调器冬季性能系数平均取 2.8,电力按等价法换算,换算系数为 0.330 kgce/(kW·h)],则冬季生均采暖能耗为:

$$q_{sjcn}=\frac{12.8\times 8\times 70\times 24\times 0.679\,4}{8.14\times 10^{3}\times 0.8\times 0.92}+\frac{12.8\times 8\times 70\times 24\times 0.320\,6\times 0.350\,4}{1\,000\times 2.8}$$
$$=19.51+6.90=26.41\ \text{kgce/a}$$

2.2.1.5 平均每人每学期用电情况

平均每人每学期用电调查结果见表 2-3。实际平均每人每学期用电情况如图 2-11 所示。

表 2-3 平均每人每学期用电调查

免费用电额度 E /kW·h	百分比	超额缴费 /元	实际用电费用 /元	平均电价 /元·(kW·h)⁻¹	用电量 /kW·h	折算标准煤 kgce
0	10.63%	93.27	93.72	0.528 3	177.40	62.16
E<60	33.96%	28.6	60.30	0.528 3	114.14	39.99
60≤E<90	23.96%	45.08	84.70	0.528 3	160.33	56.18
90≤E<120	13.33%	42.71	98.18	0.528 3	185.84	65.12
120≤E<150	9.58%	46.24	117.56	0.528 3	222.53	77.97
E≥150	8.54%	49	128.25	0.528 3	242.75	85.06

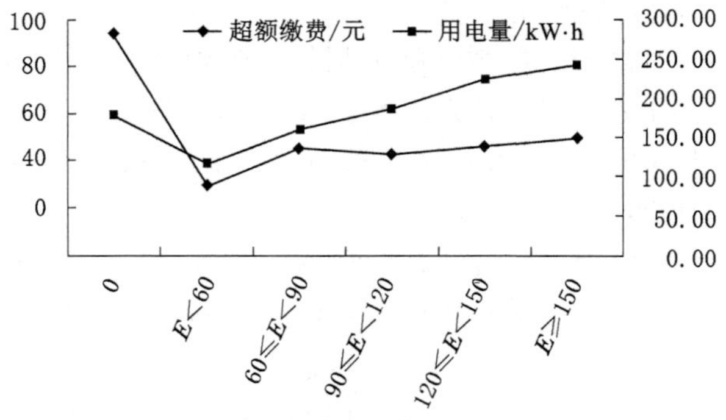

图 2-11 平均每人每学期用电情况

各校政策不同,学校不提供免费用电的被调查者占 10.63%,免费用电额度在 60 kW·h 以下的占 33.96%,免费用电额度在 60～90 kW·h 范围的用户占 23.96%,免费用电额度在 90～120 kW·h 范围的用户占 13.33%,免费用电额度在 120～150 kW·h 范围的用户占 9.58%,免费用电额度在 150 kW·h 以上的占 8.54%,电价平均取 0.528 3 元/kW·h,可将生均每学期缴纳的电费换算成用电量,详见表 2-3。

统计数据显示,对于学生公寓采取完全缴费用电的管理办法,用电量不是最少的。规定恰当的免费用电数量，会鼓励学生积极节约用电，但是如果免费用电量过大，也不利于节能，会导致学生养成不好的用电习惯。

经调研及计算，学生公寓主要能耗数据见表 2-4。

表 2-4　　学生公寓主要能耗

能耗分类		饮水机能耗	洗浴能耗			照明能耗	夏季降温	采暖能耗	总能耗		
			洗浴 1	洗浴 2	洗浴 3				洗浴 1	洗浴 2	洗浴 3
每年生均能耗/kgce		25.86	65.48	15.72	20.04	13.06	7.88	26.41	138.69	88.93	93.25
比例/%	洗浴 1	18.65	47.21			9.42	5.68	19.04	100.00		
	洗浴 2	29.08		17.68		14.69	8.86	29.7		100.00	
	洗浴 3	27.73			21.49	14.01	8.45	28.32			100.00

注：洗浴方式按产生热水的方式为：洗浴 1 指采用储水式电热水器；洗浴 2 指采用空气能热水器；洗浴 3 指采用燃煤锅炉。

2.2.2　公共建筑

2.2.2.1　教学楼

根据调研结果，徐州某高校公共教学楼教室主要有两种规格：70 人的标准教室（以下简称标准教室）和 140 人的大教室（以下简称大教室）。标准教室室内有 8 台电扇，两盏 40 W 的荧光灯，12 盏 54 W 的格栅灯，一套多媒体设备；大型教室室内有 11 台电扇，两盏 40 W 的荧光灯，20 盏 56 W 的格栅灯，一套多媒体设备。公共教学楼的卫生间有两盏日光灯，卫生间除冲厕采用中水外，其余均使用自来水。经调查，公共教学区正常学期全部开放，假期开放的大型教室和标准教室各占 22.2%和 40%。一年按 365 d 计，寒暑假 90 d。

（1）照明

① 一间大型教室日光灯耗电量

如前调研结果，徐州某高校公共教学楼大型教室配置基本相同，两盏 40 W 的荧光灯，20 盏 56 W 的格栅灯，共 1 200 W。日光灯的使用时间，如图 2-12 所示。为了简化计算，时间取平均，如 5 h 以下取 5 h，5～10 h 取 7.5 h，11～13 h 取 12 h，14～16 h 取 15 h，故一间大型教室日光灯平均耗电量为：

$$Q_{djszm}=(5\times1\,200\times10^{-3}\times5\%+7.5\times1\,200\times10^{-3}\times60\%+12\times1\,200\times10^{-3}\times14\%+15\times1\,200\times10^{-3}\times21\%)\times[(365-90)+90\times22.2\%]=3\,391.09\ \text{kW}\cdot\text{h/a}$$

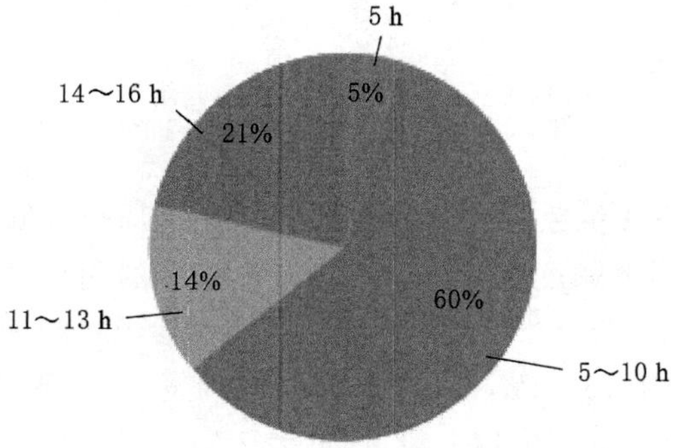

图 2-12　公共教学楼教室日光灯使用时间

② 一间标准教室日光灯耗电量

如前调研结果，徐州某高校公共教学楼标准教室配置与大型教室配置基本相同，有日光灯、电扇、多媒体设备，但是日光灯和电扇的数量却有所差异。标准教室，两盏 40 W 的荧光灯，12 盏 54 W 的格栅灯，一套多媒体设备。由图 2-12 可知日光灯的使用时间。为了简化计算，时间取平均，如 5 h 以下取 5 h，5～10 h 取 7.5 h，11～13 h 取 12 h，14～16 h 取 15 h，故一间标准教室日光灯平均耗电量为：

$$Q_{bjszm}=(5\times728\times10^{-3}\times5\%+7.5\times728\times10^{-3}\times60\%+12\times728\times10^{-3}\times14\%+15\times728\times10^{-3}\times21\%)\times[(365-90)+90\times40\%]=2\ 168.99\ \mathrm{kW\cdot h/a}$$

（2）电扇

① 一间大型教室电扇耗电量

如前调研结果，徐州某高校公共教学楼大型教室均配置 11 个 80 W 的电扇，其使用时间如图 2-13 所示。为了简化计算，时间取平均，如 4～6 h 取 5 h，7～9 h 取 8 h，10～12 h 取 11 h，12～16 h 取 14 h。公教区教室开放时间为 6:00～22:00，故教室开放时开，其他时间关，记为 16 h。一般情况下公共电扇只在夏季(4 个月，120 d，其中假期 60 d)使用，故一间大型教室电扇平均耗电量为：

$$Q_{djsfs}=(5\times80\times10^{-3}\times7\%+8\times80\times10^{-3}\times28\%+11\times80\times10^{-3}\times25\%+14\times80\times10^{-3}\times19\%+0\times80\times10^{-3}\times7\%+16\times80\times10^{-3}\times14\%)\times11\times[60+60\times22.2\%]=660.70\ \mathrm{kW\cdot h/a}$$

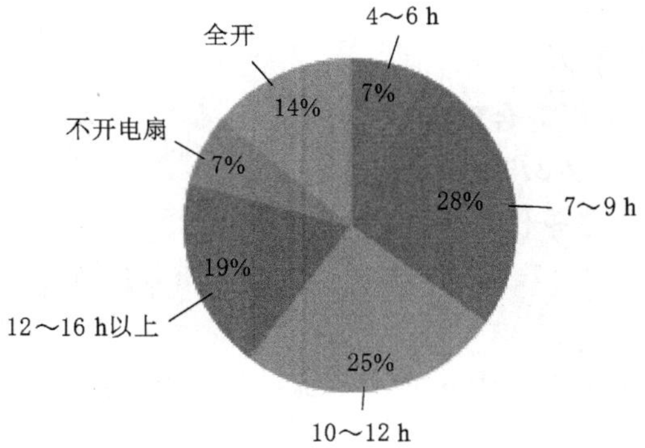

图 2-13　公共教学楼教室风扇使用时间

② 一间标准教室电扇耗电量

如前调研结果，徐州某高校公共教学楼标准教室均配置 8 个 80 W 的电扇，其使用时间如图 2-13 所示，为了简化计算，时间取平均，如 4～6 h 取 5 h，7～9 h 取 8 h，10～12 h 取 11 h，12～16 h 取 14 h。公教区教室开放时间为 6:00～22:00，故教室开放时开，其他时间关，记为 16 h。一般情况下公共电扇只在夏季(4 个月，120 d，其中假期 60 d)使用，故一间标准教室电扇的耗电量为：

$$Q_{bjsfs}=(5\times80\times10^{-3}\times7\%+8\times80\times10^{-3}\times28\%+11\times80\times10^{-3}\times25\%+14\times80\times10^{-3}\times19\%+0\times80\times10^{-3}\times7\%+16\times80\times10^{-3}\times14\%)\times8\times[60+60\times22.2\%]=480.51\ \mathrm{kW\cdot h/a}$$

（3）多媒体

徐州某高校公共教学楼教室基本上都配置了一套多媒体设备，多媒体使用纯平电脑，全速工作功率一般为 300 W，投影仪一般为 300 W，音响 40 W。故多媒体的功率取 640 W。

经调研，教室多媒体使用率可取 90%。根据标准多媒体教室每天的平均上课学时约为 6 学时，假期多媒体均处于停用状态，则徐州某高校多媒体平均耗电量为：

$$Q_{dmt}=6\times640\times90\%\times10^{-3}\times(365-90)=950.4\ \text{kW}\cdot\text{h/a}$$

综上所述，徐州某高校大型教室和标准教室的年总耗电量分别为：

$$A_1=Q_{djszm}+Q_{djsfs}+Q_{dmt}=3\ 391.09+660.70+950.4=5\ 002.19\ \text{kW}\cdot\text{h/a}$$

$$A_2=Q_{bjszm}+Q_{bjsfs}+Q_{dmt}=2\ 168.99+480.51+950.4=3\ 599.90\ \text{kW}\cdot\text{h/a}$$

(4) 集中供暖

教学楼采暖系统属于集中供暖系统，同学生公寓一样，采暖期为 70 d，有效供暖时间每天 17.5 h(5:30～23:00)，属于分时供暖。供暖温度：在有效供暖时间内的室内温度为 16 ℃，误差为负 1 ℃，即 15 ℃及以上都属正常；其他时间低温运行。

根据调研结果，徐州某高校某一栋教学楼的建筑面积为 15 729 m²，采暖负荷为 606 kW，通过计算其采暖面积指标为 38.5 W/m²，标准煤热值取 8.14 kW・h/kg，则一栋教学楼单位面积年采暖耗煤量为：

$$Q_c=Q_0\cdot T/(\eta_1\cdot\eta_2\cdot H_e) \tag{2-1}$$

式中 Q_c——单位面积年采暖耗煤量，kg/m²；

Q_0——采暖面积指标，W/m²；

T——年采暖时间，h；

η_1——二次室外管网输送效率，取 0.9；

η_2——热电厂及一次网综合效率，取 0.55；

H_e——标准煤热值，取 8.14 kW・h/kg。

因此，该栋教学楼每年冬季供暖耗煤量为：

$$Q_c=0.038\ 5\times17.5\times70\div0.9\div0.55\div8.14=11.71\ \text{kgce/m}^2$$

(5) 用水

用水方面，徐州某高校采用了中水回用系统，用以冲洗卫生器具。但是在调研过程中发现存在如下问题：

① 部分用水水流过大。徐州某高校采用机械式延时自闭水龙头，但是在使用的过程中发现底层的水压过大，致使水量过大，造成水资源浪费。甚至个别水龙头不能完全关闭，经常滴水。机械式延时自闭水龙头易损坏，延迟效果不好，也浪费了一定量的水资源。

② 敞开式用水。教学楼属于公共建筑，水电的使用都是不计量不收费的，这就导致用水者缺乏节约用水的意识，水资源存在一定的浪费。

2.2.2.2 图书馆

高校图书馆用能情况以徐州某高校为例进行分析。

(1) 照明

徐州某高校图书馆集阅览、办公一体，一至五层属于阅览区，五至八层为办公区。大多采用的是栅格灯与吸顶灯，楼梯间使用的是 32 W 吸顶灯，卫生间使用 18 W 吸顶灯，走廊使用 60 W 吸顶灯，电子阅览室使用双管格栅灯，阅览区、办公区、自习区使用三管格栅灯，采用的都是细管节能灯，大厅使用紧凑型荧光灯。办公区开放时间是 8:30～17:30，中午

11:30～14:30休息;阅览区开放时间为8:00～22:00,中午12:00～14:00休息。本次调查包含办公室、楼梯间、卫生间、走道、阅览区、自习区等区域的用电量。

① 办公区用电

据不完全统计,该图书馆办公区共有227盏三管格栅灯,465盏双管格栅灯,39盏单管格栅灯,共1 650根灯管,灯具功率共计31.162 kW。根据调查与走访,每天使用时间6 h的约为62 d,每天使用时间2 h的约为44 d。则每年办公区用电量为:

$$Q_1=31.162\times6\times62+31.162\times2\times44=14\ 334.52\ \text{kW}\cdot\text{h}$$

② 阅览区用电

阅览区据统计大约有2 613盏双管格栅灯,其中自习室有280盏灯,图书与电子阅览室2 333盏。阅览区的灯使用时间,1月份、12月份每天的使用时间可按10 h计算(除去闭馆天数后约54 d),11月份可按每天8 h计算(除去闭馆天数后约26 d),3月份、4月份、10月份可按每天6 h计算(除去闭馆天数后约80 d),5月份、6月份、7月份、8月份、9月份可按4 h计算(除去闭馆天数后约80 d)。同时忽略寒假期间图书馆的使用;暑假自习区开放(约54 d),每天只开放一个图书阅览区。按每个荧光灯的功率18 W,每盏灯配备电子镇流器2 W计算,阅览区灯总功率为99.294 kW,其中自习室灯总功率为10.640 kW。则阅览区的灯光年用电量为:

$$Q_{2\text{-}1}=99.294\times10\times54+99.294\times8\times26+99.294\times6\times80+99.294\times4\times80+10.640\times4\times54=156\ 005.352\ \text{kW}\cdot\text{h}$$

(2) 空调

徐州某高校图书馆空调系统采用一次回风的全空气系统,空调面积为46 735 m^2,空调计算冷负荷为7 817 kW,热负荷为6 686 kW。空调冷源选用3台制冷量为1 950 kW的水冷离心式冷水机组和一台880 kW的水冷螺杆机组,其中离心机组的电动机功率为329 kW,螺杆机组的电动机功率为177 kW。空调机组共有20台,平均每台15 kW。运行过程中的循环泵功率372 kW。

夏季空调用电量大,据统计,2010年全年实际电费支出1 604 828.93元,而学校用电电价为0.86元/kW·h,折合成电量,则2010年实际的用电量为1 866 080.151 kW·h。

(3) 采暖

徐州某高校图书馆冬季供暖采用是中央空调供暖,供暖热源为校内换热站,由两台4 000 kW的板式换热器提供,采暖期为70 d。有效供暖时间:每天11 h,属于分时供暖;供暖温度:在有效供暖时间内的室内设计温度为18～20 ℃,即在上述范围内都属正常;其他时间暖气关闭。

则图书馆单位面积年供热能耗为:

$$Q_f=Q_0\cdot T/(\eta_1\eta_2H_e)\tag{2-2}$$

式中　Q_f——单位面积年采暖耗煤量,kgce/m^2;

Q_0——采暖面积指标,W/m^2;

T——采暖时间,h/a。

η_1——二次室外管网输送效率,取0.9;

η_2——热电厂及一次网综合效率,取0.55;

H_e——标准煤热值,取8.14×10^3 W·h/kg。

根据调研结果，该图书馆建筑面积大约为 46 375 m^2，采暖负荷为 6 686 kW，通过计算其采暖面积指标为 144.2 W/m^2，因此该图书馆单位面积年供热能耗为：

$$Q=Q_0 \cdot T/(\eta_1 \eta_2 H_e)=144.2\times70\times11/(0.9\times0.55\times8.14\times10^3)=27.56\ \mathrm{kgce/m^2}$$

(4) 用水

用水方面，该校采用了中水回用系统，用以冲洗卫生器具。在调研过程中发现存在如下问题：

① 部分用水水流过大。该校图书馆均采用机械式延时自闭水龙头，但是在使用的过程中发现底层的水压过大，致使水量过大，造成水资源浪费。

② 敞开式用水。图书馆属于公共建筑，水电的使用都是不计量不收费的，致使用水者缺乏节约用水的意识，导致水资源存在一定的浪费。

2.3 能耗特点与节能潜力

2.3.1 能耗特点

高等学校建筑节能是社会建筑节能的重要组成部分。但是由于高等学校人员密集、管理集中、存在寒暑假等特殊因素，运行特点和能耗特点都具有十分突出和鲜明的特点。通过对学生公寓、教学楼、图书馆等典型建筑的能耗调查，我们总结高校建筑能耗主要特征如下。

2.3.1.1 周期性强

高校每年有固定的寒暑假，且时间较长(寒假时间大多集中在 1 月下旬至 2 月下旬，暑假多处在 7 月上旬至 8 月下旬)，期间大部分学生、部分老师返家或外出，因此寒暑假期间的用能明显比正常上课期间少。因此，高校能耗因寒暑假人数的差异而具有明显的周期性、间歇性特征。

2.3.1.2 集中性与间歇性

学生公寓、教学楼、图书馆等校园建筑其使用方式导致能耗具有集中性和间歇性并存的特点。

2.3.1.3 用能可靠性要求高

对供电的可靠性以及供电质量和安全方面具有较高的要求。学生人口密度大，一旦非正常停电，严重影响正常生活和学习，甚至引起骚乱，成为治安事故的隐患。电脑、实验设备等高科技设备多，另外消防报警系统等弱电系统电压、频率的不稳定容易造成这些设备的非正常运行。

2.3.1.4 不同类型的能耗特点差异性较大

校园建筑类型较多，主要有教学楼、办公楼、学生食堂、图书馆、学生公寓、体育场馆、洗浴房等。根据调研情况，学生公寓、教学楼、图书馆的能耗特征如下。

(1) 学生公寓

① 用电高峰期集中在 18 时到 23 时。此时，学生都已下课，在宿舍停留可能性较大，此时的主要耗能设备包括电脑、灯、饮水机及采暖、空调设施等。

② 学生日常学习、生活消耗的能耗占学生公寓能耗的绝大部分，公共设备如监控、消防弱电引起的能耗只占极小部分。

③ 所调研的高校公寓中，照明采用的大多为 T8 系列荧光灯，节能效果更好的 T5 系列

荧光灯并没有被普遍采用。

④ 存在有不同程度的浪费现象。在高校学生公寓中，绝大多数学生公寓用水用电都有一定的免费额度，超过部分费用自理，这在一定程度上减少了浪费现象。但是从调研情况来看，在用水方面不是免费定额过高就是由于管理松懈而使这种定额成为摆设。

⑤ 不同用能方式下，能耗占比差异大。对于学生公寓设有洗浴设施的学生宿舍，洗浴热水供应方式为采用储水式电热水器、采用空气能热泵热水器、采用燃煤锅炉时学生公寓年生均能耗分布状况如图 2-14 所示。

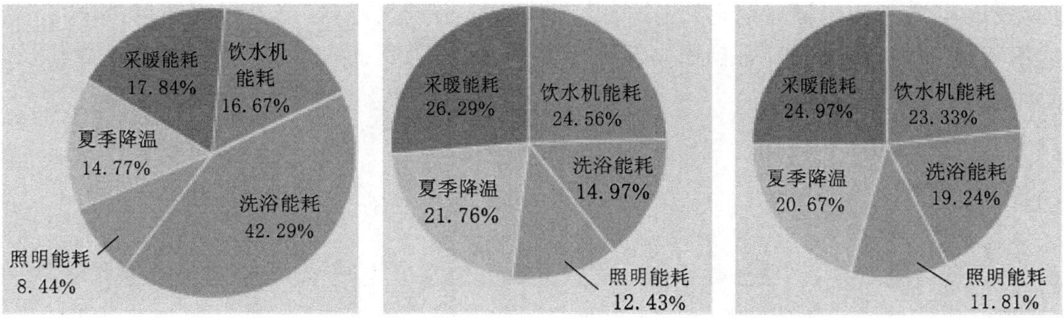

(a) 洗浴采用储水式电热水器　　(b) 洗浴采用空气能热泵热水器　　(c) 洗浴采用燃煤锅炉

图 2-14　学生公寓年生均能耗分布状况

当洗浴热水的供应方式为储水式电热水器时，洗浴能耗所占比重最大(47.21%)，其他依次为采暖、空调能耗(24.72%)，饮水机能耗(18.65%)，照明能耗(9.42%)；当洗浴热水的供应方式为空气能热泵热水器时，采暖、空调能耗所占比重最大(38.56%)，其他依次为饮水机能耗(29.08%)、洗浴能耗(17.68%)、照明能耗(14.69%)；当洗浴热水的供应方式为燃煤锅炉时，采暖、空调能耗所占比重最大(36.77%)，其他依次为饮水机能耗(27.73%)、洗浴能耗(21.49%)、照明能耗(14.01%)。可见对学生公寓节能的重点为采暖、空调能耗及洗浴能耗和饮水机能耗，而照明能耗占的比重则相对较少。

(2) 教学楼

① 学校统一缴纳水电费，费用多少与学生行为无关。

② 具有集中性与间歇性。公教楼的能耗几乎全部集中在同一时间段，在每天晚上公共教室关闭之后能耗很小(仅为少量公共部位能耗)。

③ 能耗几乎全部由公共设备引起，个人的原因所引发的能耗微乎其微。调研过程中发现只有极少数学生自带电脑去自习室，与所调研高校的学生公寓能耗情况形成鲜明对比。

④ 存在不同程度的浪费现象。因为公教楼用水用电属于敞开式，没有计量环节，学生节能意识薄弱，往往会出现很多的浪费现象，例如，自习室过多使得很多的自习室只有一两个人但是灯光却不得不全开；一些教学楼卫生间时常可以看到未关水龙头；等等。

(3) 图书馆

① 学校统一缴纳水电费，费用多少与学生行为无关。

② 具有相对集中性和间歇性。图书馆的能耗几乎全部集中在同一时间段，在每天晚上闭馆之后能耗量很小，能耗具有集中性和间歇性并存的特点。

③ 能耗主要由采暖空调、照明等公共设备引起。个人行为引起的能耗较少，主要是一些同学自带笔记本电脑去图书馆学习所致。

④ 能耗点多。高校图书馆通常有不同的功能分区，如借阅区、阅览区、自学区、休闲区等，有的功能区内部又划分不同的区域，如阅览区又可以划分为纸质阅览区和电子阅览区，有的阅览区还增设了书吧、茶吧等场所，因此需要对各区域统筹规划与合理安排。

⑤ 能耗量大。图书馆是全校师生的第二课堂，是高校师生的重要学习场所。新建的现代化高校图书馆，为了给读者提供舒适的环境和保护文献资料，大都是通透式、大开间设计，更有效地实施人性化管理，新型图书馆大都配置了空调设施，在改善图书馆内部环境的同时，用能也将大幅度增加，而且图书馆人流量多、使用面积大，水电等能源的消耗量往往非常大。

2.3.2 节能潜力

2.3.2.1 学生公寓

(1) 洗浴能耗

由调研数据可知，当洗浴热水供应方式分别为储水式电热水器、空气能热泵热水器、燃煤锅炉时生均洗浴能耗分别为 65.48 kgce、15.72 kgce、20.04 kgce，能耗最小的方式是空气能热泵热水器，只有储水式电热水器、燃煤锅炉能耗的 24.00%和 78.44%。选择恰当的洗浴热水供应方式是减少洗浴能耗的关键和基础。

调研同时发现，洗浴收费采取以水量收费的方式只占 41.88%，改变洗浴收费方式也是重要的节能手段。

(2) 饮水机能耗

目前学生宿舍大多采用饮水机供应饮用水，平均每天通电时间 8.07 h。通过调查同时发现，有 63.48%的同学认为每天合理使用饮水机的时间在 4 h 以下，36.52%的同学认为每天合理使用饮水机的时间为 4～8 h，按加权平均计算得出每天合理使用饮水机的时间为 $3\times36.52\%+6\times63.48\%=4.90$ h。可见，合理使用饮水机能带来较大的节能潜力。

(3) 采暖空调能耗

采暖空调能耗是学生公寓能耗的重要组成部分，所占比例较大。采用空调作为采暖空调设施的，可以计量进行收费，而对采暖多以集中按面积收费的(包含在住宿费之内)，学生用能行为与费用多少无关，不利于采暖能耗的降低。

(4) 照明能耗

在照明方面，调研发现，很多学生公寓使用 T8 系列日光灯，如果选用 T5 系列灯具对原有的 T8 灯具进行改造的话，同比将能达到 37%的节电率，年度综合节电资金约 12%；如果选用高功率 LED 日光灯系列灯具对原有的 T8 进行改造的话，同比将能达到 65%的节电率，年度综合节约资金高达 53%。所以选用高品质高功率的 LED 日光灯对原有的 T8 系列灯具进行改造，将是节支的最佳途径。如改用 LED 节能灯具，节能效果尤为明显，且几乎是零维护费用，但美中不足的是前期的投资资金比较高。但从节能以及环保的角度来说是完全值得在全社会全面推广的。

(5) 节水潜力

调研发现，部分学生公寓没有按宿舍装设水表，有些宿舍尽管装设了水表但并没有按用水量进行收费，致使部分学生对用水多少并不关心，存在一定的浪费现象。加强用水管理势在必行。

2.3.2.2 教学楼

(1) 节能潜力

与学生宿舍不同，照明能耗、多媒体设备能耗是教学楼能耗的主要部分，用电量大，具有很大的节能空间。采用高效节能灯具和加强用能管理十分必要。

采暖空调能耗也是公共教学楼重要的能耗，应根据公共教学楼的使用特点合理地进行设计，采取必要的节能措施，降低采暖空调能耗。

(2) 节水潜力

教学楼的主要用水场所为卫生间。对于新建的教学楼，用水器具一般都会采用机械式延迟自闭水龙头，但存在运行维护不良现象，一些水龙头年久失修，延迟效果不好，浪费了大量的水资源。早期建造的教学楼，采用的卫生器具较陈旧，为非节水型卫生器具，这造成了在使用过程中的大量浪费，而且这些建筑年代久远，管路老化，时常可以看见滴水、漏水现象，造成水资源的浪费。通过推广节水型卫生器具，加强设备的维护管理，可以起到良好的节水效果。

2.3.2.3 图书馆

(1) 节能潜力

相比于学生公寓、教学楼，图书馆的能耗更大，主要体现在以下几方面：

① 图书馆具有高大空间，进深、层高均较大，本身能耗高。

② 照度要求高，仅靠自然采光无法满足要求，因此白天开灯在图书馆是相当普遍的事。

③ 现代图书馆均设有电子阅览室，如果未使用的电脑处于待机状态，甚至闭馆期间电脑都处于待机状态，会产生大量的待机能耗，应加强管理。

人员密度大，为创造一个舒适的学习环境，现代图书馆大多会使用空调系统，采暖空调能耗较大，加之在空调系统运行过程中缺乏科学有效的调节手段，因此，具有较大的节能潜力。

(2) 节水潜力

图书馆建筑一般都是大型公共建筑，但是其用水特点和教学楼相似，人员集中，人员密度大，用水频繁，用水量较大。在调研的过程中发现，不少学校图书馆卫生间用水器具存在不同程度的浪费与漏水现象，特别是在一些老校区，卫生器具陈旧，节水潜力较大。

2.4 小结

对寒冷地区高校建筑的能耗状况进行了系统的调查，总结分析了高校学生公寓、教学楼、图书馆能耗特点和节能潜力。高校建筑用能具有集中性和间歇性并存的特点，人员集中、人均能耗大，加之部分学生节能意识淡薄，节能潜力较大。

3 校园微气候调节技术

本章通过现场实测植被对室外温湿度的影响，并运用数值模拟计算研究建筑布局和朝向对室外风环境的影响，提出校园微气候调节技术措施。

3.1 植被对微气候的影响测试

地表覆盖物（如草原、森林、沙漠和河海等）的不同对建筑周边的热湿环境有很显著的影响。不同的地表覆盖物，其蓄热特性、对太阳辐射的吸收和反抗本身温度的变化的特性均不同，地面的增温也不同，进而导致气温的不同。植被的遮蔽作用和蒸腾作用可以降低空气的温度，提高空气的相对湿度。在树木较密集的地区，绿化对微气候的影响不容忽视。

国内外研究资料表明，植被能形成明显的小气候效应，尤以炎热的热带和亚热带更为显著，温带地区也有比较明显的作用[232]。

本书针对徐州地区的常见植被，现场实测了植被对微气候的影响程度。

3.1.1 测试方案

3.1.1.1 现场测试

不同树种形成的阴影区域和对空气温湿度的影响各不相同，采用如下方案对植被对微气候的影响程度进行了现场实测：

（1）不同树种下与空地处温湿度差异测试：测试点同时布置在树木下背阴处与空地处，并将两者进行对比。测试点高度离地 1.5 m，尽量减小地面辐射对温度测试结果的影响。

（2）测试同一位置温湿度与空地处温湿度的差异随时间的变化。早晨、中午和晚上的太阳高度角和辐射强度都不相同，因此温湿度与空地处的差异是变化的。为探求其具体变化，在现场对树荫下同一位置与空地处温湿度的差异在不同时间进行了测试。测试点布置在同一树荫下，早中晚各测试多个数据，分析温湿度与空地处温湿度的差异随时间的变化情况。

3.1.1.2 测试仪器

调研使用的温湿度测试仪器为望云山温湿度记录仪，可以实现数据的自动采集和自动记录。仪器有两个温湿度测试通道，能独立记录温湿度，两个通道各有 5 m 的延长线，可以同时测试距离 10 m 位置的温湿度。仪器的温度测量范围：－20～70 ℃；相对湿度测量范围：21％～98％；测量精度：常温±0.2 ℃，相对湿度：±5％；温度分辨率为 0.1 ℃，相对湿度分辨率为 1％。

3.1.2 测试过程

经调研，徐州高校校园内主要的植被有松树、香樟树、法桐树、银杏、灌木丛和草地等，相应植被对周围温度、湿度影响的现场测试如图 3-1、图 3-2 所示。

3.1.3 测试结果

各树种树荫下的温湿度与空地处温湿度差值测试结果见表 3-1。

整体　　树荫下探头　　空地处探头

图 3-1　松树树荫下温度测试

整体　　树荫下探头　　空地处探头

图 3-2　法桐树树荫下温度测试

表 3-1　　各树种树荫下与空地处的温湿度差值

树种	序号	时间	部位	温度(℃)/湿度	差值
松树	1	2013.08,8:00	空地	26.1/41%	1.5/2%
			树荫	24.6/43%	
	2	2013.08,11:30	空地	29.6/26%	2.3/2%
			树荫	27.3/28%	
	3	2013.08,15:00	空地	31.2/27%	2.3/1%
			树荫	28.9/28%	
香樟树	1	2013.08,8:20	空地	25.7/41%	1.2/1%
			树荫	24.5/42%	
	2	2013.08,11:40	空地	29.6/27%	2.2/2%
			树荫	27.4/29%	
	3	2013.08,15:10	空地	30.6/27%	1.4/2%
			树荫	29.2/29%	
法桐树	1	2013.08,8:30	空地	27.0/39%	1.6/1%
			树荫	25.4/40%	
	2	2013.08,11:50	空地	30.3/23%	2.1/1%
			树荫	28.2/24%	
	3	2013.08,15:20	空地	30.5/29%	2.2/1%
			树荫	28.3/30%	

续表 3-1

树种	序号	时间	部位	温度(℃)/湿度	差值
银杏	1	2013.08,8:40	空地	27.0/39%	1.6/1%
			树荫	25.4/40%	
	2	2013.08,12:00	空地	30.3/23%	2.1/1%
			树荫	28.2/24%	
	3	2013.08,15:30	空地	30.5/29%	2.2/1%
			树荫	28.3/30%	
灌木丛	1	2013.08,8:50	空地	26.3/37%	2.1/3%
			树荫	24.2/40%	
	2	2013.08,12:10	空地	29.2/24%	2.1/3%
			树荫	27.1/27%	
	3	2013.08,15:40	空地	30.3/27%	2.3/4%
			树荫	28.0/31%	
草丛	1	2013.08,9:00	空地	27.1/37%	0.5/0%
			草丛	26.6/37%	
	2	2013.08,12:20	空地	31.5/23%	0.2/0%
			草丛	31.3/23%	
	3	2013.08,15:50	空地	29.3/28%	0.6/1%
			草丛	28.7/29%	

3.1.4 植被对周围环境温湿度的影响

(1) 单个树荫下与空地处一天的平均温湿度的差别分别为:松树 1.8 ℃/1.7%、香樟树 1.6 ℃/1.7%、法桐树 2 ℃/1.0%、银杏 2 ℃/1.0%、灌木丛 2 ℃/3.3%和草丛 0.4 ℃/0.3%。

(2) 从时间上来看,树木对其周边的环境影响中午最大。由于测试时天气的原因会对结果造成很大的影响,因此对此结果还有待进一步的测实验证,尽量选择天气比较稳定、变化较小的时候进行测试。

测试结果显示:植被对室外温湿环境的影响很明显,树荫下的温度相比空地处的温度有较大的差异,法桐、银杏等乔木和灌木丛等树荫下面比空地处的温度低 2.0 ℃,而且灌木丛对环境的增湿效果也是较明显的,而单纯的草地对温湿度的调节效果是不明显的。夏天,我们可以利用室外植物创造的微气候通过自然通风的方式来改善校区的环境或通过利用自然通风和地道通风等手段改善室内的温湿环境。

3.2 建筑布局对室外风环境影响数值模拟计算

3.2.1 建筑室外风环境

(1) 风环境对建筑群的影响

建筑室外风环境主要是近地风。近地空气流动时受地表的水平阻力作用气流速度减慢，且这种阻力对气流的作用随高度增加而减弱，当超过某一高度时，摩擦力可以忽略。此高度被称为梯度风高度，风速值被称为梯度风速。该高度以上区域为自由大气，此高度以下区域则被称为大气边界层，其中风的特性表现为梯度风，如图 3-3 所示。

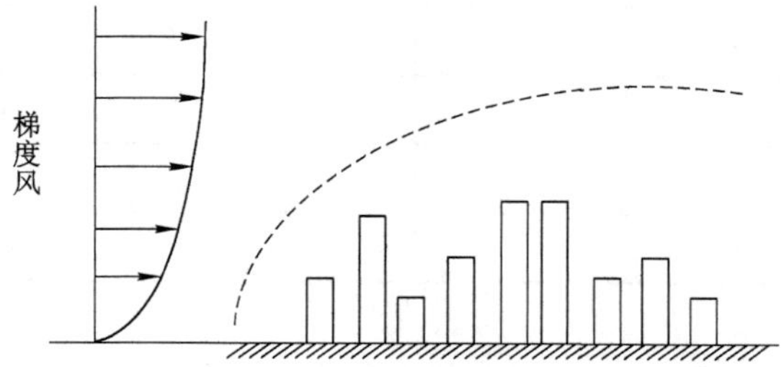

图 3-3　梯度风示意图

风向和风速是描述风特性的两个要素。通常，人们把风吹来的地平方向确定为风的方向，除静风外，在陆地上常用 16 个方位表示。风速则为单位时间风所行进的距离，用“m/s”来表示。气象台一般以距地面 10 m 高所测风速为观测数据，根据风对地上物体所引起的现象将风的大小分成 13 级，以 0～12 级的蒲福(Francis Beaufort)风力等级来描述[233]，见表 3-2。

表 3-2　　蒲福风力等级表

风力等级	风名	距地 10 m 高处的相当风速/$m \cdot s^{-1}$	陆地地面征象
0	无风	0～0.2	静，烟直上
1	软风	0.3～1.5	烟能表示方向，但风向标不能转动
2	轻风	1.6～3.3	人面感觉有风，树叶微响，风向标能转动
3	微风	3.4～5.4	树叶及微枝摇动不息，旌旗展开
4	和风	5.5～7.9	能吹起地面灰尘和纸张，树的小枝摇动
5	清风	8.0～10.7	有叶的小树摇摆，内陆的水面有小波
6	强风	10.8～13.8	大树有摇动，举伞困难
7	疾风	13.9～17.1	全树摇动，迎风步行感觉不便
8	大风	17.2～20.7	树枝折毁，人向前行感觉阻力很大
9	烈风	20.8～24.4	建筑物有小损，烟囱顶部及平屋摇动
10	狂风	24.5～28.4	陆上少见，可使树木拔起或使建筑物损坏较重
11	暴风	28.5～32.6	陆上很少见，有则必有广泛破坏
12	飓风	＞32.7	陆上绝少见，摧毁力极大

风速及室外风场分布对建筑群内的环境具有重要影响，建筑区风速对舒适度的影响具体见表 3-3[57]。

表 3-3　　建筑区风速对舒适度的影响

风速	人体感觉
$v<1.0$ m/s	感觉不到风
1.0 m/s$<v<$5 m/s	舒适
5 m/s$<v<$7.3 m/s	不舒适，但正常活动不受影响
7.3 m/s$<v<$15 m/s	很不舒适，行动受影响
15 m/s$<v<$20 m/s	不能忍受
$v>20$ m/s	危险

从表 3-3 可以看出：$v=5$ m/s，开始感到不舒适；$v>7.3$ m/s，明显地感到不愉快，很不舒适；$v>20$ m/s，危险（v 为距地面约 1.5 m 高度处 10 min～1 h 的平均风速）。由于建筑物的形状不同和阻挡作用，风在建筑物周边产生非常复杂的流动状态，如果流通不畅或风速过大，就会对人们的生产、生活造成不利影响。

建筑群内的风速太小时，会导致建筑群内散发的气体污染物无法有效排除而在建筑群内积集，影响空气质量。

建筑物的遮挡作用，会造成夏季建筑内的自然通风不良。

建筑群内出现漩涡时，容易积聚落叶、废纸、塑料袋等废弃物并且不易排除，影响环境。

(2) 建筑布局对室外风环境的影响

建筑布局和高度对室外风环境具有重要的影响。为明确建筑布局和一般校园建筑对室外风环境的影响，将采用数值模拟计算的方法进行相关研究。

3.2.2 数学模型

物理建模是指把实际建筑的物理尺寸按照一定的比例在计算机中进行计算的模型的建立。为了能快速算出结果，建模时做了一定的简化，在对建筑内外风环境的模拟分析过程中，忽略建筑的外部轮廓而采用方形的建筑模型来代表。

本书选用标准 κ-ε 模型对该问题模拟求解[234]。其采用的控制方程如下（系数见表 3-4）：

$$\frac{\partial u_i}{\partial x_i}=0 \tag{3-1}$$

$$\frac{\partial u_i u_j}{\partial x_j}=-\frac{1}{\rho}\frac{\partial p}{\partial x_i}\frac{\partial}{\partial x_j}\left[(v+v_t)\left(\frac{\partial u_i}{\partial x_j}+\frac{\partial u_j}{\partial x_i}\right)\right] \tag{3-2}$$

$$\frac{\partial (u_i k)}{\partial x_j}=\frac{\partial}{\partial x_j}\left[\left(v+\frac{v_t}{\sigma_k}\right)\frac{\partial k}{\partial x_j}\right]+v_t\left(\frac{\partial u_i}{\partial x_j}+\frac{\partial u_j}{\partial x_i}\right)\frac{\partial u_i}{\partial x_j}-\varepsilon \tag{3-3}$$

$$\frac{\partial (u_i \varepsilon)}{\partial x_j}=\frac{\partial}{\partial x_j}\left[\left(v+\frac{v_i}{\sigma_\varepsilon}\right)\frac{\partial \varepsilon}{\partial x_j}\right]+\sigma_1\sigma_\mu k\left(\frac{\partial u_i}{\partial x_j}+\frac{\partial u_j}{\partial x_i}\right)\frac{\partial u_i}{\partial x_j}-\frac{\sigma_2\varepsilon^2}{k} \tag{3-4}$$

表 3-4　　标准 κ-ε 方程模型中的系数

σ_μ	σ_1	σ_2	σ_k	σ_ε
0.09	1.44	1.92	1.0	1.3

3.2.3 室外风场的数值模拟计算

3.2.3.1 研究对象

建筑布局主要有几种形式，行列式、错列式、单排式和散点式等，本书以最为常见的行列式和错列式的学生公寓建筑群为研究对象，根据校园建筑的实际情况，单个建筑的长×宽×高设定为 50 m×15 m×18 m。高校学生公寓的规划受到高校地形、整体规划、其他建筑设施的影响较大，建筑朝向随机性较大。根据布置不同，将行列式建筑群和错列式建筑群分别建立建筑群模型，平面图如图 3-4～图 3-11 所示。

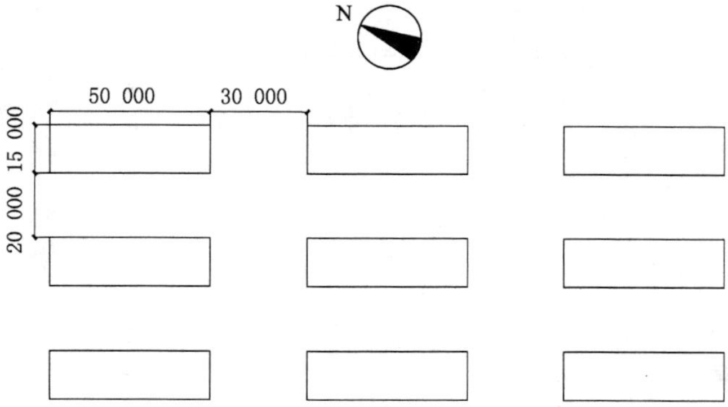

图 3-4 建筑群 1

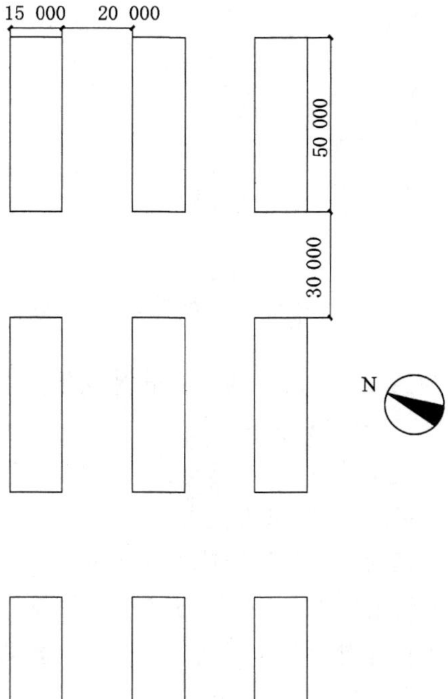

图 3-5 建筑群 2

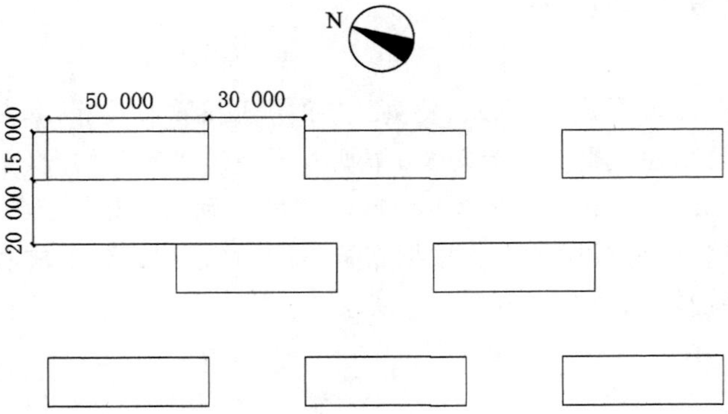

图 3-6　建筑群 3

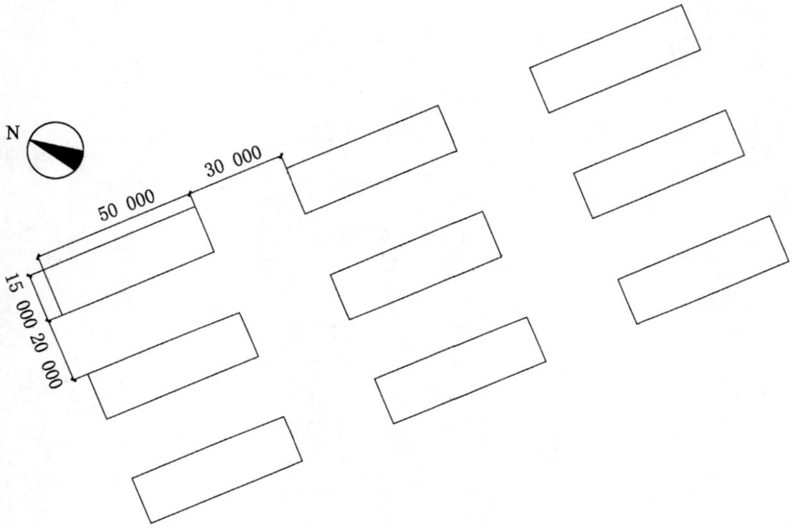

图 3-7　建筑群 4

(1) 建筑群 1：建筑朝向为西偏南 22.5°的行列式建筑群，建筑之间的距离为 30 m，前后排之间的距离为 20 m，一排有三个建筑，共有三排。

(2) 建筑群 2：建筑朝向为南偏东 22.5°的行列式建筑群，建筑之间的距离为 30 m，前后排之间的距离为 20 m，一排有三个建筑，共有三排。

(3) 建筑群 3：建筑朝向为西偏南 22.5°的错列式建筑群，建筑之间的距离为 30 m，前后排之间的距离为 20 m，第一排和第三排均有三个建筑，第二排有两个建筑。

(4) 建筑群 4：建筑朝向为南偏东 45°的行列式建筑群，建筑之间的距离为 30 m，前后排之间的距离为 20 m，一排有三个建筑，共有三排。

(5) 建筑群 5：建筑朝向为南偏东 22.5°的错列式建筑群，建筑之间的距离为 30 m，前后排之间的距离为 20 m，共三排，第一排和第三排均有三个建筑，第二排有两个建筑。

(6) 建筑群 6：建筑朝向为西偏南 22.5°的行列式建筑群，建筑之间的距离为 10 m，前后排之间的距离为 20 m，一排有三个建筑，共有三排。

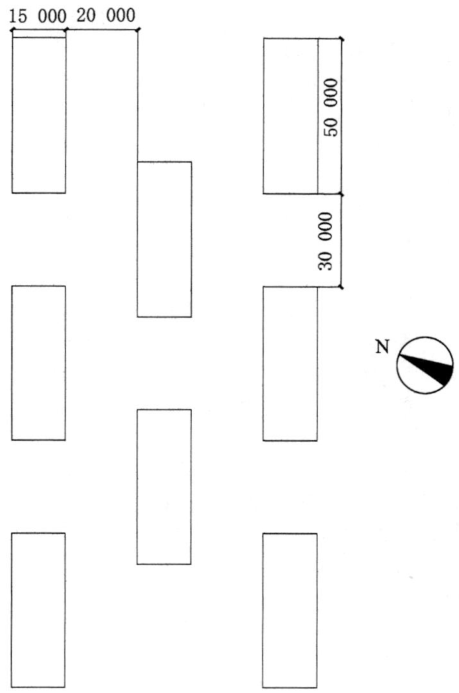

图 3-8 建筑群 5

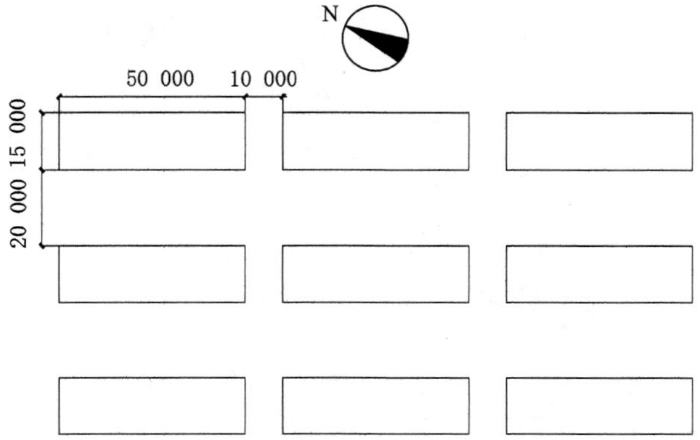

图 3-9 建筑群 6

(7) 建筑群 7:建筑朝向为坐北朝南的错列式建筑群,建筑之间的距离为 30 m,前后排之间的距离为 20 m,共三排,第一排和第三排均有三个建筑,第二排有两个建筑。

(8) 建筑群 8:建筑朝向为坐北朝南的行列式建筑群,建筑之间的距离为 10 m,前后排之间的距离为 20 m,共三排,每排三个建筑。

3.2.3.2 计算区域确定

计算区域是在模拟计算中进行数值计算的整个区域,它是计算时间和计算准确性的控制因素。计算区域太小会使计算结果和事实不符,太大会使计算时间太长,甚至超出计算机的运算能力。通常,模型建筑覆盖区域要小于计算区域面积的 3%,且水平方向要大于 $5H$

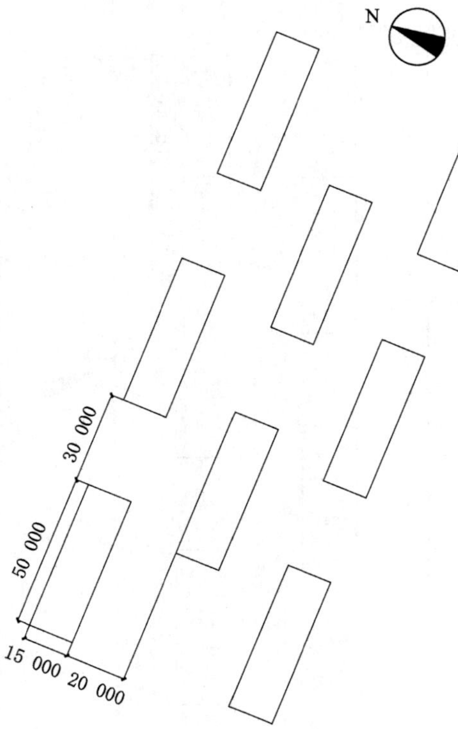

图 3-10　建筑群 7

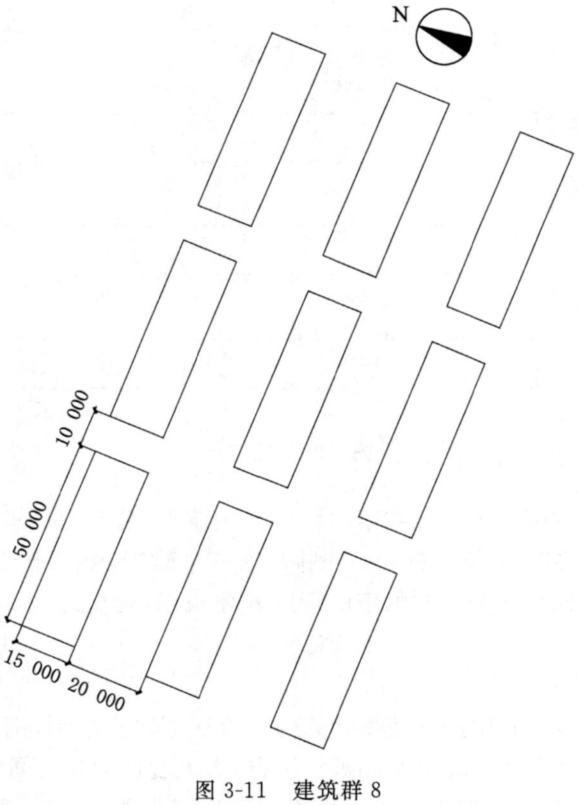

图 3-11　建筑群 8

（H 为建筑高度），建筑模型上方计算区域要大于 $3H$。本书计算区域水平方向取建筑群所占区域长度 3 倍，高度为建筑群高度 5 倍。

3.2.3.3　网格划分

Phoenics 软件包括贴体坐标系和笛卡尔坐标系两种。本书模拟风绕建筑的流动情况，由于计算区域及障碍物较为规则，故采用笛卡尔坐标系可以满足计算要求。

要得到较为准确的模拟结果，需要一个划分合理的网格。如果网格间距过大，较为稀疏，则很难得到一个准确的结果。但是，如果网格过密，则大大加大了软件运行的工作量，计算耗时过多。本书在利用 Phoenics 模拟建筑群风环境的时候，计算网格的划分主要采用非结构化网格技术，划分出的不同网格形状可以很好地表现出复杂的下垫面形状。在进行网格划分时，为了方便计算，直接忽略了地形高差，因为其几乎不影响小区的室外风环境模拟。所以采用非均匀分块的六面体网格划分的方法划分网格，适当加密处理建筑物壁面处和人行高度 1.5 m 处的网格，保证其在地面以上第三个网格或更高的网格内，采用局部网格加密。但是对于距离建筑较远的计算域网格的划分要比较稀疏一些。

3.2.3.4　边界条件

边界条件包括流动变量和热变量在边界处的值。经过实地调研和查阅资料，徐州地区的冬季主导风向为 ENE（东偏东北风），即东偏北 22.5°，平均风速为 2.1 m/s。夏季主导风向 SSE（南偏东南风），即南偏东 22.5°，平均风速 2.2 m/s。我们分冬、夏季两种工况对典型布局建筑群的室外风场进行模拟。

（1）入口边界条件

由于地面的摩擦作用，入口应为随高度递增的梯度风，在某处的风速应该根据平均风速来定。入口风速可遵循如下指数方程：

$$v(z) = v(z_0)(z/z_0)^a \tag{3-5}$$

式中　$v(z)$——距地面 z 高度处风速，m/s；

$v(z_0)$——参考 z_0 高度处风速（取 10 m 高度处的平均风速），m/s；

a——粗糙度指数，取 0.16。

风口的入口边界条件为速度入口边界条件，利用 Phoenics 导入入口梯度风的自定义函数。

（2）出口边界条件

在建立模型时，选取出口界面距后排建筑距离为建筑物高度的 4 倍，认为出口的流动充分发展，因此边界条件设置为自由出流边界。

（3）上面和左右两边的对称面

由于计算区域较大，所以其顶面和侧面的空气流动不会受到固体边界的影响，可以设定为自由滑移表面，建筑壁面采用无滑移表面，下垫面设置为静止壁面。

（4）松弛因子、收敛残差的设置

在建筑物周围风场模拟过程中，如果迭代过程中出现计算残差曲线发散的情况，可以先调小动量松弛因子，然后再逐步将松弛因子调大到原来的默认值，这样可以加快收敛速度。Phoenics 中默认的计算残差数量级均为 0.001，能够满足一般的数值模拟精度要求，迭代收敛后计算停止；如果想继续计算，可以调小各个参数的迭代残差以继续计算。

3.2.4 室外风场分布规律

3.2.4.1 冬季室外风场分布

在冬季工况下对8种典型布局的建筑群的室外风场进行数值模拟。人行高度处(距地面1.5 m)的风场分布如图3-12～图3-19所示。

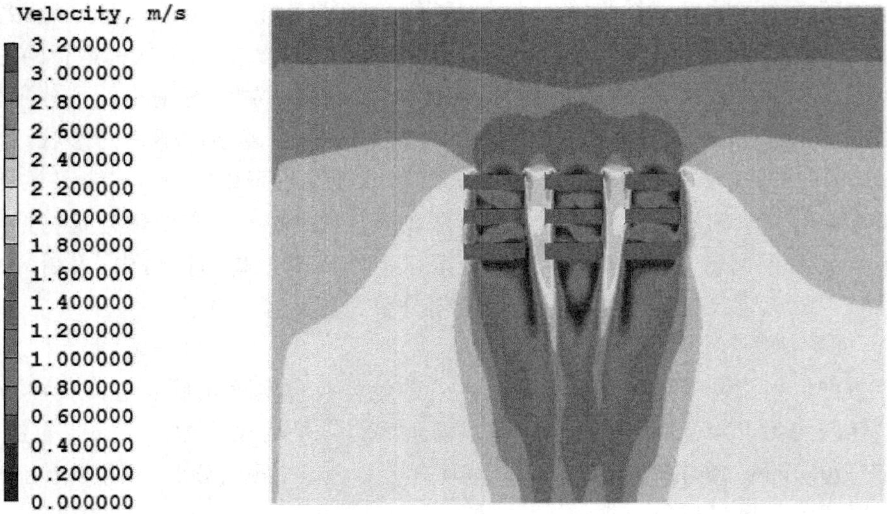

图3-12 建筑群1冬季工况风场分布

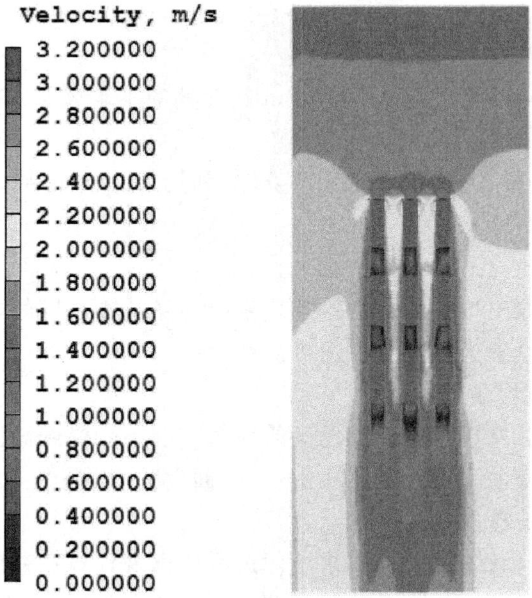

图3-13 建筑群2冬季工况风场分布

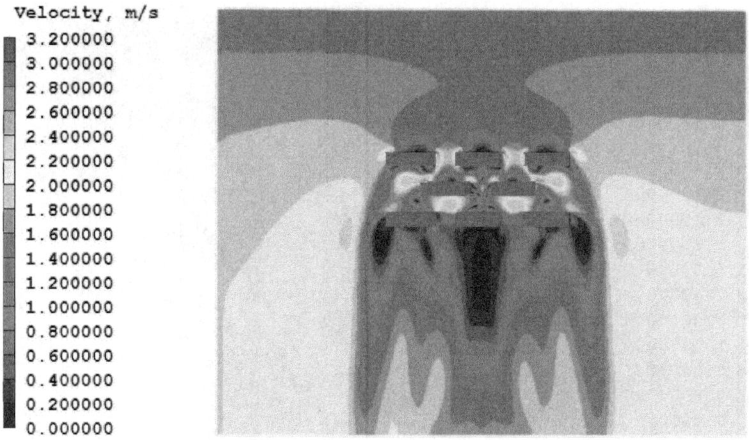

图 3-14 建筑群 3 冬季工况风场分布

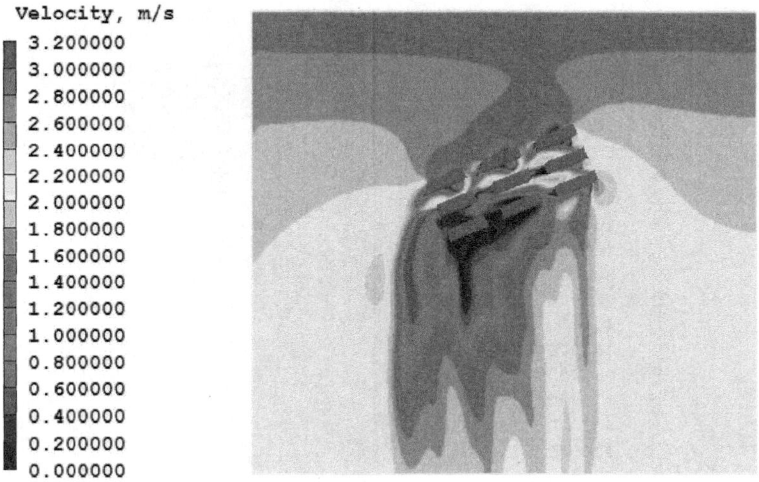

图 3-15 建筑群 4 冬季工况风场分布

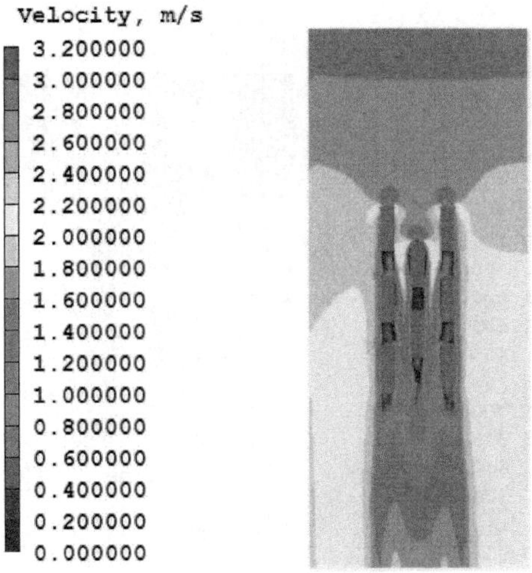

图 3-16 建筑群 5 冬季工况风场分布

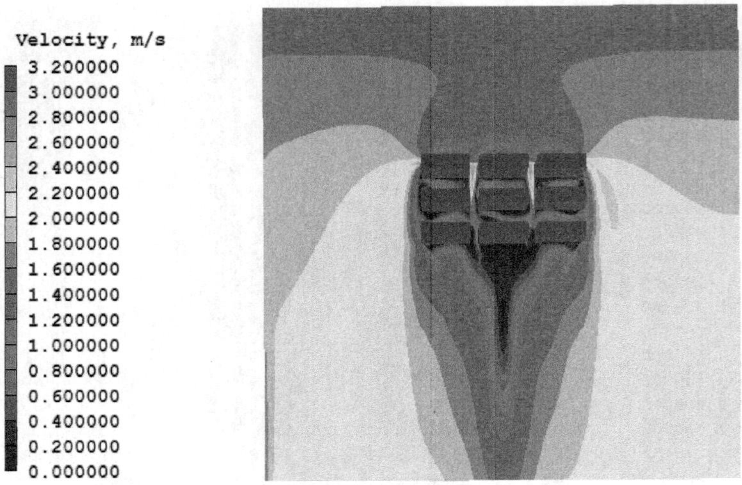

图 3-17　建筑群 6 冬季工况风场分布

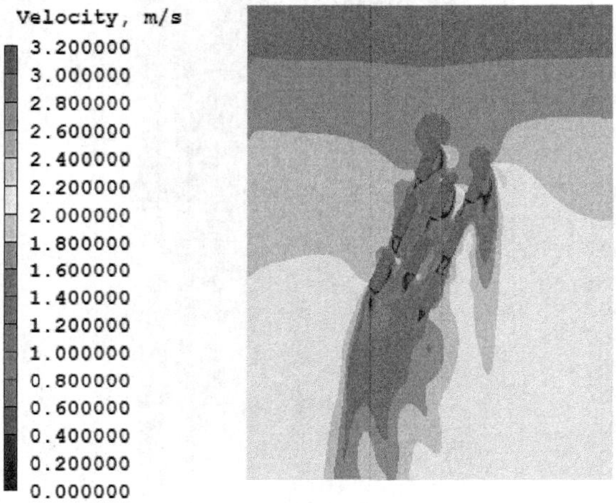

图 3-18　建筑群 7 冬季工况风场分布

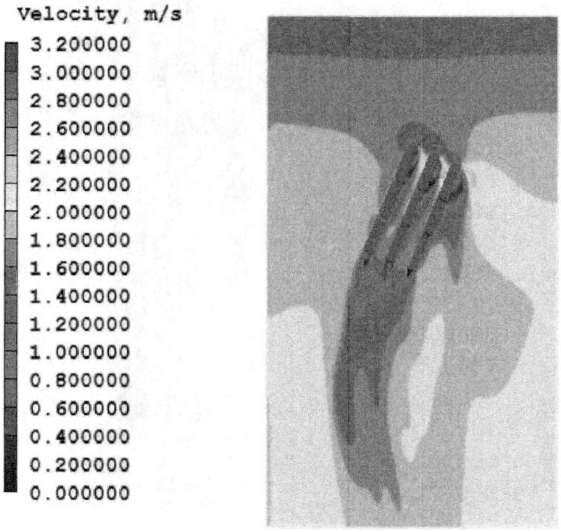

图 3-19　建筑群 8 冬季工况风场分布

3.2.4.2 冬季工况数值模拟计算结果分析

(1) 建筑群1

对于建筑群1,风向与建筑背面垂直,直接从建筑间通道吹过。建筑群内1.5 m高处的风速分布基本在2.7 m/s以下,在通道入口处的风速稍大,但在舒适范围内。由于建筑本身体型较大并且整体呈细长型,背风面存在一部分的风速偏低的现象,对污染物排除有一定的困难。

(2) 建筑群2

在排列上与建筑群1相同,在朝向上翻转了90°,建筑群内1.5 m高处的风速分布主要在2 m/s以下,且避免了在狭长型建筑的背风面形成低风速区,这样既有利于排除污染物,风速又不至于使人感觉不舒服。缺点是在建筑群下方大片区域风速过小,容易聚集污染物。

(3) 建筑群3

在建筑群1的基础上稍作改动,中间的三个建筑变成两个,对建筑群的风场产生了较大的影响。中间建筑的阻断导致没有完整的通风道,可能对建筑污染物的排除有一定的影响。建筑背风面的风速有了一定的提高,相对于建筑群1有了较大的改善。此种排列方式容易在建筑周围形成漩涡,造成污染物堆积,对于建筑群的舒适环境有一定的危害,和建筑群2效果相当。

(4) 建筑群4

建筑群4中,风从建筑的背面与建筑中间走道成22.5°角吹来。从1.5 m高处的风速分布来看,风速基本都在2.7 m/s以下,是人们感觉比较舒适的风速范围,建筑群内部的风场是比较合理的。但是建筑群左下方的区域风速较小,对污染物的排除有一定的影响。整体效果比建筑群1相对要好,与建筑群2相当。

(5) 建筑群5

建筑群5为错列式的排列方式。从1.5 m高处的风速分布可以看出,整个区域的风速偏低,与建筑群2相比风场没有多少改善,相反,建筑群下部的风场不如建筑群2,可见风速垂直于建筑排与排之间的通道时,行列式和错列式排列对建筑风场影响较大,行列式的方式优于错列式。

(6) 建筑群6

建筑群6在建筑群1的基础上,建筑列与列之间的间距减小了。从1.5 m高处的风速分布可以看出,整个区域的风速主要分布在2.5 m/s以下,风速偏小的范围较多,而且没有通畅的风道。这种布局方式使得该区域的污染物排放不畅。将建筑群6与建筑群1相比可知,相同的排列方式下,扩大建筑群列与列之间的间距将会对建筑群的通风效果产生较大的改善。建筑设计时,应尽量避免通道过窄的情况。

(7) 建筑群7

建筑群7是坐北朝南的错列式建筑,建筑的采光较好。1.5 m高处的风速分布在2.1 m/s以下。整体上通风良好,但是在局部上,建筑群7的中间通风道存在部分阻断,不利于建筑物内部的污染物排除。

(8) 建筑群8

建筑群8是坐北朝南的行列式建筑,建筑的采光较好。1.5 m高处的风速分布在2.2

m/s 以下。整体通风比较顺畅，没有较大的低风速区，也没有明显的漩涡出现，污染物排放较为顺畅。

综合 8 种布局方式来看，建筑群适宜的朝向趋近于坐北朝南，在此基础上微调。建议在规划布局时采用此种方式。

3.2.4.3 夏季室外风场分布

在夏季工况下对上述 8 种典型布局建筑群的室外风场进行数值模拟。人行高度处(距地面 1.5 m)的风场分布如图 3-20～图 3-27 所示。

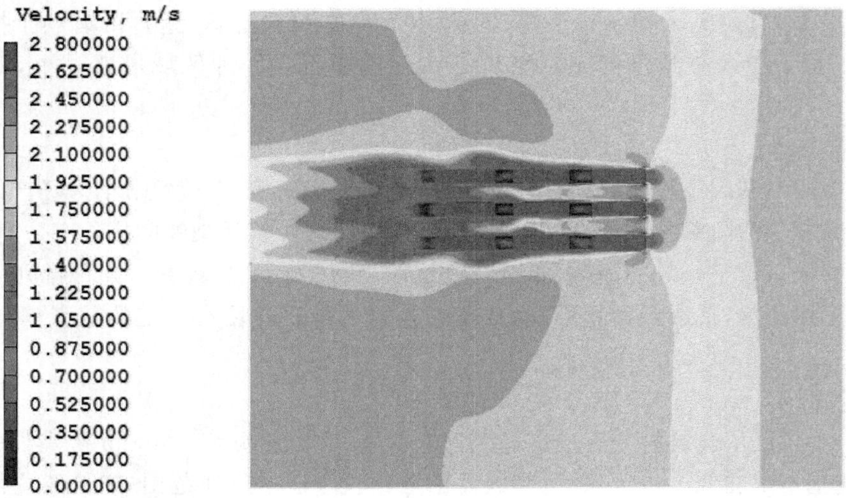

图 3-20 建筑群 1 夏季工况风场分布

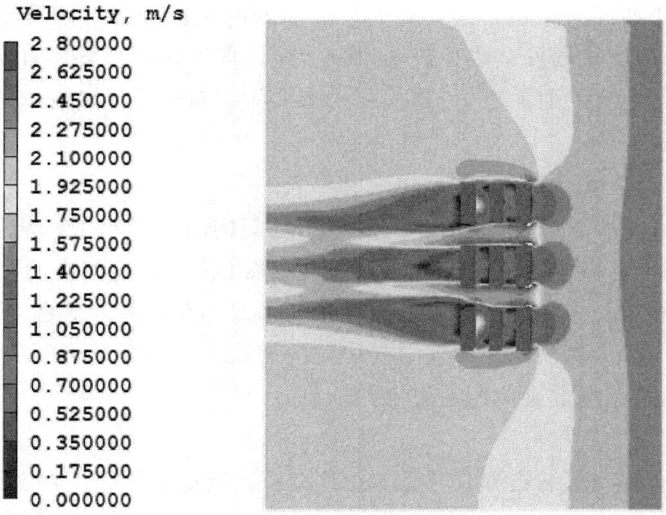

图 3-21 建筑群 2 夏季工况风场分布

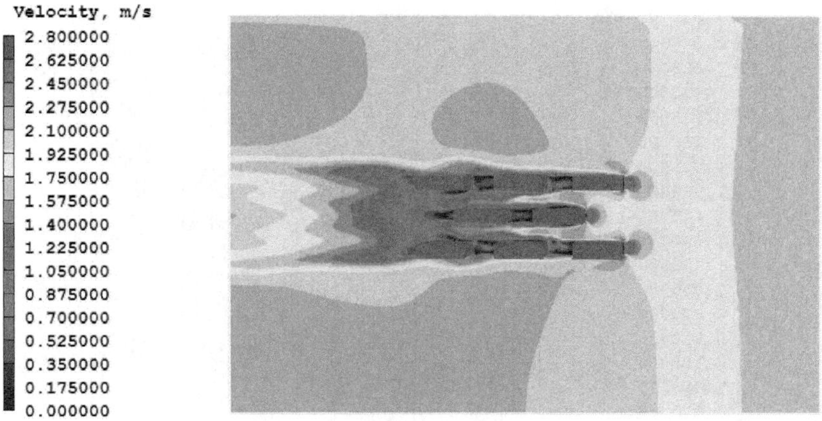

图 3-22　建筑群 3 夏季工况风场分布

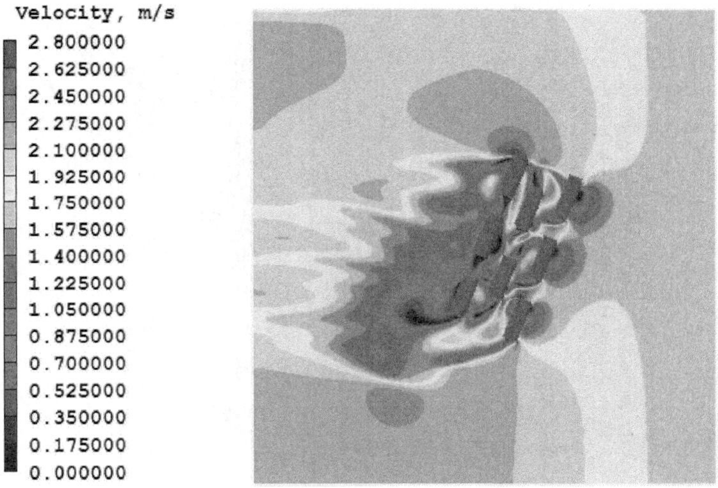

图 3-23　建筑群 4 夏季工况风场分布

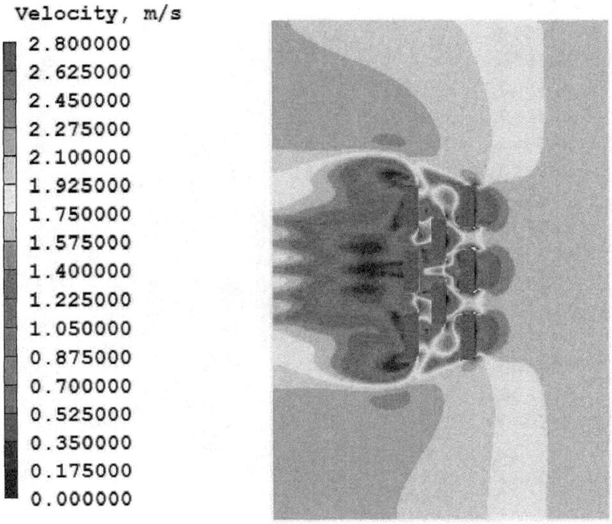

图 3-24　建筑群 5 夏季工况风场分布

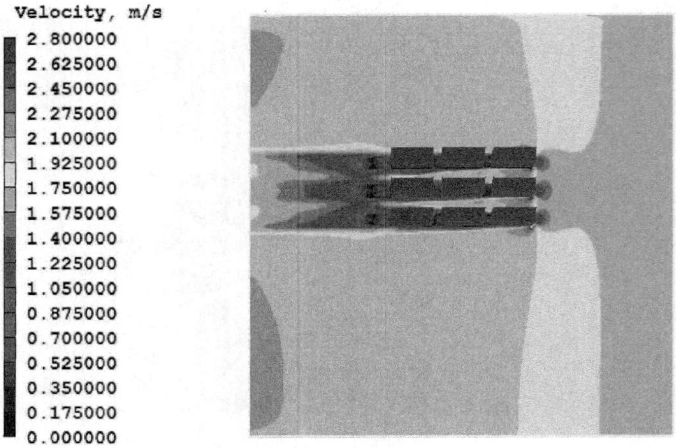

图 3-25　建筑群 6 夏季工况风场分布

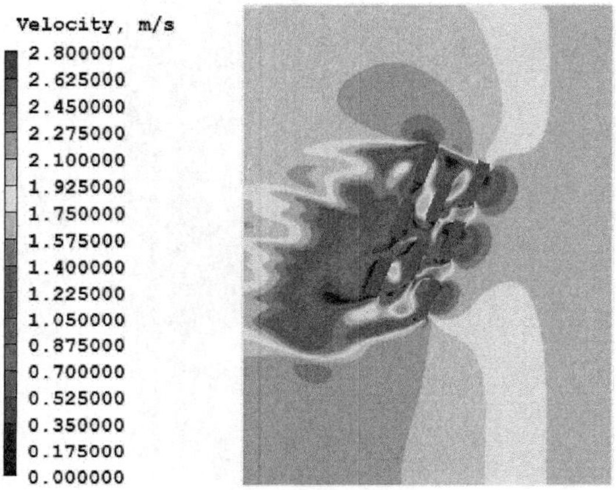

图 3-26　建筑群 7 夏季工况风场分布

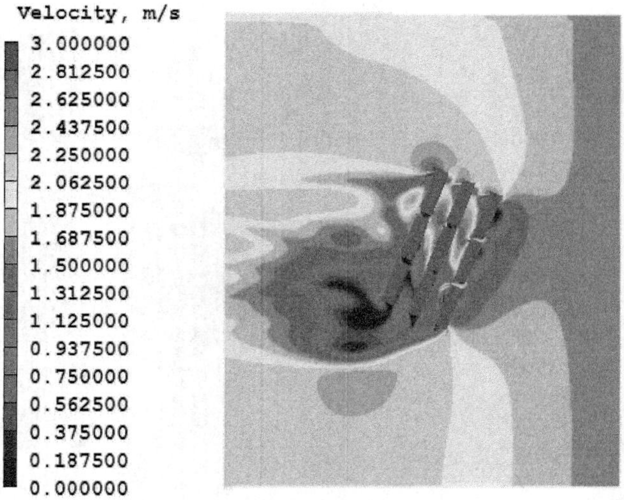

图 3-27　建筑群 8 夏季工况风场分布

3.2.4.4 夏季工况数值模拟计算结果分析

(1) 建筑群 1

建筑群 1 因风受到建筑物侧面阻挡，流通面积变小，建筑群前后排走道中风速较大，为 2.5～2.8 m/s。建筑排与排之间没有涡流区，有利于空气流动和污染物的排放，夏季通风效果良好。涡流区主要在同排建筑物两个相邻的建筑单体之间，此面为建筑物纵向(短边)侧面，因此对建筑物通风影响不大，不利之处在于会形成一定的死角。

(2) 建筑群 2

建筑群 2 前排因风受到建筑表面的阻挡而导致风速反向流动，对于前排建筑空气流通不利。走道前区风速较大，一般为 2.7～2.8 m/s，后区风速减小，但均在 1.5 m/s 左右，因此建筑物走道通风效果较好，有利于空气流通且风速都在人体感到舒适的范围内。建筑前后排之间出现涡流区，风速均小于 1 m/s，但在建筑群后排涡流区较大，直接影响了该区域住户的通风及污染物的排除流动。

(3) 建筑群 3

建筑群 3 与建筑群 1 相比，中间排建筑单体由 3 个变成了 2 个，前排风到达中间排受到建筑物的阻挡造成中间排、后排涡流区较大，且风速均只为 0.8～1.0 m/s，整体风速偏小而且涡流区紊乱，通风效果相对较差，不利于污染物的排放，容易形成风场死角。

(4) 建筑群 4

建筑群 4 区域内的风速为 1.7～2.3 m/s。走道和排与排之间没有涡流区，对建筑群夏季通风、排除污染物有利。建筑区前后风速相差明显，且风速均匀，一致性较好，舒适性较佳。建筑群的布局在夏季工况下比较合理。

(5) 建筑群 5

建筑群 5 与建筑群 2 相比，中间排建筑单体由 3 个变成 2 个，对建筑群的风场产生了较大的影响，中间建筑的阻断导致没有完整的通风道，可能对建筑污染物的排除有一定的影响。建筑背风面的风速有了一定的提高，相对于建筑群 1 有了较大的改善。此种排列方式容易在建筑周围形成漩涡，造成污染物堆积，对于建筑群的环境舒适性有一定的危害。

(6) 建筑群 6

建筑群 6 与建筑群 1 相似，因风受到建筑物侧面阻挡，流通面积变小，建筑群前后排走道中风速较大，为 2.5～2.8 m/s。建筑排与排之间没有涡流区，有利于空气流动和污染物的排放，夏季通风效果良好。涡流区主要在同排建筑物两个相邻的建筑单体之间，此面为纵向(短边)侧面，因此对建筑物通风影响不大，不利之处在于会形成一定的死角。

(7) 建筑群 7

建筑群 7 与建筑群 4 相比，中间排建筑单体由 3 个变成 2 个，对风的阻挡略微增强了，风场扰动增强，只在后排建筑侧后方局部有涡流区。但建筑群 7 内风速均匀，一般为 1.5～2 m/s，舒适性和通风性都很良好。区域内的涡流较小，基本没有风场死角。建筑群 7 的布局对夏季污染物排放、散热和通风都是较有利的。综合来说，建筑群 7 布局较为合理。

(8) 建筑群 8

建筑群 8 让风以 22.5°的角度吹入建筑群，建筑群中建筑物间距较小，走道风速相对较大，为 2.6 m/s 左右，建筑群内其他区域风速为 1.5～2 m/s，但是建筑群左下方区域风速较小，对污染物的排除有一定的影响。

3.3 微气候调节技术措施

3.3.1 植被调节微气候技术

合理选择植被和种植方式对改善微气候环境和实现建筑节能有明显作用。

(1) 植被选择

寒冷地区夏季炎热，冬季寒冷，气候条件较差，良好的绿化可以有效改善建筑微气候。建筑南侧高大的树木在夏季可遮挡过度的太阳辐射，而冬季树木落叶后又为建筑物采光提供了良好的条件。种植在建筑物北侧的常绿的树木在冬季可以成为建筑物的屏障，遮挡冬季的寒风。

寒冷地区的温度及湿度适宜多种植物的生长，通过在校园种植各种植物可以起到良好的生态、节能效果。根据植被对室外温湿度的影响研究结果及相关文献，建议多选种本土植物和高大树木，如柳树、银杏树、法桐树等。

(2) 种植方式

根据现场实测和相关文献的研究结果，绿色植被对室外温湿度具有一定的调节作用，高大的乔木、灌木降温效果明显，单纯的草地对温湿度的调节作用较小。因此，在种植方式宜采用“乔灌草”相结合的方式，既提高了绿化效果，又具有良好的微气候调节作用。

在建筑的南侧种植较大树冠的高大树木可以有效遮挡太阳辐射，同时通过蒸腾作用可以冷却周围空气，提高舒适度；在建筑的西侧种植茂密的树木可以遮挡夏季西晒的阳光。

在建筑的北面和西北面种植茂密的常绿树木可以有效遮挡寒风，减少冷风渗透，降低建筑采暖负荷。

种植藤蔓类植物和低矮灌木在夏季可以吸收强烈的太阳辐射，有效地降低地表的温度，防止出现由于地表的反射而使人体感到过热的情况。

为了防止夏季吸收过多的日光辐射，还可以在建筑的墙体及屋顶种植爬山虎等攀附能力强的植物进行绿化。通过植物的遮挡可以有效地降低墙体外表面的温度，提高室内的热舒适性。

3.3.2 优化建筑布局和朝向

3.3.2.1 建筑布局

节能建筑的规划是建筑设计的重要内容之一，它是从分析地区的气候条件出发，将建筑设计与建筑微气候、建筑技术和能源有效利用相结合的一种建筑设计方法。寒冷地区建筑节能主要考虑在冬季最大程度地利用自然资源来取暖，多获得热量和减少热量损失；夏季最大程度地减少得热和利用天然能来降温冷却。

在进行建筑节能设计时，首先要全面了解建筑所在的位置的气候条件、地形地貌、地质水文资料等。建筑布局的设置有几个主要原则：改善日照条件、建立气候防护单元、改善风环境。

(1) 改善日照条件

建筑设计时要考虑建筑的合理布局，有利于改善日照条件。在多排多列楼栋布置时，采用错位布局，利用山墙空隙争取日照。点、条组合布置，将点式住宅布置在朝向好的位置，条式住宅布置在其后，有利于利用空隙争取日照。在严寒地区，建筑布局可以通过利用东西向住宅围合成封闭或半封闭的周边式住宅方案，这种布局可以扩大南北向住宅间距，可以形成较大空间，对节能节地有利；全封闭时，开口的位置以向阳和居中为好。

(2) 建立气候防护单元

建筑群的布局可以从平面和空间两个方面考虑。建立气候防护单元，应充分结合当地特定地点的自然环境因素、气候特征、建筑物的功能、人的行为活动特点，建立一个小型组团的自然-人工生态平衡系统。充分利用和争取日照，避免季风干扰，组织内部气流，利用建筑外界面的反射辐射，形成冬季恶劣环境气候条件的有利防护，改善建筑日照条件和风环境。

(3) 改善风环境

严寒地区冬季寒流主要受来自西伯利亚冷空气的影响，所以冬季寒流主要来自于西北风。因此建筑规划中为了节能应封闭西北风方向，合理选择封闭或者半封闭周边式布局的开口方向和位置，使得建筑组合避风节能。

随着人们生活水平的提高，人们对生活舒适度的要求也越来越高，室内外的温湿环境也是人们对舒适度要求的一个重要的方面。一般建筑群平面布局有行列式、错列式、周边式、混合式和自由式等。不同的建筑布局会对室外的风环境造成很大的影响，进而会影响室外的风环境。建筑布局比较集中，房屋间距比较小，这对建筑外的通风不利。在规划设计中，可以通过对建筑布局的调整，形成优化微气候环境的良好界面，这对调节室外的风环境是有利的。

建筑的朝向对建筑节能的影响很大。朝向是指建筑正立面的法线与正南方向的夹角。朝向的选择主要考虑以下几方面的因素：冬季要有适量的阳光射入室内；夏季尽量减少通过窗户等透明围护结构射入房屋内部的阳光；应该保证夏季良好的通风，冬季则避免冷风侵袭；充分利用地形并注意节约用地。

经过数值模拟研究，在徐州地区结合冬、夏季室外风环境的数值模拟，建筑群 8 布局较为合理。可见，借助风环境模拟可以对室外建筑布局进行优化，改善建筑物周围的微气候环境。

3.3.2.2 适宜朝向

在规划设计中，建筑朝向受地理纬度、基址环境、局部气候及建筑用地条件、道路组织、小区通风等的影响。

根据冬季和夏季两种工况模拟结果分析，综合考虑和分析建筑群 6 与建筑群 8 的模拟结果，坐北朝南是建筑群宜居朝向。在此基础上，通过对建筑进行南偏东和南偏西的角度微调，可以得出建筑的适宜朝向范围。图 3-28～图 3-43 所示为不同偏转角度的建筑群(建筑群列间距为 30 m)1.5 m 高处的风场。

由上述模拟结果可以看出，南偏东的建筑群比南偏西的建筑群内风环境差，且偏东角越大风环境越差，因此，建筑偏转角度不宜采用南偏东角度；在南偏西的建筑群中，偏转角度小于 20°时，建筑群通风效果比较差，偏转角度大于 25°时，通风效果也比较差。综上所述，徐州地区行列式建筑群的适宜朝向为南偏西 20°～25°。

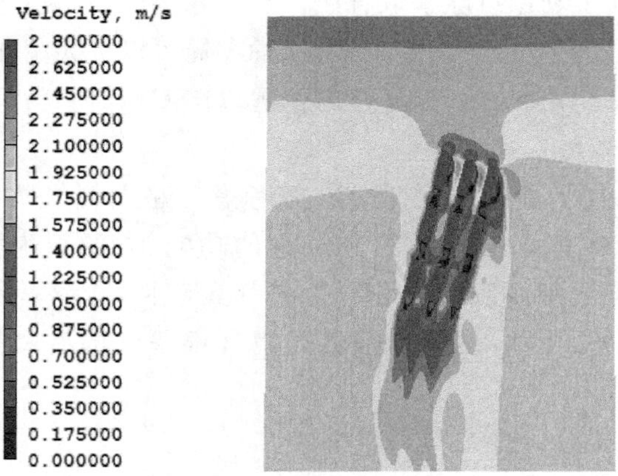

图 3-28　南偏东 7.5°冬季工况

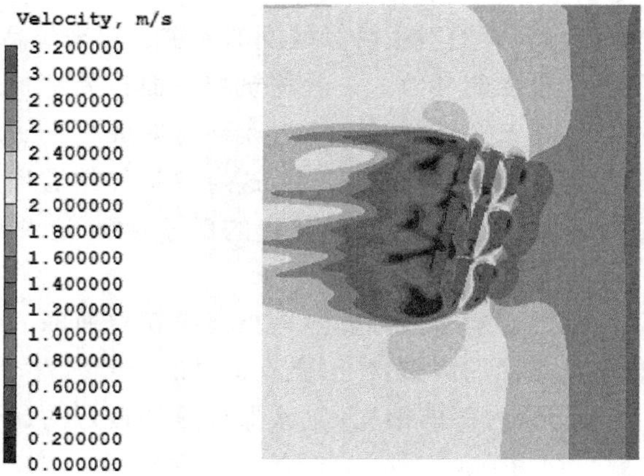

图 3-29　南偏东 7.5°夏季工况

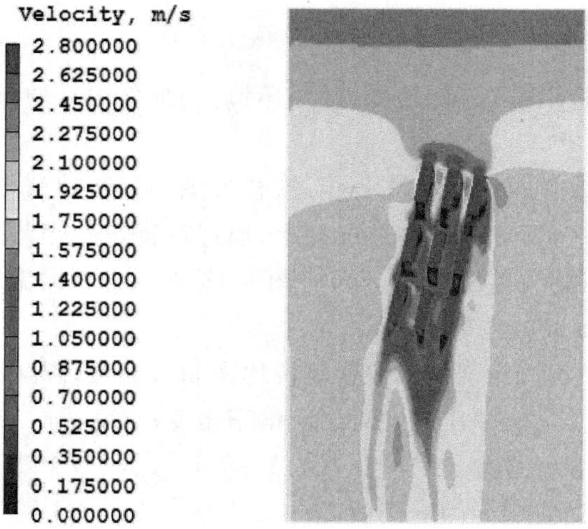

图 3-30　南偏东 10°冬季工况

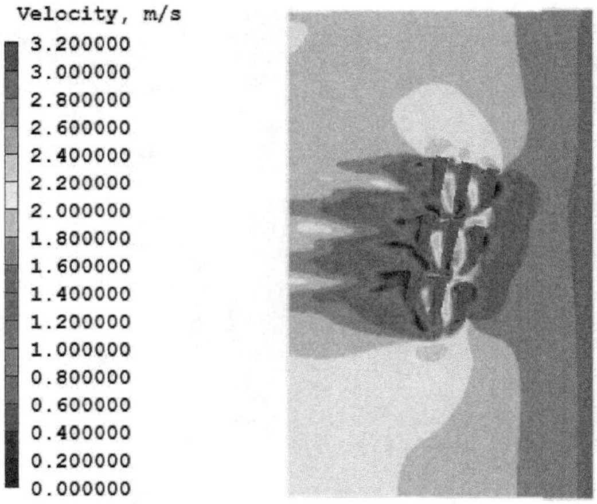

图 3-31 南偏东 10°夏季工况

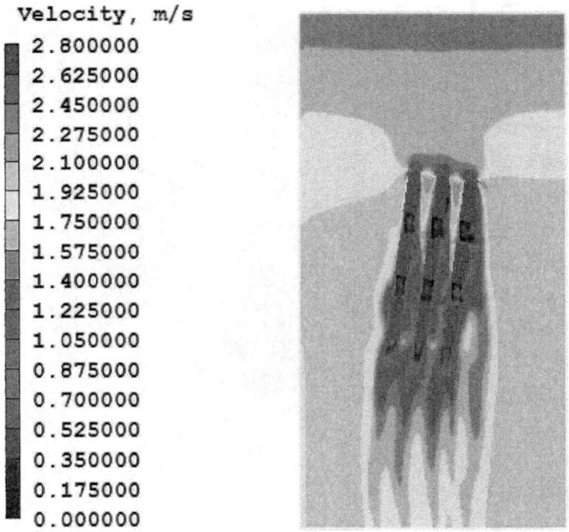

图 3-32 南偏东 15°冬季工况

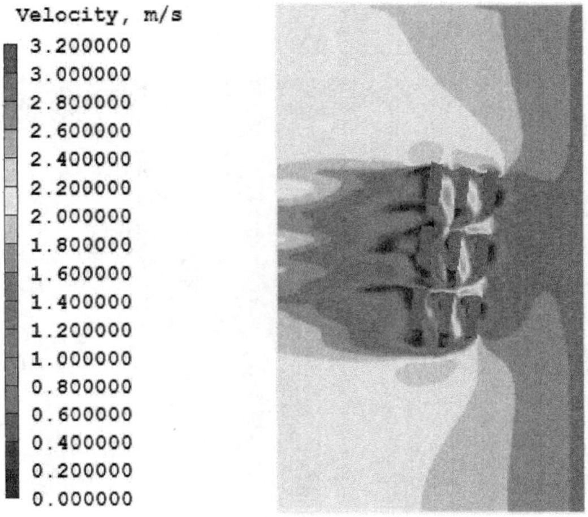

图 3-33 南偏东 15°夏季工况

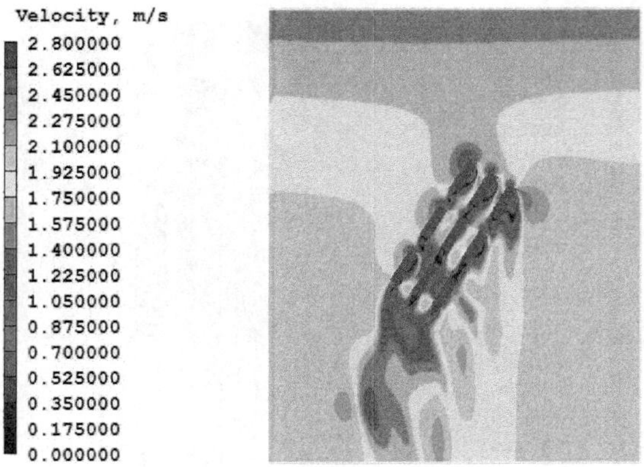

图 3-34　南偏西 10°冬季工况

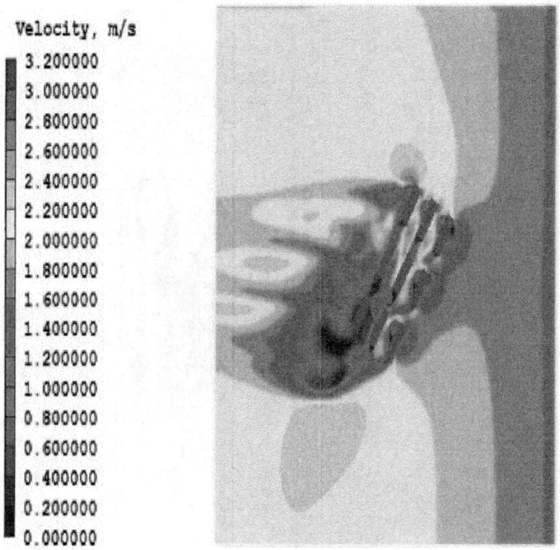

图 3-35　南偏西 10°夏季工况

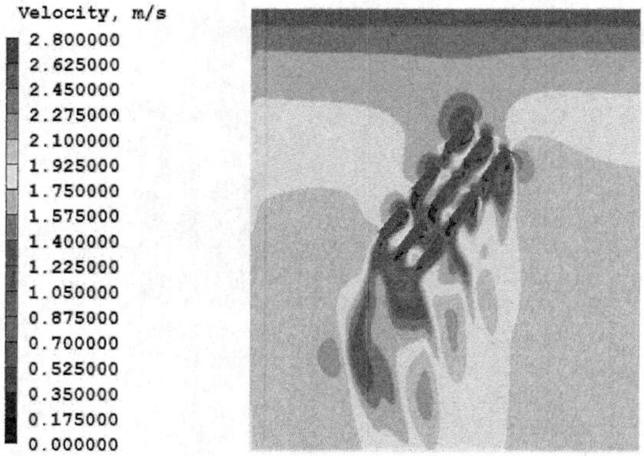

图 3-36　南偏西 15°冬季工况

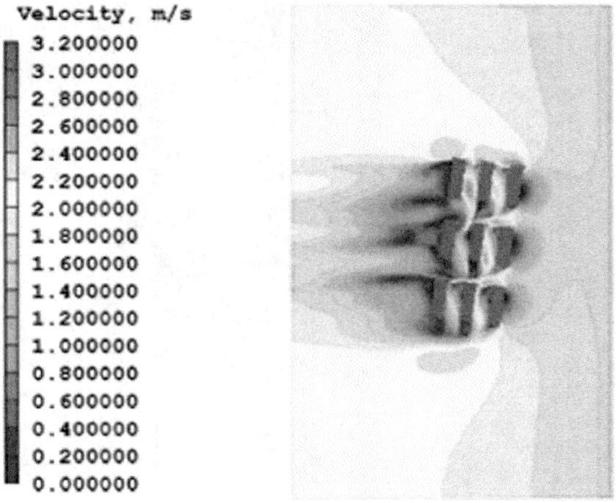

图 3-37 南偏西 15°夏季工况

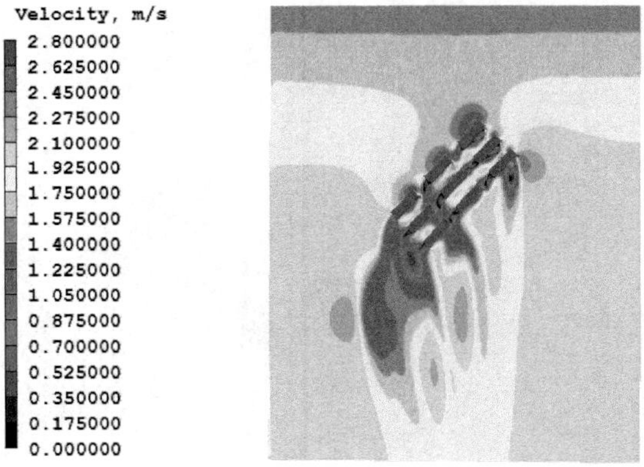

图 3-38 南偏西 20°冬季工况

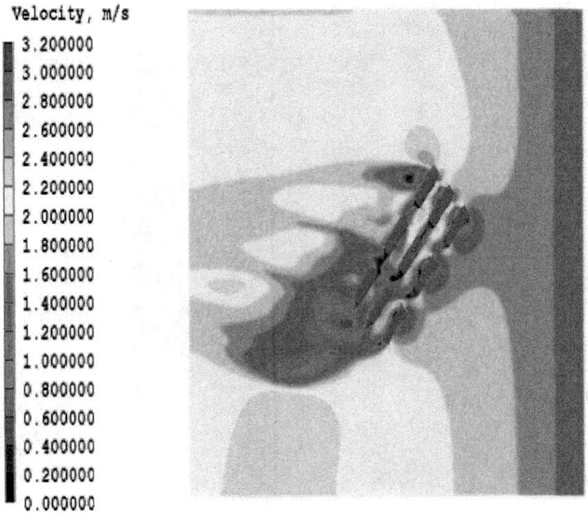

图 3-39 南偏西 20°夏季工况

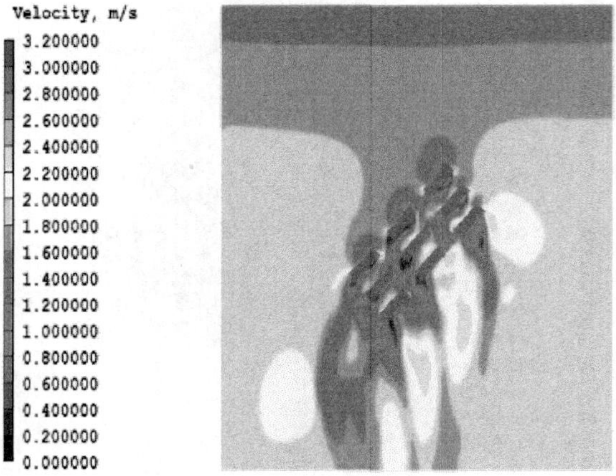

图 3-40　南偏西 25°冬季工况

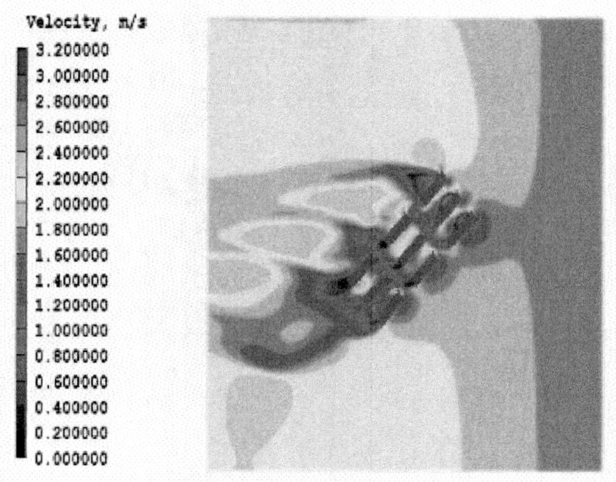

图 3-41　南偏西 25°夏季工况

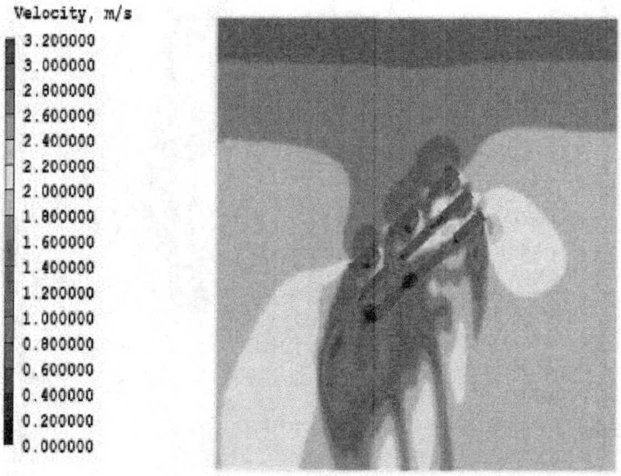

图 3-42　南偏西 30°冬季工况

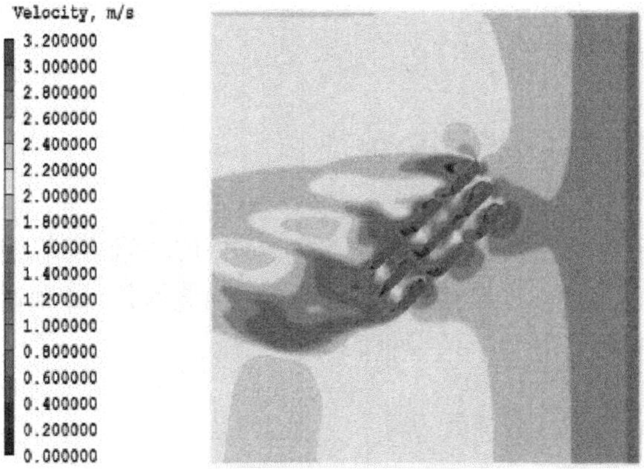

图 3-43　南偏西 30°夏季工况

3.4　小结

（1）植被对室外温湿环境的影响明显。树荫下的温度相比空地处温度有较大的差异，法桐、银杏等乔木和灌木丛等树荫下面比空地处的温度约低 2.0 ℃，而且灌木丛对环境的增湿效果也很明显，单纯的草地对温湿度的调节效果不明显。

（2）校园绿化是改善建筑微气候环境的有效措施。树种建议多选种本土植物和高大树木，如银杏树、法桐树、柳树等，种植方式宜采用乔、灌、草相结合的方式，既提高了绿化效果，又具有良好的微气候调节作用。

（3）建筑布局和朝向对室外风环境具有重要的影响。可利用 CFD 数值模拟计算进行优化分析。针对徐州地区的数值模拟计算结果表明，行列式布局具有较好的室外风环境，建筑朝向宜采用南偏西 20°～25°。

4　建筑设计节能技术

本章根据寒冷地区气候特征，结合室外微气候调节技术研究结论，借鉴国内外校园建筑设计的先进理论，从建筑朝向、自然通风、平面布局、体形系数、窗墙比与遮阳等方面，分别对校园学生公寓和公共建筑提出相应的节能措施。

4.1　建筑朝向

朝向是指建筑物主立面的方位角，一般由建筑与周围环境、道路之间的关系确定。建筑朝向的好坏直接影响了建筑的室内温湿环境和能耗，良好的朝向可以使建筑在冬季获得足够的日照并避开主导风向，夏季可以充分利用自然通风并减少太阳辐射。

4.1.1　选择原则

建筑朝向的选择涉及本地区气候、地理环境以及建筑用地等多种情况，需全面考虑。选择的总原则为：在节约用地的前提下，争取冬季能获得较多的日照、夏季避免太多的日照，并要酌情考虑自然通风。我国无论是公共建筑节能设计标准还是居住建筑节能设计标准都给出了相关规定和建议。

《公共建筑节能设计标准》(GB 50189—2015)规定：建筑群的总体规划应考虑减轻热岛效应。建筑的总体规划和总平面设计应有利于自然通风和冬季日照。建筑的主朝向宜选择本地区最佳朝向或适宜朝向，且宜避开冬季主导风向。然而建筑的朝向、方位以及建筑总平面设计应考虑多方面的因素，尤其是公共建筑受到社会历史文化、地形、城市规划、道路、环境等条件的制约，要想使建筑物的朝向对夏季防热、冬季保温都很理想是有困难的，因此，只能权衡各个因素之间的得失轻重，选择出这一地区建筑的最佳朝向或较好的朝向。通过多方面的因素分析、优化建筑的规划设计，采用本地区建筑最佳朝向或适宜的朝向，尽量避免东西向日晒。

《严寒与寒冷地区居住建筑节能设计标准》(JGJ 26—2010)规定：建筑群的规划设计，单体建筑的平、立面设计和门窗的设置应考虑冬季利用日照并避开主导风向。建筑物的朝向宜采用南北或接近南北。建筑物不宜设有三面外墙的房间。

进行建筑朝向的选择，一般要从以下几方面考虑：

(1) 太阳辐射和建筑朝向的关系

寒冷地区是以冬季采暖为主、兼顾夏季隔热的地区，冬季采暖能耗是建筑能耗的主要部分，如何在冬季获得较多的太阳辐射是选择建筑朝向的主要因素。研究表明，寒冷地区建筑采取了被动式节能设计方案后，建筑的节能效果平均提高 30%以上，而对于全年的节能效果，仅仅在太阳辐射这一方面，就要比未使用该设计的提高将近 30%。建筑的主朝向宜选择本地区最佳朝向或接近最佳朝向，尽量避免东西向日晒，冬季能获得足够的日照并避开主导风向，夏季能利用自然通风并防止太阳辐射。

(2) 各种建筑朝向墙面和室内环境获得的日照面积和日照时间

建筑物墙面上的日照面积和日照时间，决定了该墙面所接受的太阳辐射热量的多少。冬季太阳方位角的变化范围较小，因此，在各朝向上墙面获得的日照时间变化幅度会有较大的差异。建筑物在无遮挡的情况下，南墙的日照时间最长，从日出到日落都可以接受日照，而北墙则相反，全天都得不到日照。夏季因太阳方位角变化范围较大，各个朝向的墙面上都可以获得相当时间的日照。其中，东南、西南方向上获得的日照时间较长，北面较短。

（3）建筑朝向与主导风向的关系

在夏季，气流的运动增加了周围空气与人体的对流交换热量和人体汗液的蒸发量，使人在热环境下感觉舒服，要使夏季的主导风穿过建筑的空间环境，建筑朝向至关重要。而到了冬季，空气的流动会使人在冷的环境下散热量增加，加重寒冷感觉，要避免冬季的主导风导致建筑失热也可通过建筑朝向得到改善。当建筑的主立面避免迎向冬季主导风而与夏季主导风成一定角度时，可同时满足建筑在冬夏两季的要求。

因此，在决定建筑的良好朝向或最佳朝向时，首先是根据建筑所处地块的日照和太阳辐射定出基本朝向范围，再进一步核对季节主导风向，最后再对建筑周围环境影响朝向的因素进行综合考虑。

4.1.2 最佳朝向

选择合理的建筑朝向是节能建筑布置中首先考虑的问题。总体来说，采用南北向或接近南北向朝向比东西朝向的建筑更符合节能设计，也是最为适合居住的朝向。风水学里讲究的坐北朝南，实际上也反映了中国人千百年来对自身居住环境舒适性的一个总结。但是，建筑不能是简单地就决定为南北朝向，由于建筑常常受所在地块的限制，而其地块坐落的基本位置已经定了，所以在朝向的决定上，还要考虑该地块的地理纬度、地段环境、各季节主导风向、冬夏季的太阳轨迹、周围邻近建筑的布局和高度等。

从单幢建筑的通风条件来看，房屋与主导风向垂直效果最好。但是，从整个住宅群来看，这种情况并不完全有利，而往往希望形成一个角度，以便各排房屋都能获得比较满意的通风条件。应根据上述两个方面，选择适宜当地建筑的最佳朝向和适宜朝向。通过对各个城市多年气象资料的分析，我国的学者对主要城市建筑的朝向进行了总结。我国寒冷地区部分城市建筑的最佳、适宜及不宜朝向见表 4-1[235]。

表 4-1　　我国寒冷地区部分城市的建筑朝向

地区	最佳朝向	适宜朝向	不宜朝向
北京	南偏东 30°以内 南偏西 45°以内	南偏东 45°以内 南偏西 45°以内	北偏西 30°～60°
石家庄	南偏东 15°以内	南至南偏东 30°	西
济南	南至南偏东 10°～15°	南偏东 30°	北偏西 5°～10°
大连	南至南偏西 15°	南偏东 45°至西	北、西北、东北
太原	南偏东 15°	南偏东至东	西北
西安	南偏东 10°	南、南偏西	西、西北

在实际工程中，很难做到建筑朝向完全南向与北向，只能综合各种条件做到与实际地形相适应的最佳朝向。为了使建筑物在冬季能够获得较多的阳光，保证冬季室内的热舒适性，

建筑物的朝向应尽量保持南向。当受条件限制时，建筑的法线应尽量保持与南向的夹角在偏东或偏西22.5°之内，这样冬季仍然可以获得一定量的阳光照射，建筑的朝向仍然可以视为南向住宅来处理。通风窗所在的外墙与夏季的主导风向间的夹角宜为40°～65°。

4.2 自然通风

自然风作为气象因素之一，与建筑有着密切的联系。在建筑设计中，当地不同季节的主导风向和风速，是设计的重要依据。建筑周边的环境因素又有许多同自然风密切相关，如地形、坡度、朝向以及当地的植被情况及相邻建筑形态等。在任何地段上风的流动都会影响建筑内部的温度和内外气候环境。通风还可以增加建筑的散热，风压可增加建筑的渗透，夏天的穿堂风可使居室凉爽舒适[236]。

4.2.1 自然通风方式

自然通风，是室外的空气在热压和风压的作用下对室内进行通风换气的一种形式。它利用自然条件，不依靠设备系统维持适宜的室内环境，是环境生态化的重要手段。自然通风能引进新鲜且比室内温度适宜的室外空气而给人舒适的感觉，又因为它是一种可再生资源，所以常常能节省可观的能源而达到节能环保的目的。自然通风几乎在所有的建筑中存在和使用，这是因为自然通风最基本的动力来自于风压和热压。根据通风系统中的作用程度与范围不同，建筑自然通风的方式可分为以下三种[237]：

(1) 利用风压自然通风

风压通风的原理是利用水平方向的风力压差引导通风。当风吹向建筑时，会在迎风面产生正压，在背风面产生负压，建筑的形式、建筑与风的夹角以及建筑周围的环境都会影响压力差的大小。外部风速是其中重要的因素，理想的风压通风平均风速一般不小于3～4 m/s，全球风压通风潜力最好的地区是湿热气候地区。运用风压通风的建筑，应采用沿风向进深，一般以小于14 m为宜，如果是单侧通风，进深不宜大于层高的两倍，最好控制在6 m左右。排风口面积不应小于进风口，但也不应大于进风口的3倍，这样的布局易于形成穿堂风，达到最好的通风效果。

(2) 利用热压自然通风

自然通风的另一种机理是利用建筑内部的热压，借助室内空气在垂直方向上的温度压差引导空气的流动，即形成烟囱效应。室内空气通常会形成密度分层，温度较低的高密度空气会在底部，形成正压，热空气则在顶部形成负压，压差带动空气由下往上运动，不断将室外新风从底部吸入室内。与风压通风相比，热压通风可以不考虑室外主导风向，因为它是利用吸力从各个方向进风口引进新风的。热压通风的潜力与室内外的温差有关，室内外的温差越大，越利于热压通风，空气干爽也有助于减小通风所需的动力，因此，干热气候地区与温和气候地区都具有较好的热压通风潜力。有时由于自然风的不稳定性，或周围高大建筑、植被的影响，许多情况下在建筑周围形不成足够的风压，这时就需要利用热压原理来加强自然通风。

(3) 风压与热压相结合的自然通风

利用风压和热压来进行自然通风往往是互为补充、密不可分的。但到目前为止，热压和风压综合作用下的通风机理还在探索之中，风压和热压什么时候相互加强什么时候相互减弱还不能完全预知。因此一般来说，建筑进深小的部位多利用风压直接通风，进深较大的部位则多利用热压来达到通风效果。由于受到功能影响，通常混合风压与热压的建筑平面大多是矩形的，大大的进深，长长的双面走廊，两侧是办公室等用房，加上许多房间在工作过程中会产生热量并大量使用人工照明，因此这样设计的平面能够带走室内大量多余的热量。

4.2.2 公寓建筑

高校公寓建筑一般是单廊双面宿舍模式，平面布局和造型设计简单，其自然通风技术也相对简单。

(1) 对流通风及新风系统

对流通风是利用风压通风原理来进行室内通风的，是一种普遍而有效的通风方式。普通的学生公寓一般采用内走廊，通向走廊的只有一扇常闭的门，难以实现对流通风。因此，在学生公寓设计时要每间房间都向走廊开有通风窗，通风窗为 900～1 200 mm 宽的、扁平的窗户设计[15]。通风窗设在宿舍门上方，通过通风窗的设计，宿舍之间可形成穿堂风，最大程度地利用了自然通风，减少了能耗。春秋两季可以通过对流通风的形式达到室内必要的换气量，为室内创造良好的热舒适环境。但在极端气候下，不易通过开窗对流来实现通风换气。冬季极冷时，开窗通风带来的冷风会引起热量散失；夏季极热的情况下，开窗则会引起过度得热现象。

(2) 太阳能烟囱通风技术

高校学生公寓可安装太阳能烟囱，利用热压通风原理增强建筑自然通风。当室外有风而且室外温度较室内温度低时，利用风压通风是一种很好的降温策略。在室外无风的情况下，利用烟囱效应的热压通风作用也可以达到很好的通风降温效果[15]。太阳能烟囱通风技术就是利用烟囱效应来实现热压通风的。太阳能烟囱上部的结构被太阳光照射后，蓄存的热量将烟囱内部的空气加热，空气受热上升，热空气被抽到顶部然后排向室外，凉爽的空气从烟囱进风口流进补充到烟囱内部，如此循环可将室内的热空气排向室外。为防止热量损失，太阳能烟囱一般设有可开闭的风门，在不需要通风的时候可以关闭。

夏季，学生公寓的太阳能烟囱吸收太阳辐射热，加热了烟囱内的空气，热空气上升后从烟囱顶部风帽排出；在热压作用下各层走廊内的空气通过下悬窗进入烟囱，房间内污浊空气通过开向走廊的通风窗进入走廊，如此形成了热压通风，有利于改善室内空气质量并达到降温效果。冬季，走廊尽端开向太阳能烟囱的下悬窗关闭可起到保温效果。

4.2.3 公共建筑

近年来随着高校扩招和多媒体教学的发展，高校教室尺度和空间布置向报告厅、会堂和观演类建筑靠拢，但教室的开窗通风方式没有变化。多媒体教室由于需要遮光，与传统的开窗通风产生了矛盾而严重影响室内通风，导致室内空气质量较差，不仅影响学生的身体健康，还容易导致上课疲劳而影响学习效果。

(1) 建筑中庭设计

建筑中庭作为一种普遍采用且成熟的公共建筑空间，被证明具有调节室内环境和节约建筑能耗的作用，在高校图书馆、教学楼、办公楼、文体楼等各类公共建筑中均有广泛应用。

建筑中庭设计通常采用大面积玻璃围护结构，在透射阳光的同时，阻挡来自室内的长波辐射，有效防止了室内热量的外溢，形成温室效应，有利于提高冬季建筑室内温度，降低采暖费用;中庭内外部空气压力差引起室内外空气流动,中庭较高的垂直高度也可以加快气流速度,形成烟囱效应,产生良好的自然通风效应,在引入室外新鲜空气的同时,加快了室内多余热量的对外排放,降低了室内温湿度,节省了夏季空调费用;中庭空间可以减弱室外风、雨、烈日的影响,成为一个从室内向室外的缓冲与过渡空间,保持室内小气候环境稳定。

在进行建筑的中庭设计时,应当结合外部环境与必要的技术措施形成诱导通风,改善室内环境。在设计中合理地选择建筑的平面形式、剖面形式,必要时采取温差辅助措施通风换气。通过建筑设计手法制造环境各部位的温差是中庭设计通风的重要技术措施,现代设计中玻璃中庭是建筑师通过建筑内部组合设计、空间布局、引入水景、绿化配置等设计手法改善区域微气候的结果。需要着重指出的是,有时自然的无组织通风可能将过热的空气导入室内造成不舒适感,要解决这个问题,一方面可以在中庭室外过热时关闭门窗停止通风,另一方面可凭借内部绿化环境即所谓的自然空调技术让室外热空气降温后进入室内。

(2) 建筑窗的设计

建筑的自然通风过程绝大部分是通过可开启的门窗对房间进行单侧通风或对流通风完成的。一般情况下,通过窗户的气流量取决于窗户的面积以及自然风在立面竖向分布的情况。可开启的窗户便于使用者对通风状况进行个人化的控制,并且可以结合个人的舒适度来平衡周围的采光和视线需求。窗的设计涉及开启的大小、形状、高度、方位等,这些元素都会影响室内气流情况。

窗的高度(由窗台和窗楣位置来界定)影响室内的通风效果,这是因为温差导致空气上升。因此,高处位置的窗户有助于气流流动,同时高窗还能够在阴天提供最好的采光。低窗不能提供很好的通风条件,但却能使地面反射的光线均匀分布。中部的窗可提供均匀的通风,但也不能提供均匀的采光。可以采取反光板来提供良好的均匀采光。

窗的方位设计决定房间中可获取太阳能量的多少和热量损失的大小。冬季南向、东南向和西南向需要开大窗以获取太阳热量;北面开小窗以防止热量散失;东向西向的窗户上常做遮帘。不同朝向、同等面积的窗户在不同地区所能获取的热量不同。使用夹层玻璃可减少夜晚的热量损失,使用窗帘或可闭合的内窗等都是廉价的节能措施。窗的部件设计都应考虑不同方位减少窗户的热能损失。窗户的合理设计使得夏季满足遮挡阳光的同时争取最大的通风量,冬季也不影响建筑的保温。

所有建筑窗的大小均必须满足日照、通风、出入、视野以及太阳能量的透入与遮蔽要求。在寒冷地区,窗户宜大且无遮挡,但密封性要好,这样既可以加大得热,又可以防止冷风渗透。

(3) 双层玻璃幕墙设计

相对于普通的玻璃幕墙而言,双层玻璃幕墙具有明显的节能效果,能够阻隔噪声,减少非洁净空气对于室内的污染,因此被称为“可呼吸的皮肤”。在夏季,双层玻璃幕墙中间的遮阳百叶可以阻挡过量的太阳辐射进入室内,而积聚在百叶与外层窗之间的热空气利用温和气候区优良的浮力通风潜力上升至顶部排出,有效降低夹层内的温度;在冬季,关闭双层玻璃中间层,玻璃之间的空气层则起到保温的作用,减小室内热损失。除此之外,双层玻璃幕墙的优势还体现于高层建筑通风问题的解决,高层建筑直接开窗容易造成紊流,而双层玻璃幕墙系统可以通过外层的玻璃阻挡高空的风力,室内的窗户又能够开向幕墙的中间空气层,并从中引入新鲜空气。

4.3 建筑体形

建筑体形(S)是建筑物与室外大气接触的外表面积(F_0)与其所包围的体积(V_0)的比值($S=F_0/V_0$)。建筑体形系数直接影响建筑冷热负荷的大小,负荷随着体形系数的增大而迅速增大。体形系数的确定与建筑造型、平面布局、采光通风等条件相关。在建筑设计时要权衡利弊,兼顾不同的建筑造型,尽可能地降低建筑的体形系数。

4.3.1 体形系数与能耗的关系

在房屋体积不变的情况下,体形系数的增大就意味着外围护结构面积的增加,传热耗热量相应提高,从而导致建筑物耗热量指标增大。

通过增减建筑模型层数来改变建筑体形系数,得到体形系数对建筑耗热量指标的影响见表 4-2[238]。

表 4-2 体形系数对建筑耗热量指标的影响

体形系数	0.366	0.341	0.324	0.313	0.304	0.297	0.291	0.287	0.283
耗热量指标/W · m^{-2}	23.24	22.04	21.24	20.67	20.24	19.9	19.64	19.42	19.24
体形系数减少量	0.025	0.017	0.011	0.009	0.007	0.006	0.004	0.004	0.003
耗热量指标减少量/W · m^{-2}	1.2	0.8	0.57	0.43	0.34	0.26	0.22	0.18	0.16
体形系数每减少 0.01 耗热量减少百分比	2.1%	2.1%	2.4%	2.3%	2.4%	2.2%	2.8%	2.3%	2.8%
体形系数	0.28	0.277	0.275	0.273	0.271	0.266	0.261	0.258	
耗热量指标/W · m^{-2}	19.08	18.95	18.84	18.74	18.65	18.44	18.2	18.04	
体形系数减少量	0.003	0.002	0.002	0.002	0.005	0.005	0.003	—	
耗热量指标减少量/W · m^{-2}	0.13	0.11	0.1	0.09	0.21	0.24	0.16		
体形系数每减少 0.01 耗热量减少百分比	2.3%	2.9%	2.7%	2.4%	2.3%	2.6%	2.9%	平均值 2.5%	

从表 4-2 可以看出:建筑的耗热量指标随着体形系数的减小而减小,体形系数每减少 0.01,建筑的耗热量指标就会减少 2.1%~2.9%,平均减少 2.5%。并且通过数据拟合发现,建筑的耗热量指标与体形系数的线性关系较强(图 4-1),在建筑物各部分围护结构传热系数和窗墙面积比(WWR)等条件不变的情况下,耗热量指标随体形系数成直线上升。因此,节能建筑设计中,应尽量减小体形系数,从而获得更好的节能效果。

4.3.2 体形系数控制方法

体形系数限值规定过小,将制约建筑师的创造性,可能使建筑造型呆板,平面布局困难,甚至损害建筑功能。因此,要合理地确定建筑形状,必须考虑本地区气候条件,冬、夏季太阳辐射强度、风环境,围护结构构造形式等各方面的因素。应权衡利弊,兼顾不同类型的建筑造型,尽可能地减少房间的外围护面积,使体形不要太复杂,凹凸面不要过多,避免因体形复杂和凸凹太多形成外墙面积大而提高体形系数,以达到节能的目的。总体来说,可以从以下

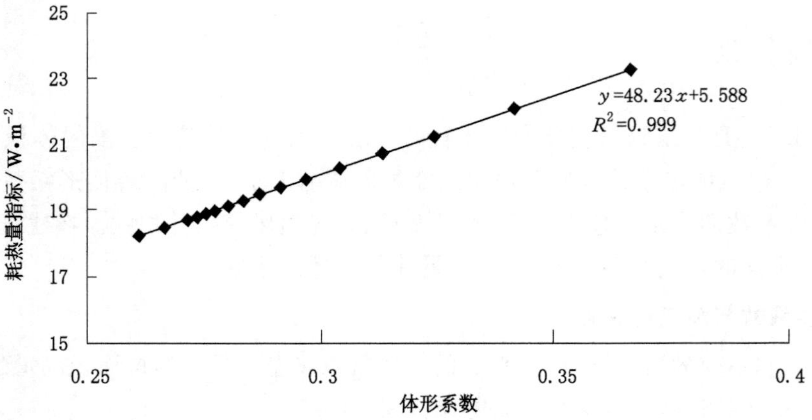

图 4-1　建筑耗热量指标与体形系数的关系

几个方面控制建筑体形系数：

（1）适当增加建筑在进深方向上的尺寸。建筑进深越大，其体形系数越小。增加建筑在进深方向的尺寸可以有效地降低体形系数。

（2）选取适宜的建筑层数与层高。建筑高度越高则体形系数也越小，提高建筑层数和层高也可以减小体形系数。适当增加建筑层数可以有效降低建筑的体形系数，是实现建筑节能的有效途径，也是节约土地资源的良好措施。除了增加建筑的层数以外，适当地增加建筑的层高，也可以使建筑的体形系数变小。

（3）减少建筑形体的变化。如果建筑物的高度相同，则其平面形式为圆形时体形系数最小。

4.3.3　公寓建筑

决定公寓体形的因素，或许是基地形状，或许是建筑内部空间，或许是出于某种寓意，或许是多种目的综合的结果。而适应气候是节能公寓体形设计首先需要考虑的因素。建筑体形决定了一定围合体积下接触室外空气和光线的外表面积，以及室内通风气流的路线长度，因此体形对建筑节能有重要影响。对于寒冷地区的公寓而言，保温和防风是建筑体形设计首先需要考虑的原则。

《严寒和寒冷地区居住建筑节能设计标准》(JGJ 26—2010)对寒冷地区居住建筑的体形系数提出了明确的要求，详见表 4-3。

表 4-3　　寒冷地区居住建筑体形系数限值

寒冷地区	建筑层数			
	≤3 层	4～8 层	9～13 层	≥14 层
	≤0.52	≤0.33	≤0.30	≤0.26

当体形系数大于表 4-3 的限值时，必须进行围护结构热工性能的权衡判断。

在满足体形系数限值要求的同时，在设计中还要选择利于避风、保温的公寓体形。

4.3.4　公共建筑

公共建筑布局相对较为紧凑，这正与较小的体形系数平面布局方式吻合。通过控制体形系数，不但可以实现办公建筑节能，同时也可以提高建筑的运作效率。目前在设计中常采用的减少办公建筑体形系数的方式主要有：建筑布局紧凑，减少外墙凹凸变化；加大建筑物进深、层数；加大建筑物的体量；等等。

但同时另一方面，过多地考虑建筑体形系数反而会成为设计的制约因素，它在一定程度上限制了设计师的创造思路，从而影响建筑的外形和立面设计。这对形象和立面美观性要求较高的办公建筑设计而言，有时也会成为设计的难题。因此，设计师应当因地制宜，对二者进行综合考虑，有所取舍。但在公共建筑体形系数设计时必须满足规范要求。

《公共建筑节能设计标准》(GB 50189—2015)对寒冷地区公共建筑的体形系数提出了限值要求，详见表 4-4。

表 4-4　　寒冷地区公共建筑体形系数限值

单栋建筑面积 A/m^2	建筑体形系数
$300<A\leqslant800$	≤0.50
A>800	≤0.40

4.4 平面布局

在校园建筑中，建筑功能不太复杂的情况下，建筑空间的热环境与建筑空间的平面方位和立面开窗形式有密切的关系，因此根据功能进行平面布置对于建筑热环境有着重要的影响。建筑不同的功能空间往往具有不同的开窗要求，如教室由于采光需要开窗面积较大；教师办公室一般面积较小，开窗也相对较小；报告厅、储藏室等房间对采光要求不高，开窗可以很小甚至不开窗；公共活动的中庭部分则一般需要大面积玻璃幕墙来保证空间的舒适性。

4.4.1 公寓建筑

大学生有相当大一部分时间是在寝室中度过的，如何改善大学生居住场所质量，使空间及设施更加人性化，更符合年轻人的生理和心理需求，是公寓单体设计中必须面对的重要课题。高校学生公寓按照公寓基本居住空间的组成形态，划分为三大类：走廊式、独立式、单元组合式；按照卫生间布置方式可分为：公卫式、酒店式。无论是哪种形式的学生公寓，除了按照规范设计外，还要做好以下几点。

(1) 利用阳光安排房间的位置

由于建筑物能阻挡阳光和风，因而在它们周边形成了一系列不同的小气候。其实，风和阳光的方向已经暗示出房间外空间应该安排在何处较为合适。根据气候类型，房间外空间的安排主要考虑日照、遮阳、避风、通风。在寒冷地区，应把房间外空间设置在阳光充足的避风处，房间外空间在冬天需要阳光取暖，而在夏季需要遮阳，因此，房间外空间设计应较好地兼顾采暖和降温。

(2) 空间层次的划分

为了保证主要空间的室内舒适环境，可在舒适度要求较高的空间与恶劣的外界气候之间，结合具体使用情况设置过渡空间区域。对于位于平面核心部位的空间而言，温度阻尼区可以视作外界面向建筑内部的纵深扩展。温度阻尼区与外界温差小于热舒适度高的中心部位空间与外界的温差，可使建筑的传导和辐射热损失显著减少，这对于冬季采暖和夏季使用空调都是有利的。南向的温度阻尼区在白天还可以作为附加阳光间使用，是改善冬季室内热舒适环境的一个有效措施，当然，夏季也可以打开门窗进行自然通风，使之成为一个可调节、可应变的缓冲空间。

(3) 平面凹凸变化控制

受当地气候条件的影响，南方夏热冬暖等地区多考虑通风散热，住宅造型灵活、变化多。然而这种平面布局模式并不适合寒冷地区，建筑设计中不应盲目模仿。为了有效控制住宅的体形系数，降低建筑采暖能耗，寒冷地区学生公寓平面设计不宜有过多的凹凸变化，否则会造成外墙面面积过大，能耗增加。

4.4.2 公共建筑

4.4.2.1 平面形态

办公建筑的平面形态多样，常见的有方向、圆形、条形、不规则形等。不同的平面布局方式，其建筑节能设计也有所不同[239]。

(1) 条形平面：条形建筑平面面宽大而进深小，有利于自然采光和通风。建筑外表面积大，高层办公建筑易形成大面积的投影，不利于改善局部小气候，同时过大的表面积也不利于建筑节能。

(2) 方形、圆形平面：这种平面形式空间较为集约、紧凑，空间使用系数较高。圆形的体形系数较小，高层办公建筑所受风压比其他平面形式都要小，利于建筑节能。

(3) 异形平面：有时为充分利用地形，在城市中会出现不规则的办公建筑平面形式。这种平面形式通常会给结构、设备布置带来一定的不利因素，同时由于其造型多变，外表面积较大，热容性相比其他形式较差。

4.4.2.2 热环境分区布局

在办公建筑设计时，应根据对不同热环境的需求来进行合理的分区，宜将对环境要求相近的房间布置在一起，如办公室应集中布置。另外这些对热环境要求较高的空间应布置在较好的位置，有利于实现自然通风和采光的位置，以保证办公建筑室内热环境的舒适度。

4.4.2.3 改善门厅热环境

门厅是连接建筑室内与室外的过渡和缓冲空间。由于办公建筑人员进出较多，外门开启也较为频繁，冬季容易造成建筑室内能耗增加。冬季室内外温差所形成的空气密度差，使得建筑物内部像烟囱一样有一股上升的热空气柱，底层渗入的冷空气将沿竖向交通井上升，然后由高层部分的缝隙排出室外，这就是热压作用。室内外温差越大，建筑物越高，热压作用就越强烈。如果办公建筑的主入口再朝向迎风面，则冷空气渗入的压头将是风压与热压绝对值之和，建筑的能耗散失就更大，问题也更严重。

因此，在办公建筑设计中，采取一定的措施来改善门厅热环境是十分必要的。首先应在设计时合理确定入口数量及朝向，避免冬季主导风直接侵入室内，降低热压引起的冷风渗入压头。其次，可以采用增加转角门斗、改变门厅布局的方式来维持室内热环境的稳定性。如在寒冷地区的办公建筑中，入口设封闭性较好的电动转门；进入门斗后设置迎面是玻璃墙，必须转 90°角进入门厅。

4.5 窗墙比与遮阳

门窗是房屋建筑的基本构件之一，既要起到建筑物的围护作用，又要兼顾通风、采光、保温等各种改善室内环境质量的功能。外墙门窗是建筑保温最为薄弱的部位。对于高校建筑的教学楼、图书馆、体育场馆等公共建筑来说，窗户的采光通风功能非常重要。窗户过小不能满足白天自然采光要求，窗户过大就会造成采暖和空调能耗的增加。

4.5.1 窗墙面积比

窗墙面积比（WWR）是指窗户的洞口面积与房间的立面单元面积之比。由于窗户的传热系数通常比外墙的传热系数大，所以窗墙面积比对建筑能耗具有很大的影响。窗的设计，首先要注意窗墙面积比要适当，其次要考虑窗户本身的保温性能，窗玻璃和建筑外部设置遮阳措施，最后还要保证窗户的密闭性能。

（1）窗墙比对建筑物耗热量指标的影响

窗对建筑能耗高低的影响主要有两个方面：一是窗的传热系数影响冬季采暖、夏季空调时的室内外温差传热；二是外窗受太阳辐射而造成室内得热。冬季，通过窗户进入室内的太阳辐射有利于建筑节能，因此，减少窗的传热系数抑制温差传热是降低窗热损失的主要途径之一；而夏季，通过窗口进入室内的太阳辐射热成为空调降温的负荷，因此，减少进入室内的太阳辐射以及减小窗或透明幕墙的温差传热都是降低空调能耗的途径。

窗墙面积比既是影响建筑能耗的重要因素，也受建筑日照、采光、自然通风等满足室内环境要求的制约。一般普通窗户的保温性能比外墙差很多，而且窗的四周与墙相交之处也容易出现热桥，窗越大，温差传热量也越大。因此从降低建筑能耗的角度出发，必须合理限制窗墙面积比。

在保持其他立面的窗墙比不变的情况下，分别改变南向，北向，东、西向的窗墙比，得到不同朝向的窗墙比的变化对耗热量指标的影响。计算结果见表 4-5～表 4-7。

表 4-5　　南向窗墙比对耗热量指标的影响

窗墙比	0.5	0.45	0.4	0.35	0.3	0.25	0.2	0.15	平均
耗热量/W·m^{-2}	21.34	21.24	21.13	21.03	20.93	20.82	20.72	20.61	—
窗墙比每增加 0.05 耗热量增加量	—	0.47%	0.52%	0.48%	0.48%	0.53%	0.48%	0.53%	0.50%

表 4-6　　北向窗墙比对耗热量指标的影响

窗墙比	0.4	0.35	0.3	0.25	0.2	0.15	平均
耗热量/W·m^{-2}	21.24	20.67	20.1	19.52	18.95	18.38	—
窗墙比每增加 0.05 耗热量增加量	—	2.67%	2.84%	2.97%	3.01%	3.10%	2.93%

表 4-7　　东、西向窗墙比对耗热量指标的影响

窗墙比	0.31	0.26	0.21	0.16	0.11	0.06	平均
耗热量/W·m^{-2}	22.14	21.96	21.78	21.6	20.42	21.24	—
窗墙比每增加 0.05 耗热量增加量	—	0.82%	0.83%	0.83%	0.84%	0.85%	0.83%

由上述数据可以看出：第一，建筑物的耗热量指标随着窗墙比的增大而增大；第二，不同朝向的窗墙比变化对耗热量指标的影响不同——北向窗墙比的变化对耗热量指标的影响较大，东、西向窗墙比的变化影响次之，南向窗墙比的影响再次之。

(2) 设计标准

《公共建筑节能设计标准》(GB 50189—2015)规定：甲类公共建筑单一立面窗墙面积比小于 0.40 时，透光材料的可见光透射比不应小于 0.60；甲类公共建筑单一立面窗墙面积比大于或等于 0.40 时，透光材料的可见光透射比不应小于 0.40。该条规定要求设计者在设计建筑时更合理地考虑窗墙面积比而不是一味追求大窗。

《严寒和寒冷地区居住建筑节能设计标准》(JGJ 26—2010)严格规定了寒冷地区居住建筑的窗墙面积比的限值，见表 4-8。当窗墙面积比大于表 4-8 的限值时，必须进行围护结构热工性能的权衡判断。并且在进行权衡判断时，各朝向的窗墙面积比最大也只能比表 4-8 中的对应值大 0.1。

表 4-8　　寒冷地区居住建筑的窗墙面积比限值

朝向	窗墙面积比
北	0.30
东、西	0.35
南	0.50

4.5.2 遮阳设计

夏季热量主要由三种途径进入到室内。一是直接通过气流进入室内。在夏季太阳辐射的作用下，室外气温高于室内，室外热空气可通过敞开的门窗进入室内，使室内过热。二是热量通过围护结构向室内进行热传递，最终将热量传递至建筑物的内表面，从而使室内的气温上升。三是太阳通过辐射的形式从窗户传向室内，提高被照物体的温度和室内的气温。三者相比，夏季强烈的太阳辐射是使室内气温升高最直接、最显著的方式，也是夏季室内过热的主要原因。因此，良好的窗户遮阳是建筑防热的重要措施，可以有效地防止太阳直射使室内气温过高、增加空调能耗。

4.5.2.1 遮阳的作用

遮阳设施对室内环境的影响包括以下几个方面：

(1) 对太阳辐射热的阻挡。研究表明，四个朝向窗口经遮阳后透进的太阳辐射热量与无遮阳时透进的太阳辐射热量之比，分别是：西向 17%，西南向 37%，南向 45%，北向 60%。

(2) 对室内气温的影响。闭窗时有无遮阳，室内温度相差最大可达 2.0 ℃，平均差值为 1.4 ℃；开窗时，室内温差最大值为 1.2 ℃，平均差值 1.0 ℃。

(3) 对室内采光的影响。遮阳设施依据其形式、构造、色彩的不同,挡光作用也有所不同,从而导致对室内照度的影响程度不同。据观测,一般室内照度降低 53%～73%。但遮阳能使室内照度分布均匀,避免了眩光的出现。

(4) 对室内通风的影响。遮阳设施对室内通风有一定阻挡作用,使室内风速有所降低。实测表明,有遮阳房间的室内风速约减弱 22%～47%,并受遮阳形式的影响。

4.5.2.2 常用遮阳形式

建筑遮阳根据布置位置,可以分为外遮阳与内遮阳两种类型。位于室外从窗户外侧遮挡阳光的装置称为外遮阳;而在室内一侧,从窗户内侧遮挡阳光的装置称为内遮阳。外遮阳由于位于室外,在遮挡阳光的同时,还可以将其本身所吸收的热量向室外散失,避免室内得热。而内遮阳只能将透过窗户的部分阳光反射到室外,大部分热量都留在了室内,使室内的气温升高。因此,外遮阳的隔热效果要好于内遮阳,在进行建筑设计时尽量选用外遮阳。外遮阳还可以分为水平遮阳、垂直遮阳、综合遮阳和挡板遮阳等几种类型。水平遮阳一般设置在南向窗户的上方,用于遮挡从南向直射下来的阳光,尤其是夏季太阳高度角较大的阳光。垂直遮阳,位于窗口的两侧,用于遮挡夏季日出及日落时分从东西窗口射入室内的阳光。东南或西南向的窗口可用综合式遮阳来遮挡,而东向或西向的窗口可采用挡板式遮阳来遮挡。

(1) 外部遮阳

① 植被作为遮阳装置

合理布置的落叶植物可以作为优秀的外部遮阳装置,落叶植物在夏天提供阴蔽可以起到阻止直射光的作用。

② 使用多层遮阳

道理如同植物一样,多层遮阳可过滤和软化阳光。

③ 采用浅色遮阳材料

浅色的遮阳材料会增加适当的反射光线进入建筑物内。光反射以后只会扩散光线而不会造成眩光的问题。

④ 采用百叶窗

在东面和西面设置垂直百叶窗都可有效减少直接太阳辐射量和眩光,尤其是在一天当中光照最强的上午 9 时至下午 3 时。使用垂直百叶窗的好处还在于防止夏季阳光直接进入建筑物,而且可以在冬季阻挡雪飞进室内。

⑤ 使用活动遮阳

活动遮阳系统可以随着太阳的位置进行变化,从而使遮阳效果总是保持在完美状态。但是,这些设备往往比较昂贵,应根据实际情况进行技术经济比较综合确定设计方案。

⑥ 嵌入式窗户遮阳

窗户可以嵌入墙体内,这样,建筑本身就相当于具有了遮阳设备。

(2) 内部遮阳

① 使用百叶窗帘

有效的内部遮阳方法主要是布置百叶窗帘。采用百叶窗帘是最有效的防眩光的方法,但是当窗帘本身存在污垢和灰尘的时候,效果就不明显了。针对这一问题可以通过布置两层百叶窗帘或者制订长期维修计划的方法解决。

② 调整室内色调

较深的室内色调会降低光线的反射，但仍需要以保证工作面的可见度为准绳。

4.6 小结

本章主要通过理论研究和实地考察，分析了寒冷地区适宜的校园建筑设计节能技术，分别从建筑朝向、自然通风、建筑体形、平面布局、窗墙比与遮阳等方面提出了校园公寓建筑和公共建筑的建筑设计节能技术措施。

5 围护结构节能技术

本章根据校园建筑特点，对外墙、屋面、楼地面、外窗等围护结构的节能设计措施进行研究。

5.1 外墙

5.1.1 节能基本构造与技术要求

5.1.1.1 外保温构造与技术要求

根据构造不同，外墙保温技术主要可分自保温墙体技术和复合保温墙体技术。复合保温墙体主要有内保温、外保温、夹心保温三种。在建筑节能的不同阶段，墙体保温的主要方式发挥的作用存在一定的差异性。在建筑节能发展的初期，内保温发挥了重要的作用。但其存在的容易产生热桥、不便于二次装修等缺陷逐步被发现。而外墙外保温具有能够避免热桥、保护主体结构和扩大室内空间等优点，得到了迅速的发展，到目前为止还是主要的外墙保温技术。外墙自保温墙体技术是新兴的墙体保温技术，正逐步受到重视和发展。因此，在校园建筑节能设计中目前主要以外墙外保温为主，并逐步推广应用外墙自保温墙体技术。

外墙外保温系统根据施工工艺可分为粘贴保温板薄抹灰外墙外保温系统、现浇混凝土模板内置保温板外墙外保温系统、钢丝网架保温板现浇混凝土外墙外保温系统、胶粉聚苯颗粒贴砌保温板外墙外保温系统、喷涂或拆模浇注聚氨酯硬泡自粘接外墙外保温系统、免拆模浇注聚氨酯硬泡自粘接外墙外保温系统、保温浆料自粘接外墙外保温系统、保温装饰复合板外墙外保温系统。

(1) 基本构造[237]

① 粘贴保温板薄抹灰外墙外保温系统基本构造见表 5-1。

表 5-1 粘贴保温板薄抹灰外墙外保温系统基本构造

基层 ①	系统的基本构造				构造示意图
	粘结层 ②	保温层 ③	抹面层 ④	饰面层 ⑤	
混凝土墙体、各种砌体	保温板胶粘剂	保温板（必要时界面处理）	Ⅰ型抹面胶浆复合玻纤网格布	柔性饰面	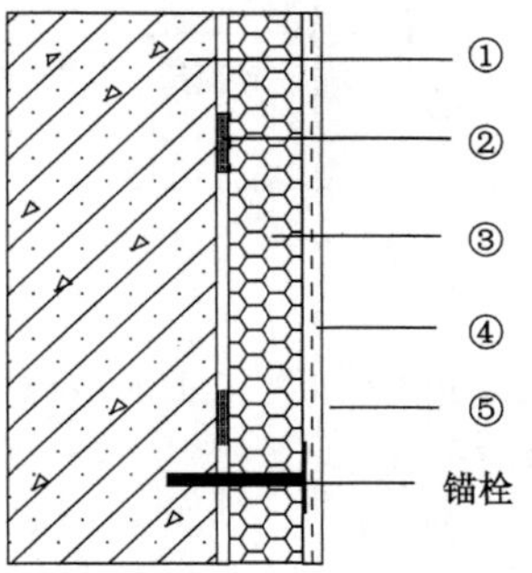

注：必要时进行基层找平，粘锚结合时使用锚栓。

② 现浇混凝土模板内置保温板外墙外保温系统基本构造见表 5-2。

表 5-2　　现浇混凝土模板内置保温板外墙外保温系统基本构造

<table>
<tr><th rowspan="2">基层
①</th><th colspan="3">系统的基本构造</th><th>构造示意图</th></tr>
<tr><th>保温层
②</th><th>抹面层
③</th><th>饰面层
④</th><th rowspan="2">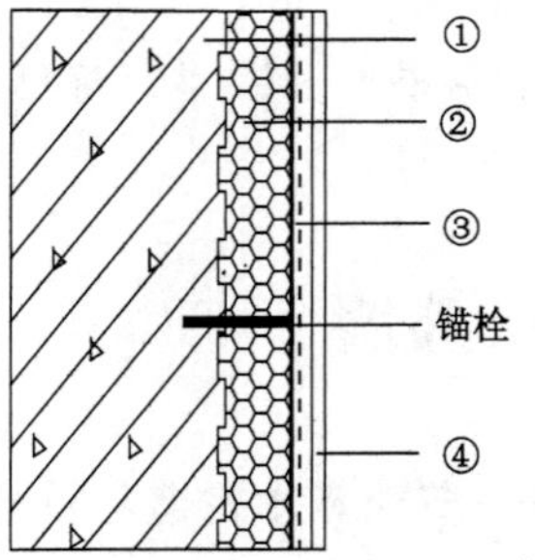</th></tr>
<tr><td>混凝土墙体</td><td>保温板（界面处理）</td><td>Ⅰ型抹面胶浆复合玻纤网格布（必要时先找平）</td><td>柔性饰面</td></tr>
</table>

③ 钢丝网架保温板现浇混凝土外墙外保温系统基本构造见表 5-3。

表 5-3　　钢丝网架保温板现浇混凝土外墙外保温系统基本构造

<table>
<tr><th rowspan="2">基层
①</th><th colspan="3">系统的基本构造</th><th>构造示意图</th></tr>
<tr><th>保温层
②</th><th>抹面层
③</th><th>饰面层
④</th><th rowspan="2">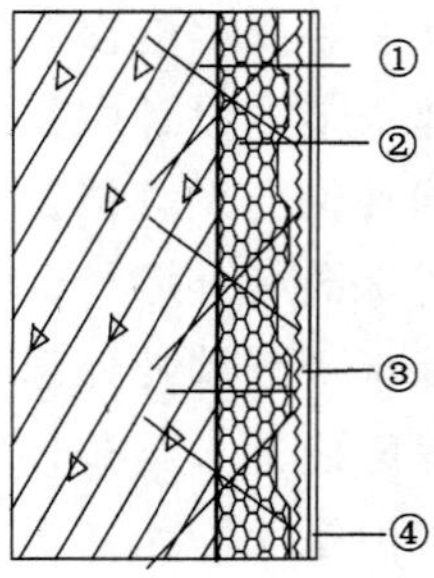</th></tr>
<tr><td>混凝土墙体</td><td>钢丝网架保温板（界面处理）</td><td>Ⅱ型抹面胶浆（其他符合要求的胶浆）＋Ⅰ型抹面胶浆复合玻纤网格布</td><td>柔性饰面</td></tr>
</table>

④ 胶粉聚苯颗粒贴砌保温板外墙外保温系统基本构造见表 5-4。

表 5-4　　胶粉聚苯颗粒贴砌保温板外墙外保温系统基本构造

<table>
<tr><th rowspan="2">基层
①</th><th colspan="5">系统的基本构造</th><th>构造示意图</th></tr>
<tr><th>界面层
②</th><th>粘结层
③</th><th>保温层
④</th><th>抹面层
⑤</th><th>饰面层
⑥</th><th rowspan="2">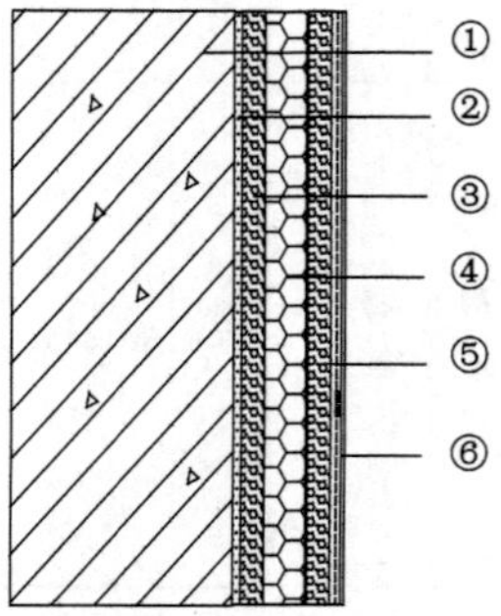</th></tr>
<tr><td>混凝土墙体、各种砌体</td><td>界面处理剂</td><td>粘贴用胶粉聚苯颗粒保温浆料</td><td>保温板（界面处理）</td><td>粘贴胶粉聚苯颗粒保温浆料＋Ⅲ型抹面胶浆复合玻纤网格布</td><td>柔性饰面</td></tr>
</table>

⑤ 喷涂或拆模浇注聚氨酯硬泡自粘接外墙外保温系统基本构造见表 5-5。

表 5-5 喷涂或拆模浇注聚氨酯硬泡自粘接外墙外保温系统基本构造

基层 ①	系统的基本构造				构造示意图
	粘结层 ②	保温层 ③	抹面层 ④	饰面层 ⑤	
混凝土墙体、各种砌体	喷涂或浇注聚氨酯硬泡	界面处理剂	Ⅰ型抹面胶浆复合玻纤网格布（必要时先找平）	柔性饰面	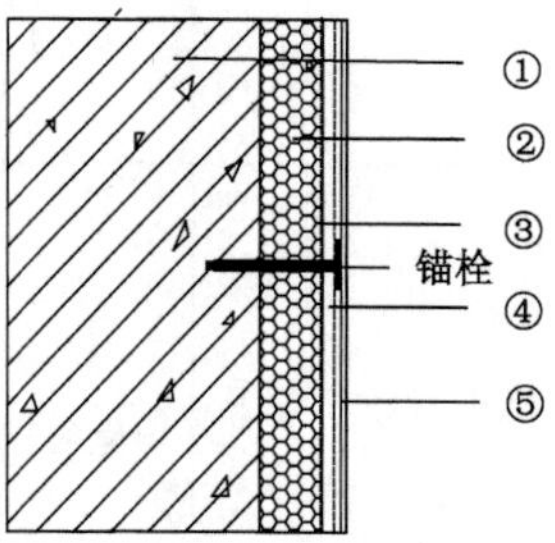

注：必要时进行基层找平和防潮处理；必要时使用锚栓。

⑥ 免拆模浇注聚氨酯硬泡自粘接外墙外保温系统基本构造见表 5-6。

表 5-6 免拆模浇注聚氨酯硬泡自粘接外墙外保温系统基本构造

基层 ①	系统的基本构造				构造示意图
	粘结层 ②	保温层 ③	抹面层 ④	饰面层 ⑤	
混凝土墙体、各种砌体	浇注聚氨酯硬泡	专用免拆模板	Ⅰ型抹面胶浆复合玻纤网格布	柔性饰面	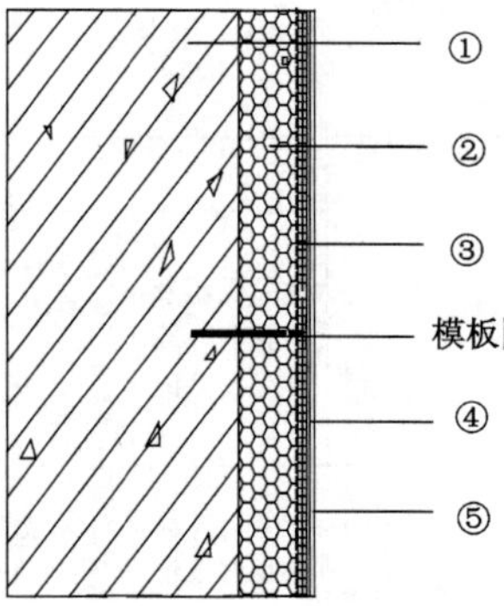

注：必要时进行基层找平和防潮处理；必要时进行抹面层的施工。

⑦ 保温浆料自粘接外墙外保温系统基本构造见表 5-7。

表 5-7 保温浆料自粘接外墙外保温系统基本构造

基层 ①	系统的基本构造				构造示意图
	粘结层 ②	保温层 ③	抹面层 ④	饰面层 ⑤	
混凝土墙体、各种砌体	界面处理剂	保温浆料	Ⅲ型抹面胶浆复合玻纤网格布	柔性饰面	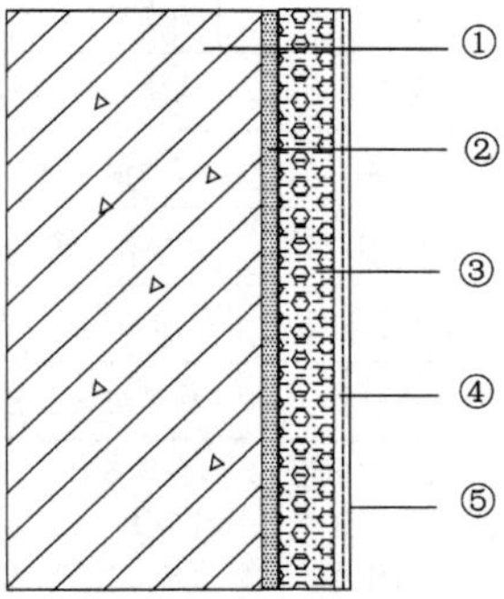

⑧ 保温装饰复合板外墙外保温系统基本构造见表 5-8。

表 5-8　　保温装饰复合板外墙外保温系统基本构造

基层 ①	系统的基本构造		构造示意图
	粘结层 ②	保温装饰层 ③	
混凝土墙体、各种砌体	保温板胶粘剂	保温装饰复合板	

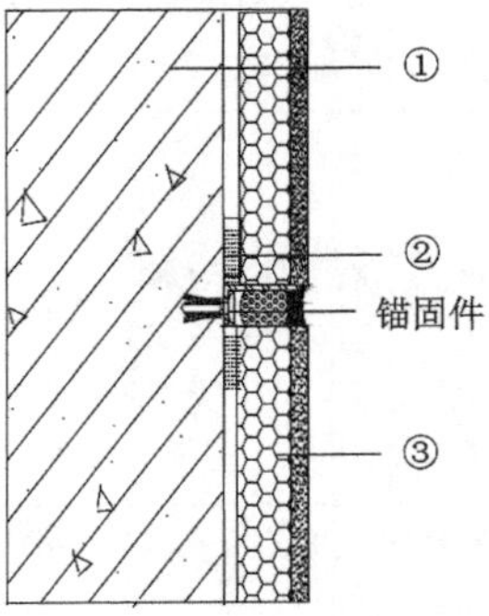

注：必要时进行基层找平；保温装饰复合板必要时单面界面处理；必要时使用锚固件。

(2) 技术要求[237]

外墙外保温系统的性能应符合表 5-9 的规定。

表 5-9　　外墙外保温系统技术要求

项目	指　标							
	粘贴保温板薄抹灰外墙外保温系统	现浇混凝土模板内置保温板外墙外保温系统	钢丝网架保温板现浇混凝土外墙外保温系统	免拆模浇注聚氨酯硬泡自粘接外墙外保温系统	喷涂或拆模浇注聚氨酯硬泡自粘接外墙外保温系统	保温装饰复合板外墙外保温系统	胶粉聚苯颗粒贴砌保温板外墙外保温系统	保温浆料自粘接外墙外保温系统
耐候性能	实验后抹面层与保温层拉伸粘结强度不小于 100 kPa；对于保温装饰复合板外墙外保温系统，实验后饰面层与保温层拉伸粘结强度不小于 100 kPa						实验后抹面层与保温层拉伸粘结强度不小于 50 kPa	
	实验后系统不得出现起泡或剥落、抹面层及饰面层空鼓或脱落等破坏，不得产生目测可见裂缝							
耐冻融性能	10 次冻融循环实验后抹面层与保温层拉伸粘结强度要求不小于 100 kPa；对于保温装饰复合板外墙外保温系统，实验后饰面层与保温层拉伸粘结强度不小于 100 kPa						10 次冻融循环实验后抹面层与保温层拉伸粘结强度要求不小于 50 kPa	
	实验后系统不得出现起泡或剥落、抹面层及饰面层空鼓或脱落等破坏，不得产生目测可见裂缝							
抗冲击性	普通型　3J 级，适用于建筑物二层及以上墙面等不易受碰撞部位							
	加强型　10J 级，适用于建筑物首层墙面以及门窗口等易受碰撞部位							
吸水量	水中浸泡 1 h，系统的吸水量小于 1.0 kg/m^2							
热阻	实测值							
抹面层不透水性	2 h 不透水							
水蒸气湿流密度	≥0.85 g/(m^2·h)							
防火性能	模型防火实验确定系统不具有火焰传播性							

注 1：水中浸泡 24 h，当只带有抹面层和带有抹面层及饰面层的系统吸水量均小于 0.5 kg/m^2 时，不检验耐冻融性能。

注 2：如系统设计带有防火构造，必须检查防火构造是否符合设计和相关标准要求，并对带有防火构造的系统进行实验。

注 3：对于系统的防火性能实验，每个企业的每一种外保温系统只做一次，满足要求即可；当系统中的任一组成材料发生变化时，应进行再次实验。

5.1.1.2 自保温构造与技术要求

(1) 自保温基本构造

墙体自保温系统是指按照一定的建筑构造，采用节能型墙体材料及配套专用砂浆使墙体热工性能等物理性能指标符合相应标准的建筑墙体保温隔热系统。墙体自保温系统按基层墙体材料不同可分为蒸压加气混凝土砌块墙体自保温系统、混凝土复合砌块墙体自保温系统、节能型烧结页岩空心砌块墙体自保温系统、陶粒混凝土小型空心砌块墙体自保温系统等。目前国家已出台《自保温混凝土复合砌块》(JG/T 407—2013)及《自保温混凝土复合砌块墙体应用技术规程》(JGJ/T 323—2014)，北京市、江苏省等出台了《北京市建筑墙体砌块结构自保温施工和验收规程》(DB11/T 1106—2014)、《江苏省混凝土复合保温砌块(砖)非承重自保温系统应用技术规程》(DGJ32/TJ 85—2009)、《江苏省工程建设标准 蒸压加气混凝土砌块自保温系统应用技术规程》(DGJ32/TJ 107—2010)等相关国家和地方标准。从出台的相关国家标准和实际应用情况看，目前自保温墙体系统主要有混凝土复合砌块墙体自保温墙体系统和蒸压加气混凝土砌块墙体自保温系统。

(2) 混凝土复合砌块墙体自保温系统技术要求

① 根据建筑工程实际情况，应采取合理的自保温砌块墙体结构布置形式，并应进行自承重结构设计和建筑设计。砌块及砌体的结构设计计算指标应按现行行业标准《混凝土小型空心砌块建筑技术规程》(JGJ/T 14)的规定执行。

② 当自保温砌块用于外墙时，其强度等级不应低于 MU5.0；当用于内墙时，其强度等级不应低于 MU3.5。

③ 外墙系统中的结构性热桥部位宜采用外保温技术，该部位经保温处理后与自保温砌块墙体部位的连接界面宜齐平。

④ 自保温砌块砌体宜采用专用砂浆砌筑。

⑤ 自保温砌块墙体系统的建筑结构设计应符合现行国家标准《砌体结构设计规范》(GB 50003)及行业标准《混凝土小型空心砌块建筑技术规程》(JGJ/T 14)中有关设计指标、结构计算原则和计算方法的规定。

⑥ 在抗震设防地区采用自保温砌块墙体系统的建筑，抗震设计应符合现行国家标准《建筑抗震设计规范》(GB 50011)和《混凝土小型空心砌块建筑技术规程》(JGJ/T 14)中的相关规定。

⑦ 自保温砌块的选型和厚度应按设计建筑所在气候区国家现行建筑节能设计标准规定的外墙平均传热系数限值计算确定，厚度不应小于 190 mm。砌体外挑出钢筋混凝土梁的尺寸不宜大于 50 mm；当砌体外挑出钢筋混凝土梁的尺寸大于 50 mm 时，应通过结构设计计算确认。

⑧ 自保温砌块不宜用于潮湿环境。

(3) 蒸压加气混凝土砌块墙体自保温系统技术要求

① 蒸压加气混凝土砌块采用专用砌筑砂浆砌筑、专用抹面砂浆抹面的，该墙体热阻能够满足节能建筑对墙体热工性能的要求。

② 热桥宜采用蒸压加气混凝土薄块或发泡陶瓷保温板等无机保温材料进行保温处理。采用发泡陶瓷保温板时宜与混凝土梁、柱现浇成一体，也可粘贴，如图 5-1 所示。

③ 剪力墙保温处理宜采用发泡陶瓷保温板等无机保温材料，保温板宜与剪力墙现浇成

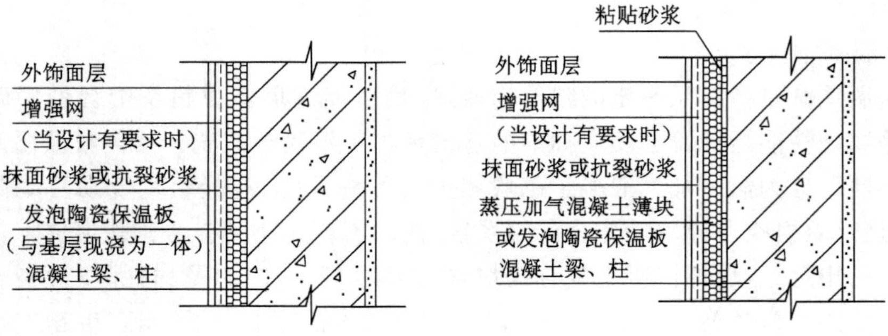

(a) 现浇式保温构造　　(b) 粘贴式保温构造

图 5-1　热桥保温处理构造

一体，也可粘贴上墙。

④ 自保温墙体与混凝土柱、剪力墙交接截面采用拉结钢筋（网）进行构造增强拉结。

⑤ 自保温墙体与混凝土梁、柱、剪力墙交接处墙面应采用抗裂砂浆和增强网进行抗裂防渗处理。

⑥ 承重型自保温墙体所用蒸压加气混凝土砌块强度等级不小于 A5.0，可采用 A5.0、A7.5 或 A10.0；非承重型自保温墙体所用蒸压加气混凝土砌块强度等级不小于 A2.5，可采用 A2.5、A3.5 及 A5.0。

⑦ 专用砌筑砂浆和抹面砂浆的主要性能指标应满足现行国家标准的要求。放射性应符合《建筑材料放射性核素限量》(GB 6566)的要求。

⑧ 蒸压加气混凝土砌块砌体抗压强度设计值、抗剪强度设计值、弹性模量按《蒸压加气混凝土建筑应用技术规程》(JGJ/T 17)中规定采用。

⑨ 蒸压加气混凝土砌块砌体的线膨胀系数、收缩率和摩擦系数按江苏省工程建设标准《蒸压加气混凝土建筑技术规程》(DGJ32/TJ 24)中规定执行。

⑩ 外墙热工性能指标应符合现行居住建筑和公共建筑节能设计标准的规定。

⑪ 自保温墙体不得直接干挂重质饰面。

⑫ 200 mm 厚热桥（框架梁、柱）和剪力墙采用高耐久性发泡陶瓷保温板等无机保温材料进行保温处理时，耐火极限为 2.5 h。

5.1.2　热工性能设计标准

校园建筑中学生公寓的外墙热工性能应符合现行《严寒和寒冷地区居住建筑节能设计标准》(JGJ 26—2010)，见表 5-10 和表 5-11。

表 5-10　　寒冷(A)区居住建筑围护结构热工性能参数限值

围护结构部位	传热系数 $K/W\cdot(m^2\cdot K)^{-1}$		
	≤3 层建筑	4～8 层建筑	≥9 层建筑
屋面	0.35	0.45	0.45
外墙	0.45	0.6	0.70
架空或外挑楼板	0.45	0.6	0.60

续表 5-10

围护结构部位	传热系数 $K/W\cdot(m^2\cdot K)^{-1}$		
	≤3 层建筑	4～8 层建筑	≥9 层建筑
非采暖地下室顶板	0.50	0.65	0.65
分隔采暖与非采暖空间的隔墙	1.5	1.5	1.5
分隔采暖与非采暖空间的户门	2.0	2.0	2.0
阳台下部门芯板	1.7	1.7	1.7
围护结构部位	保温材料层热阻 $R/(m^2\cdot K)\cdot W^{-1}$		
周边地面	0.83	0.56	—
地下室外墙(与土壤接触的外墙)	0.91	0.61	—

表 5-11　　寒冷(B)区居住建筑围护结构热工性能参数限值

围护结构部位	传热系数 $K/W\cdot(m^2\cdot K)^{-1}$		
	≤3 层建筑	4～8 层建筑	≥9 层建筑
屋面	0.35	0.45	0.45
外墙	0.45	0.6	0.70
架空或外挑楼板	0.45	0.6	0.60
非采暖地下室顶板	0.50	0.65	0.65
分隔采暖与非采暖空间的隔墙	1.5	1.5	1.5
分隔采暖与非采暖空间的户门	2.0	2.0	2.0
阳台下部门芯板	1.7	1.7	1.7
围护结构部位	保温材料层热阻 $R/(m^2\cdot K)\cdot W^{-1}$		
周边地面	0.83	0.56	—
地下室外墙(与土壤接触的外墙)	0.91	0.61	—

图书馆、教学楼等公共建筑外墙热工性能应符合现行《公共建筑节能设计标准》(GB 50189—2015),见表 5-12 和表 5-13。

表 5-12　　寒冷地区甲类公共建筑围护结构传热系数限值 *K*

围护结构部位	传热系数$/W\cdot(m^2\cdot K)^{-1}$	
	体形系数≤0.3	0.3<体形系数≤0.4
屋面	≤0.45	≤0.4
外墙(包括非透光幕墙)	≤0.5	≤0.45
底面接触室外空气的架空板或外挑楼板	≤0.5	≤0.45
地下车库与供暖房间之间的楼板	≤1.0	≤1.0
非供暖楼梯间与供暖房间之间的隔墙	≤1.5	≤1.5
屋顶透光部分(透光部分面积≤20%)	≤2.4	
围护结构部位	保温材料层热阻 $R/(m^2\cdot K)\cdot W^{-1}$	
周边地面	≥0.6	
供暖地下室与土壤接触的外墙	≥0.6	
变形缝(两侧墙内保温时)	≥0.9	

表 5-13　　乙类公共建筑围护结构传热系数限值 *K*　　单位：W/m²·K

围护结构部位	严寒 A、B 区	严寒 C 区	寒冷地区
屋面	≤0.35	≤0.45	≤0.55
外墙（包括非透光幕墙）	≤0.45	≤0.50	≤0.60
底面接触室外空气的架空板或外挑楼板	≤0.45	≤0.50	≤0.60
地下车库与供暖房间之间的楼板	≤0.50	≤0.70	≤0.10

5.1.3　热工性能优化设计

5.1.3.1　学生公寓

墙体保温是降低建筑能耗、提高墙体热工性能的重要措施，墙体保温层厚度是决定墙体热工性能的关键。近年来对于墙体保温层厚度的研究，区分新建和改造，从气候分区、地域、建筑类型、墙体结构、建筑节能率等不同的角度出发，提出了不同的设计方法及数学模型，总体而言，多用保证传热系数法或经验值法[240-242]。而且目前的研究大部分是针对普通民用住宅的，对于高校学生公寓这种使用阶段性强（具有相对稳定的寒暑假，能耗主要发生在正常开学期间）的特殊间歇供暖建筑，外墙保温层厚度设计优化的相关研究还很少。因此，研究间歇运行对寒冷地区高校学生公寓外墙保温层厚度的影响具有十分重要的意义。本书以徐州某高校的一栋学生公寓建筑为例，结合采暖系统运行模式，区分寒假采暖与不采暖两种情况，采用清华大学开发的建筑环境模拟软件 DeST-h 对其进行能耗模拟，综合考虑初投资和运行费用，运用全寿命周期费用分析法，对建筑外墙进行优化设计，确定最佳保温层经济厚度，并分析间歇运行对外墙保温层厚度的影响。

（1）建筑模型及围护结构参数的确定

① 实例建筑模型

根据调研，目前徐州地区高校学生公寓大多为 4～6 层的多层建筑，因此本书采用 6 层的高校学生公寓模型，每层有 25 间学生宿舍，一个卫生间，两个楼梯间，层高为 3.3 m，总建筑面积 3 353.31 m²，体形系数 0.235，不同朝向的窗墙比见表 5-14，满足《严寒和寒冷地区居住建筑节能设计标准》(JGJ 26—2010)对居住建筑体形系数及窗墙比的要求。模型效果图、平面图分别如图 5-2 和图 5-3 所示。

表 5-14　　徐州某高校学生公寓模型的窗墙面积比

朝向	窗墙面积比
北	0.28
东、西	0.43
南	0.26、0.28、0.33

② 围护结构参数的确定

a. 基准建筑相关参数

节能率以 20 世纪 80 年代改革开放初期建造的建筑作为比较能耗基础的建筑，称为基准建筑。基准建筑围护结构、暖通空调设备及系统、照明设备的参数，都按当时情况选取[243]，故选取徐州地区 20 世纪 80 年代建造的学生公寓为基准建筑。根据调研，基准建筑

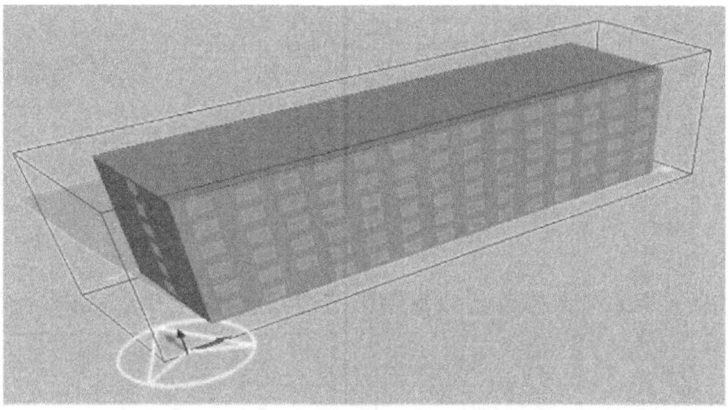

图 5-2 徐州某高校学生公寓建筑模型效果图

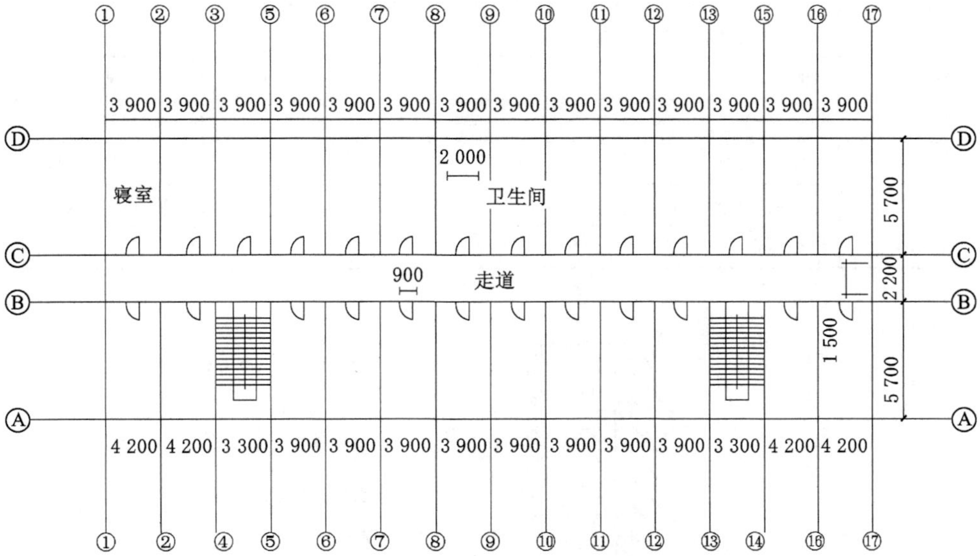

图 5-3 徐州某高校学生公寓建筑模型平面图(标准层)

围护结构参数见表 5-15。

表 5-15 徐州地区高校学生公寓模型基准建筑围护结构基本参数

名称	基本构造	热工性能
外墙	240 mm 砖墙,双面抹灰	$K=2.01$ W/(m^2·K)
屋顶	预制板 1∶3 水泥砂浆 20 mm 厚找平;1∶8 水泥蛭石保温;20 mm 厚 1∶3 水泥砂浆;冷底子油一道;三毡三油上洒绿豆沙;架空隔热板	$K=1.50$ W/(m^2·K)
内门	单层实木	$K=4.52$ W/(m^2·K)
外门	单层实木	$K=4.52$ W/(m^2·K)
外窗	单层钢窗	$K=6.40$ W/(m^2·K),$SC=0.8$
窗帘	浅色窗帘	—

b. 节能建筑相关参数

除外墙外其他围护结构参数根据《严寒和寒冷地区居住建筑节能设计标准》(JGJ 26—2010)对寒冷(B)区居住建筑围护结构热工性能参数的要求选取[244]，如表 5-16 所示。外墙采用 EPS 板薄抹灰外保温技术，其由 EPS 板保温层、薄抹面层和饰面涂层构成，EPS 板用胶粘剂粘贴于基层上，薄抹面层中满铺玻纤网，其构造如图 5-4 所示。

表 5-16　徐州地区某高校学生公寓模型节能建筑围护结构基本参数

名称	基本构造	热工性能
外墙	240 mm 炉渣砖墙，双面抹灰，加 EPS 保温，传热系数见表 5-17	K=2.011 W/(m² · K) (保温层厚度为 0 mm)
屋顶	20 mm 防水层加小豆石；120 mm 厚水泥砂浆找平层；屋面板 120 mm 空心板孔 60 mm；吊顶空间；100 mm 厚沥青玻璃棉毡保温；隔汽层；12 mm 石膏板	K=0.45 W/(m² · K)
内门	单层实木	K=4.52 W/(m² · K)
外门	单层实木	K=4.52 W/(m² · K)
外窗	南北向：标准外窗	K=2.8 W/(m² · K)，SC=0.8
	东西向：标准外窗	K=2.0 W/(m² · K)，SC=0.6
窗帘	浅色窗帘	—

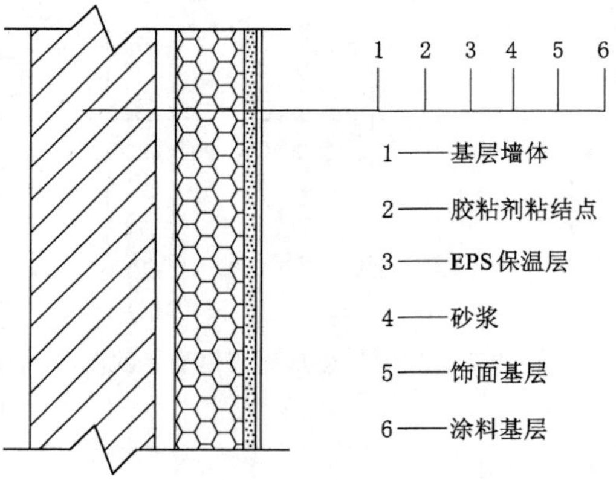

图 5-4　徐州地区某高校学生公寓外墙保温构造图

(2) 建筑能耗模拟

① 室外计算参数

徐州市根据建筑热工分区，属于寒冷(B)区。室外气象计算参数采用了 DeST-h 软件提供的徐州地区逐时气象参数。

② 室内计算参数

房间功能按分区处理，宿舍为采暖房间，室内采暖控制温度 18 ℃，室内容忍温度下限 16 ℃(判断是否供暖温度)。房间通风换气次数，根据《江苏省居住建筑热环境和节能设计标准》(DGJ32/J 71—2008)的规定取 0.5 次/h。另外通风设计考虑房间与外界、房间之间的互相通风。模拟计算时考虑建筑本身阳光遮挡。卫生间、楼梯间设为不采暖房间。

内热源采用平均热强度方式定义，根据一般住户内热源平均每日的总散热量（人员、设备、灯光总散热量）确定平均指标输入。寝室内人数为 4；室内照明，最大热扰 3.6 W/m²，电热转换效率 0.6。

采暖季取 11 月 15 日至次年 3 月 15 日，分考虑寒假采暖和不考虑寒假采暖两种情况模拟。考虑寒假采暖，采暖季连续供暖；不考虑寒假采暖，采暖季间歇供暖，分 11 月 15 日至次年 1 月 14 日和 2 月 15 日至 3 月 15 日两个时间段供暖。采暖作息时间为间歇模式，在 00:00～05:00 不进行供暖。

(3) 模拟计算结果分析

① 模拟结果

对基准建筑和保温层厚度从 20～130 mm（步长 10 mm）之间变化的不同保温层厚度的建筑模型进行能耗模拟，结果见图 5-5 和表 5-17。

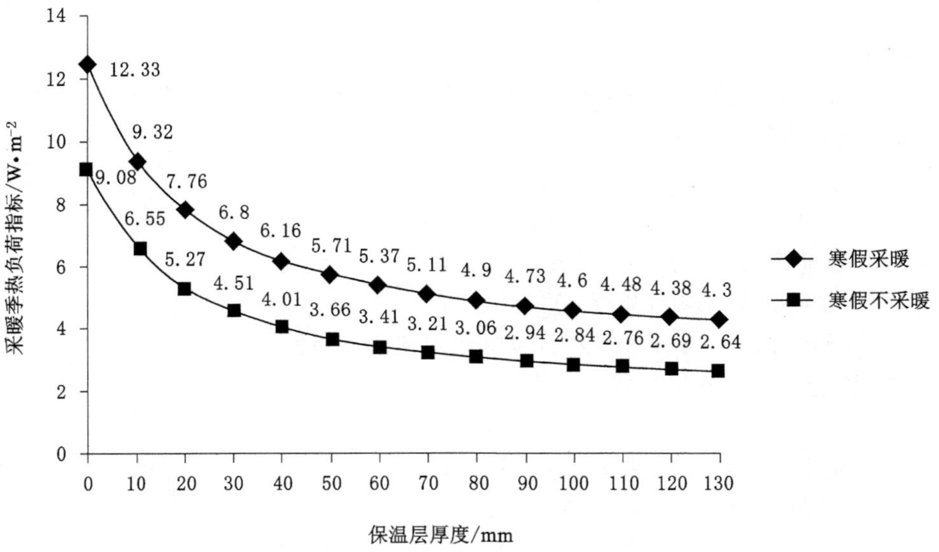

图 5-5 保温层厚度对建筑耗热量指标的影响

表 5-17 不同保温层厚度外墙经济指标

保温层厚度 /mm	外墙传热系数 /W·(m²·K)⁻¹	考虑寒假采暖			不考虑寒假采暖		
		全年累计热负荷 /kW·h	采暖耗煤量指标 /kgce·m⁻²	墙体节能率	全年累计热负荷 /kW·h	采暖耗煤量指标 /kgce·m⁻²	墙体节能率
0	2.01	95 048.48	5.407	10.77%	52 079.92	2.963	12.15%
10	1.428	71 894.21	4.090	19.55%	37 562.11	2.137	21.79%
20	1.107	59 791.67	3.401	24.10%	30 200.87	1.718	26.67%
30	0.903	52 418.34	2.982	26.91%	25 836.46	1.470	29.57%
40	0.763	47 486.11	2.701	28.77%	22 976.32	1.307	31.47%
50	0.661	43 991.19	2.503	30.09%	20 988.84	1.194	32.81%
60	0.582	41 384.71	2.354	31.08%	19 529.05	1.111	33.76%

续表 5-17

保温层厚度/mm	外墙传热系数/W·(m²·K)⁻¹	考虑寒假采暖			不考虑寒假采暖		
		全年累计热负荷/kW·h	采暖耗煤量指标/kg·m⁻²	墙体节能率	全年累计热负荷/kW·h	采暖耗煤量指标/kg·m⁻²	墙体节能率
70	0.521	39 375.54	2.240	31.84%	18 419.88	1.048	34.52%
80	0.471	37 784.5	2.149	32.45%	17 553.3	0.999	35.09%
90	0.430	36 497.35	2.076	32.95%	16 863.68	0.959	35.55%
100	0.395	35 437.24	2.016	33.33%	16 303.49	0.927	35.93%
110	0.366	34 548.4	1.965	33.68%	15 838.45	0.901	36.23%
120	0.341	33 792.44	1.922	33.97%	15 446.65	0.879	36.50%
130	0.319	33 140.77	1.885	34.20%	15 112.11	0.860	36.69%

② 计算分析

从节能率和采暖耗煤量指标两个方面，对不同厚度的保温层节能效果进行对比分析。

a. 围护结构节能率按式(5-1)计算：

$$\eta_{wn}=(Q_0-Q_n)/Q \tag{5-1}$$

式中 η_{wn}——EPS 保温板 n(mm)厚时围护结构节能率；

Q——基准建筑综合耗热量指标，W/m²；

Q_0——基准建筑耗热量指标，W/m²；

Q_n——EPS 保温板 n(mm)厚时，节能建筑耗热量指标，W/m²。

b. 建筑综合耗热量指标按式(5-2)计算：

$$Q=Q_0/(\eta_1\eta_2) \tag{5-2}$$

式中 Q——基准建筑综合耗热量指标，W/m²；

Q_0——基准建筑耗热量指标，W/m²；

η_1——室外管网输送效率，采取节能措施前取 0.85；

η_2——锅炉运行效率，采取节能措施前取 0.55。

c. 建筑采暖耗煤量指标按式(5-3)计算：

$$Q_c=Q_q/(S_j\cdot H_e\cdot \eta_1\eta_2) \tag{5-3}$$

式中 Q_c——采暖耗煤量指标，kgce/m²；

Q_q——全年累计热负荷，kW·h；

S_j——建筑面积，m²；

H_e——标准煤热值，取 8.14 kW·h/kgce；

η_1——室外管网输送效率，采取节能措施前取 0.85，之后取 0.92；

η_2——锅炉运行效率，采取节能措施前取 0.55，之后取 0.7。

由表 5-15 所列参数计算得到 20 世纪 80 年代徐州地区高校学生公寓的建筑耗热量指标：考虑寒假采暖为 16.02 W/m²，不考虑寒假采暖为 12.27 W/m²。按式(5-2)计算，得该基准建筑的综合耗热量指标：考虑寒假采暖为 34.27 W/m²，不考虑寒假采暖为 26.25 W/m²。

按式(5-1)和式(5-3)分别计算得到围护结构节能率和建筑采暖耗煤量指标，结果见表 5-17。

结果表明：不论是否考虑寒假采暖，随着保温层厚度的增加，建筑耗热量指标都是减少的，但是减少的幅度越来越小。而随着保温层厚度的增加，初投资却不断增加，故需要确定一个最佳的经济保温层厚度。

(4) 保温层经济厚度的确定

通过模拟计算结果可知，采用外墙保温技术后，随着保温层厚度增加，外墙保温对建筑耗热量指标减少的效果明显，尤其是不考虑寒假采暖的情况下。然而一味增加保温层厚度，将造成投资成本增加，保温获得的节能收益相对减少。因此，需要综合初投资和运行费用两个方面，采用全寿命周期费用分析法来确定最优的保温层厚度，即 LCCA 法(life cycle cost analysis)。LCCA 法是全面评价事物性能的方法，即对建筑产品在设计阶段就考虑到产品寿命历程(即建筑物的生命周期)的所有环节，进行全面性的整体评估，从宏观上为节约能源提供了方向。本书只计算由增加保温层而产生的初投资和运行费用，采用比较全寿命周期费用的评价方法给出外墙在 EPS 保温层材料下的最佳保温层经济厚度。

① 全寿命周期费用计算

a. 外墙保温系统的全寿命周期的成本模型为：

$$LCC=C+Y \tag{5-4}$$

式中 LCC——全寿命周期费用；

C——初投资；

Y——运行维护费用终值。

b. 初投资，一般包括前期准备费用、建造费用和购置费用。对外墙保温系统主要为购置和施工费用。

$$C=C_0(1+i)^n \tag{5-5}$$

$$C_0=V\cdot P_c+S_q\cdot P_z \tag{5-6}$$

式中 C——初投资，元；

C_0——初投资费用年值，元；

i——折现率，取银行长期贷款利率，4.9%(取即时银行贷款利率)；

n——寿命周期年限，现阶段国家标准规定建筑墙体外保温系统的寿命为 25 a；

V——保温层体积，m^3；

P_c——保温材料单价，元/m^3；

S_q——外墙面积，本例为 2 057.76 m^2；

P_z——保温层其他综合费用单价，元/m^2。

EPS 保温材料价格为 750 元/m^3(取即时徐州市价格)。假设各保温层其他综合费用为 45 元/m^2(其他材料费取 25 元/m^2，人工费取 15 元/m^2，不可预见费用取 5 元/m^2)[245]。

c. 运行维护费用，一般包括使用费用和维护费用。本书主要对保温层厚度进行优化，以标准煤耗煤量来计算运行费用。

$$Y=Y_0\left[\frac{(1+i)^n-1}{i}\right] \tag{5-7}$$

$$Y_0=10^{-3}P_m\cdot Q_c\cdot S_j \tag{5-8}$$

式中 Y——运行维护费用终值，元；

Y_0——运行维护费用年值，元；

i——折现率，取银行长期贷款利率 4.9%；

n——寿命周期年限，现阶段国家标准规定建筑墙体外保温系统的寿命为 25 a；

P_m——标准煤单价，元/tce；

Q_c——采暖耗煤量指标，kgce/m^2；

S_j——建筑面积，m^2。

② 保温层经济厚度的确定

考虑寒假采暖与寒假不采暖两种情况，初投资、运行费用、全寿命周期费用分别如图 5-6 和图 5-7 所示。全寿命周期费用最小的保温层厚度为经济保温层厚度，此时对应的墙体热工性能为当前墙体构造和能源价格体系下最优墙体热工性能。

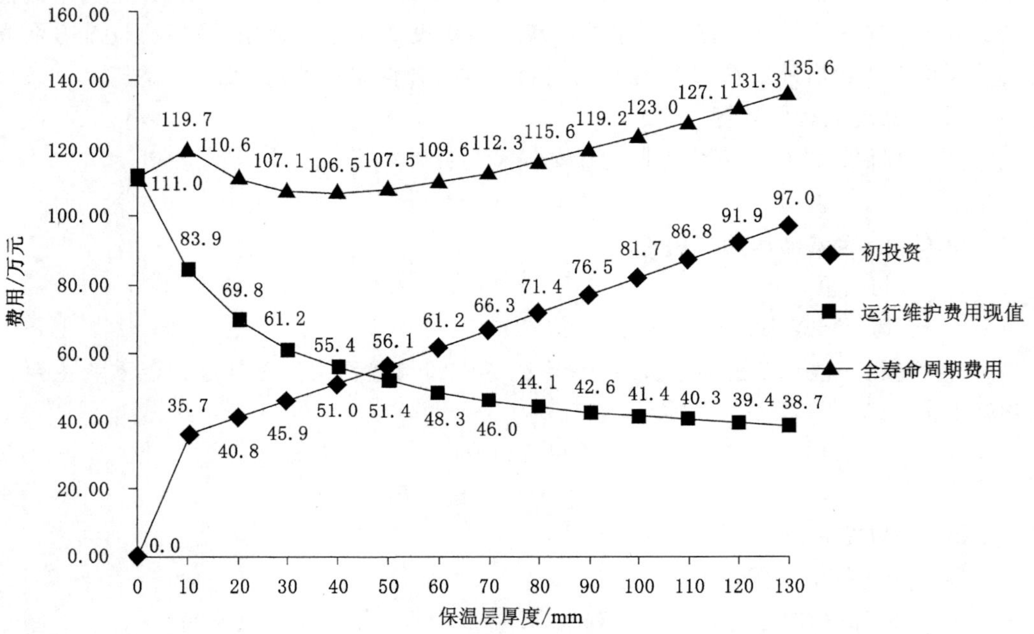

图 5-6　不同保温层厚度的全寿命周期费用（寒假采暖）

当标准煤价格取 1 300 元/tce 时，由图 5-6 可知，在考虑寒假采暖的情况下，最佳保温层经济厚度为 40 mm；由图 5-7 可知，在不考虑寒假采暖的情况下，由于保温材料的价格较高，初投资所占比重增加，因此不设保温层最经济。

③ 能源价格波动对保温层经济厚度的影响

煤炭市场价格具有区域性、阶段波动性[246-247]，本书考虑煤价在 500～2 000 元/tce 之间变化，以 100 元/tce 为步长，分别计算不同煤价下所对应的墙体外保温最佳保温层经济厚度，计算结果如图 5-8 所示。

a. 考虑寒假采暖

由图 5-8 可知，最佳保温层厚度随着煤价的变化而变化，当初投资的增加量完全大于运行费用的减少量时，即标准煤单价在 500～1 100 元/t 时，可不设保温层；当标准煤单价在 1 200～1 600 元/t 变化时，最佳保温层经济厚度为 40 mm；当标准煤单价在 1 700～2 000 元/t 变化时，最佳保温层经济厚度为 50 mm。当标准煤单价大于 2 000 元/t 时，相对应不

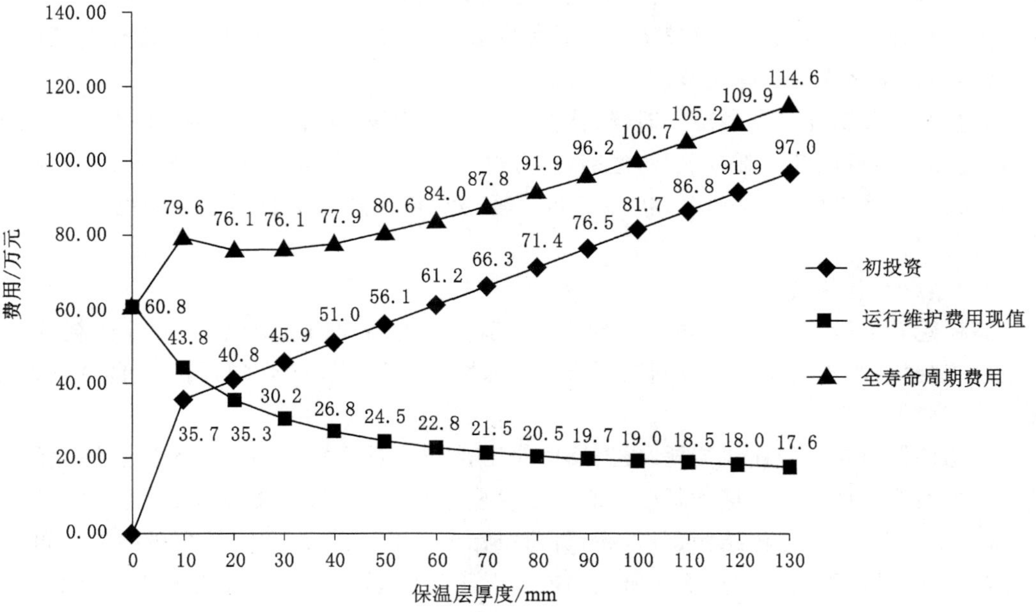

图 5-7 不同保温层厚度的全寿命周期费用(寒假不采暖)

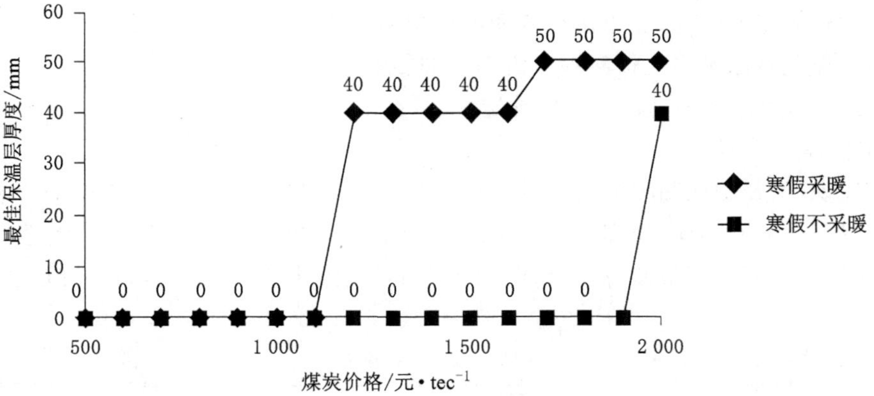

图 5-8 保温层经济厚度随煤炭价格的变化

同的煤价,会依次出现最佳经济保温层所对应的价格区段。显然,最佳保温层经济厚度随着煤价的升高不断增大。

b. 不考虑寒假采暖

由图 5-8 可知,最佳保温层厚度随着煤价的变化而变化,当初投资的增加量完全大于运行费用的减少量时,即标准煤单价在 500～1 900 元/t 时,可不设保温层;当标准煤单价为 2 000 元/t 时,最佳保温层经济厚度为 40 mm。显然,最佳保温层经济厚度随着煤价的升高会不断增大。

结果表明:无论是否考虑寒假采暖,墙体保温层经济厚度在标准煤价格的某个区段内为定值。能源价格和保温材料价格对保温层经济厚度有十分明显的影响,保温材料价格升高导致初投资增大，在较低的煤炭价格情况下不设保温层或设较薄的保温层更有经济效益，但是从节能环保的角度来看是有悖于国家绿色发展的要求的，因此国家可以通过调控能源价格、保温材料价格来促进建筑节能的开展。

高校学生公寓在冬季最冷的时候，往往处于寒假阶段，鉴于此特殊性，应当不考虑寒假采暖，这样不但可以节约部分能耗，还能大幅度降低全寿命周期费用。由表 5-17 知，在墙体保温层处于经济厚度 40 mm 时，相比于 20 世纪 80 年代建筑围护结构所分担的节能率为 31.47%。

5.1.3.2　公共教学楼

高校建筑节能是建筑节能的重要领域，教学楼作为高校的重要组成部分，能耗较大；与一般建筑相比，由于其使用具有间歇用能的特殊性，研究公共教学楼的热工性能优化设计具有十分重要的意义。

外墙外保温是降低建筑能耗，提高墙体热工性能的重要技术措施。保温层厚度的确定是优化外墙热工性能的关键和基础。对于保温层厚度的研究，相关学者做了大量的研究工作，从保温材料种类、墙体结构、节能率、负荷指标等各方面出发，得出了多种结论。同时，亦有针对不同地域、不同类型建筑的研究。前人对于经济厚度的研究方法多从一个阶段的效益进行分析，有的只考虑了建造费用，有的只考虑了运行时的最佳费用。高校公教楼作为一个特殊的建筑群体，考虑间歇性使用对保温层厚度影响的研究尚未见于文献。

本书采用清华大学开发的能耗模拟软件 DeST-c 模拟间歇运行下不同保温层厚度的徐州地区教学楼的建筑能耗，提出用全寿命周期费用分析确定其保温层经济厚度的方法，分析寒暑假的存在及能源价格对保温层经济厚度的影响。

(1) 建筑模型及围护结构参数的确定

① 实例建筑模型

调研发现，徐州地区高校的公共教学楼多为南北朝向、不高于 6 层的长条形规则建筑。因此本书以一栋南北朝向、层高为 3.9 m、建筑面积为 8 392 m^2 的 6 层公共教学楼(图 5-9)为对象，通过建筑能耗模拟软件，分析间歇运行及能源价格对保温层经济厚度的影响。

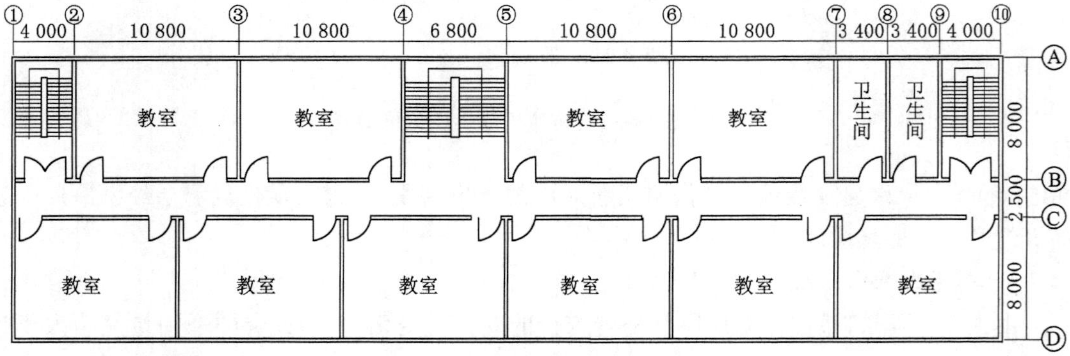

图 5-9　模拟高校教学楼建筑平面图

该建筑模型的体形系数为 0.29，不同朝向的窗墙面积比见表 5-18，均满足《公共建筑节能设计标准》(GB 50189—2015)对体形系数和窗墙比的要求。

表 5-18　　高校教学楼模型的窗墙面积比

朝向	外墙/m^2	外门/m^2	外窗/m^2	窗墙面积比
东	405.44	6.00	21.34	0.05
南	1 184.59	27.00	557.45	0.32
西	405.44	6.00	21.34	0.05
北	1 096.80	0.00	672.24	0.38

② 基准建筑相关参数

根据《公共建筑节能设计标准》(GB 50189—2015)的相关规定，建筑节能是以 20 世纪 80 年代建造的建筑为基准的，调查得到 20 世纪 80 年代徐州地区高等学校公共教学楼的围护结构构造及热工性能参数见表 5-19。

表 5-19　　徐州地区高校教学楼模型基准建筑围护结构基本参数

名称	基本构造	传热系数 K/W·$(m^2·K)^{-1}$
外墙	240 mm 砖墙，双面 20 mm 水泥抹灰	2.01
内墙	120 砖墙，双面 20 mm 水泥抹灰	2.38
楼梯间隔墙	120 砖墙，双面 20 mm 水泥抹灰	2.38
屋顶	预制板 1∶3 水泥砂浆 20 mm 厚找平；1∶8 水泥蛭石保温；20 mm 厚 1∶3 水泥砂浆；冷底子油一道；三毡三油上洒绿豆沙；架空隔热板	1.50
外窗	单层玻璃钢窗	6.40
内门	单层实木	5.65
外门	单层实木	4.70

③ 节能建筑相关参数

本书主要研究外墙保温层的经济厚度，其他围护结构参数按照《公共建筑节能设计标准》(GB 50189—2015)的要求选取，详见表 5-20。外墙保温做法如图 5-4 所示。

表 5-20　　徐州地区某高校教学楼模型节能建筑护结构基本参数

名称	基本构造	传热系数/W·$(m^2·K)^{-1}$
外窗	保温玻璃钢窗	2.30
屋顶	依照《公共建筑节能设计标准》	0.45
内门	双层实木	2.33
外门	双层实木	2.68
内墙	120 mm 砖墙，双面 20 mm 水泥抹灰	2.38
楼梯间	200 mm 砖墙，双面 20 mm 水泥抹灰	1.50

外墙保温层采用 EPS 保温板，传热系数为 0.049 W/(m·K)。

(2) 建筑能耗模拟

① 室外气象参数

徐州根据建筑热工分区，属于寒冷地区。室外气象计算参数采用 DeST-c 软件提供的徐州地区逐时气象参数。

采暖度日数：(HDD18)2 177.09。

空调度日数：(CDD26)135.01。

② 室内计算参数设置

采暖空调房间室内空调控制温度 26 ℃，室内采暖控制温度 18 ℃。室内容忍温度上限 29 ℃(即判断是否开启空调温度)，室内容忍温度下限 16 ℃(判断是否开启供暖温度)。房间通风换气次数选取为 0.5 次/h。另外通风设计考虑房间与外界、房间之间的互相通风。模拟计算时考虑建筑本身阳光遮挡。走廊和楼梯为不采暖空调房间。

模拟计算时，采暖季设定为 11 月 15 日至次年 3 月 15 日；空调季设定为 6 月 1 日至 8 月 30 日。分为三种情况进行模拟，第一种是考虑寒假采暖的情况，采暖季连续供暖；第二种是不考虑寒假采暖，采暖季间歇供暖，分 11 月 15 日至次年 1 月 15 日和 2 月 15 日至 3 月 15 日两个时间段供暖；第三种是在不考虑寒假采暖的情况下，夜间(23:00～5:00)不进行采暖。

(3) 模拟计算结果及分析

① 模拟结果

对基准建筑和保温层厚度从 10～130 mm(步长 10 mm)之间变化的 13 种不同保温层厚度的建筑模型进行能耗模拟，结果见图 5-10 和表 5-21。

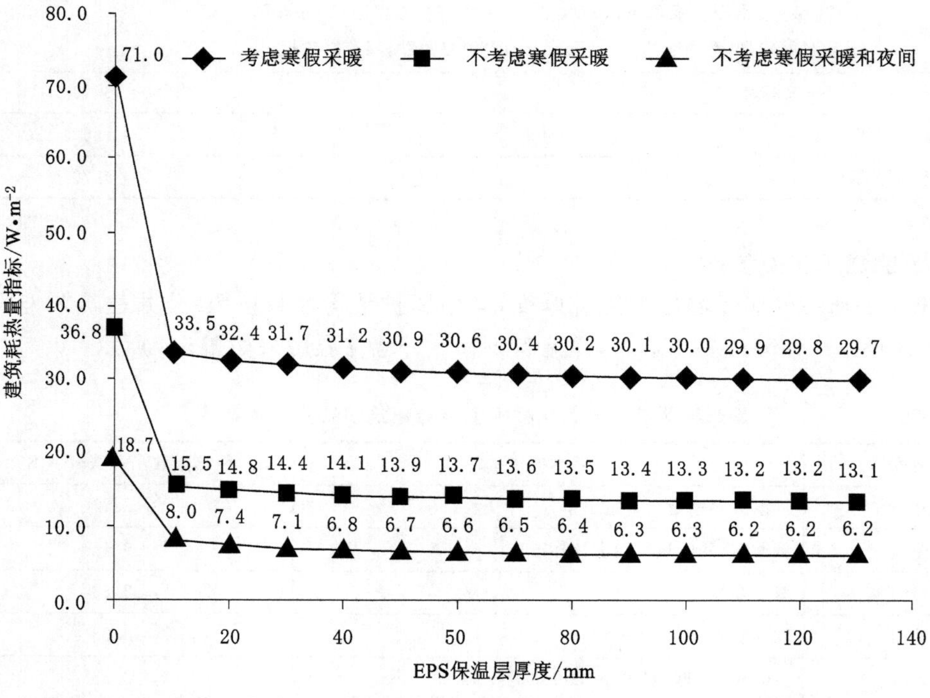

图 5-10　保温板厚度对建筑耗热量指标的影响

② 计算分析

从节能率和采暖耗煤量指标两个方面，对不同厚度的保温层节能效果进行对比分析。

a. 围护结构节能率按式(5-1)计算。

表 5-21　　不同保温层厚度外墙经济指标

EPS 厚度 /mm	不同情况下能耗及煤耗								
	考虑寒假			不考虑寒假			不考虑寒假及夜间		
	能耗 /kW·h	煤耗 /tce	节能率 /%	能耗 /kW·h	煤耗 /tce	节能率 /%	能耗 /kW·h	煤耗 /tce	节能率 /%
0	642 465.34	122.56	—	308 202.59	58.79	—	169 996.55	32.43	—
10	606 812.25	115.76	24.69	285 937.32	54.55	27.10	151 758.84	28.95	26.78
20	587 061.70	111.99	25.41	273 596.03	52.19	27.97	141 979.54	27.08	28.14
30	574 537.73	109.60	25.86	265 772.85	50.70	28.51	135 876.62	25.92	28.96
40	565 876.57	107.95	26.18	260 358.31	49.67	28.88	131 698.64	25.12	29.69
50	559 535.25	106.74	26.41	256 393.71	48.91	29.16	128 650.63	24.54	29.94
60	554 691.38	105.81	26.59	253 363.07	48.33	29.36	126 323.87	24.10	30.26
70	550 865.37	105.08	26.73	250 967.04	47.87	29.54	124 493.30	23.75	30.52
80	547 767.09	104.49	26.84	249 024.94	47.50	29.67	123 012.84	23.47	30.72
90	545 204.58	104.00	26.93	247 416.08	47.20	29.78	121 789.44	23.23	30.89
100	543 050.43	103.59	27.01	246 062.51	46.94	29.87	120 764.12	23.04	31.02
110	541 213.68	103.24	27.08	244 907.18	46.72	29.96	119 890.21	22.87	31.14
120	539 628.81	102.94	27.13	243 909.13	46.53	30.03	119 135.96	22.73	31.24
130	538 245.65	102.68	27.18	243 036.48	46.36	30.09	118 476.06	22.60	31.34

b. 建筑综合耗热量指标按式(5-2)计算。

c. 一次能源消耗量计算：为直观地比较不同保温层厚度下的能耗情况，本书将能源消耗量转换成为一次能源煤炭的消耗量来进行计算，计算公式见式(5-3)。

由图 5-10 得到 20 世纪 80 年代高校学生公寓的建筑耗热量指标，考虑寒假采暖为 71.0 W/m^2，不考虑寒假采暖为 36.8 W/m^2，不考虑寒假及夜间采暖为 18.7 W/m^2，按式(5-2)计算，得该基准建筑的综合耗热量指标考虑寒假采暖为 151.8 W/m^2，不考虑寒假采暖为 78.7 W/m^2，不考虑寒假及夜间采暖为 39.9 W/m^2。

按式(5-1)和式(5-3)分别计算得到不同厚度 EPS 保温板下墙体的节能率和建筑采暖耗煤量指标，结果见表 5-21。

结果表明：在考虑寒假采暖、不考虑寒假采暖和不考虑寒假及夜间采暖的三种不同情况下，随着保温层厚度的逐步增加，建筑的一次能源消耗量是逐渐减小的，但是减小的幅度越来越小，而随着保温层厚度的增加，初投资却不断增加，故到一定程度时，再通过增加保温层厚度来节能是不合理的。

(4) 保温层经济厚度的确定

通过模拟计算结果可知，采用外墙保温技术后，随着保温层厚度增加，外墙保温对建筑的保温效果减弱。然而增加保温层厚度，将造成投资成本增加，保温获得的节能收益相对减少。因此，确定保温层的经济厚度应综合考虑投资成本和节能收益。全寿命周期费用评价方法能全面正确地评价不同保温厚度的经济性，对建筑保温墙体进行科学合理的评价。

① 全寿命周期费用计算

全寿命周期费用(*LCC*)是整个寿命周期内各阶段发生费用的总和。对外墙保温系统评价主要考虑增加保温而产生的初投资和运营维护费用。

a. 外墙保温系统的全寿命周期成本按式(5-4)进行计算。

b. 初投资一般包括前期准备费用、建造费用和购置费用。对外墙保温系统主要为购置和施工费用,按式(5-5)和式(5-6)计算。

EPS 保温材料价格为 750 元/m^3。假设各保温层其他综合费用为 45 元/m^2(其他材料费取 25 元/m^2,人工费取 15 元/m^2,不可预见费用取 5 元/m^2)。

c. 运行维护费用一般包括使用费用和维护费用。本书主要对保温层厚度进行优化,以标准煤耗煤量来计算运行费用,按式(5-7)计算。

根据上述计算方法,考虑寒假采暖和不考虑寒假采暖及不考虑寒假及夜间采暖的初投资和运行费用(标准煤价格 1 300 元/t)见表 5-22。

表 5-22　　不同情况下的初投资和运行费用　　单位:元

EPS 厚度 /mm	考虑寒假采暖		不考虑寒假采暖		不考虑寒假及夜间采暖	
	初投资 *C*	运行维护费用 *Y*	初投资 *C*	运行维护费用 *Y*	初投资 *C*	运行维护费用 *Y*
0	0	20 744 235.65	0	11 163 374.59	0	5 628 570.11
10	534 541.69	7 500 097.99	534 541.69	3 597 936.70	534 541.69	1 984 528.51
20	610 904.79	7 083 886.17	610 904.79	3 338 013.41	610 904.79	1 771 622.69
30	687 267.89	6 853 319.55	687 267.89	3 193 942.00	687 267.89	1 657 459.78
40	763 630.99	6 707 115.55	763 630.99	3 102 614.72	763 630.99	1 586 214.70
50	839 994.09	6 606 005.74	839 994.09	3 039 405.73	839 994.09	1 537 441.23
60	916 357.19	6 531 977.59	916 357.19	2 993 123.25	916 357.19	1 501 858.97
70	992 720.29	6 475 430.57	992 720.29	2 957 743.76	992 720.29	1 474 696.52
80	1 069 083.39	6 430 765.98	1 069 083.39	2 929 772.67	1 069 083.39	1 453 326.57
90	1 145 446.49	6 394 596.87	1 145 446.49	2 907 100.72	1 145 446.49	1 436 043.78
100	1 221 809.59	6 364 682.29	1 221 809.59	2 888 318.99	1 221 809.59	1 421 761.89
110	1 298 172.69	6 339 534.89	1 298 172.69	2 872 517.51	1 298 172.69	1 409 792.37
120	1 374 535.78	6 318 092.79	1 374 535.78	2 859 030.26	1 374 535.78	1 399 590.40
130	1 450 898.88	6 299 591.12	1 450 898.88	2 847 379.09	1 450 898.88	1 390 785.34

② 保温层经济厚度

在标准煤价格为 1 300 元/t,考虑寒假采暖、不考虑寒假采暖、不考虑寒假及夜间采暖三种情况下,建筑的保温采暖全寿命周期费用如图 5-11～图 5-13 所示。

由上述全寿命周期计算结果来看,当标准煤价格为 1 300 元/t 时,寒假采暖的情况下,模型建筑的经济保温层厚度为 40 mm;当寒假不采暖时,经济保温层的厚度为 30 mm;当寒假不采暖,且夜间 23:00～5:00 之间公共教学楼亦不考虑采暖时,其保温层经济厚度为 20 mm。

③ 能源价格波动对保温层经济厚度的影响

上文中标准煤的价格为 1 300 元/t,但是煤炭的价格不是一成不变的,而价格的浮动变

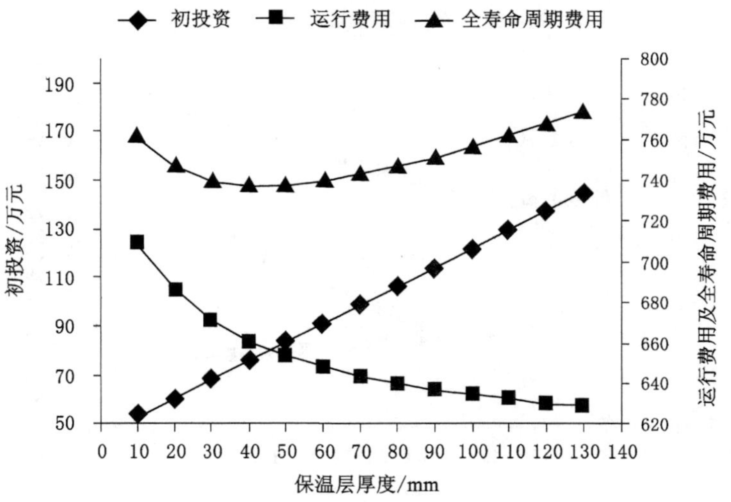

图 5-11　考虑寒假采暖全寿命周期费用

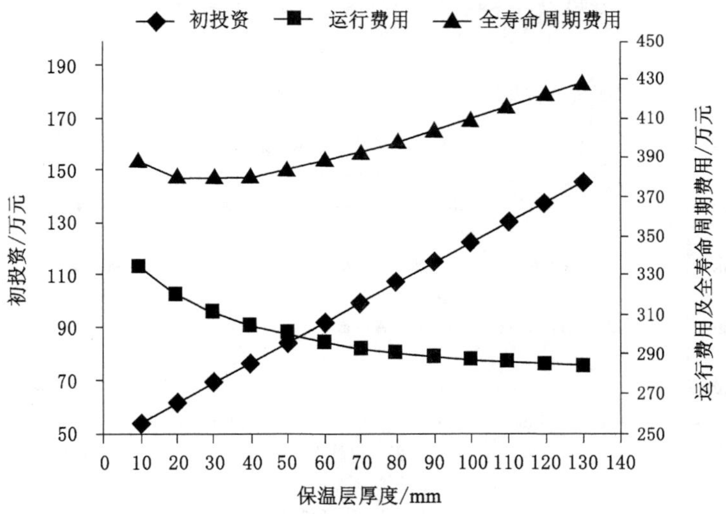

图 5-12　不考虑寒假采暖全寿命周期费用

化将会影响保温层的经济厚度。在公共建筑中，全寿命周期计算时采暖能耗消费所占的比例很大，当煤炭的价格变化时，对保温层经济厚度的影响不容忽视。当标准煤价格在 500～2 000 元/t 范围内变化时，保温层经济厚度发生如图 5-14 所示的变化。

由图 5-14 可以看出，保温层的经济保温厚度随着煤炭价格的上升而上升，因此提高能源的价格对提高保温层厚度有着积极的影响，可促进公共教学楼建筑节约能源。

a. 考虑寒假采暖

由图 5-14 可知，最佳保温层厚度随着煤价的变化而变化。当初投资的增加量完全大于运行费用的减少量时，可不设保温层；当标准煤单价在 500～600 元/t 变化时，最佳保温层经济厚度为 20 mm；当标准煤单价在 700～900 元/t 变化时，最佳保温层经济厚度为 30

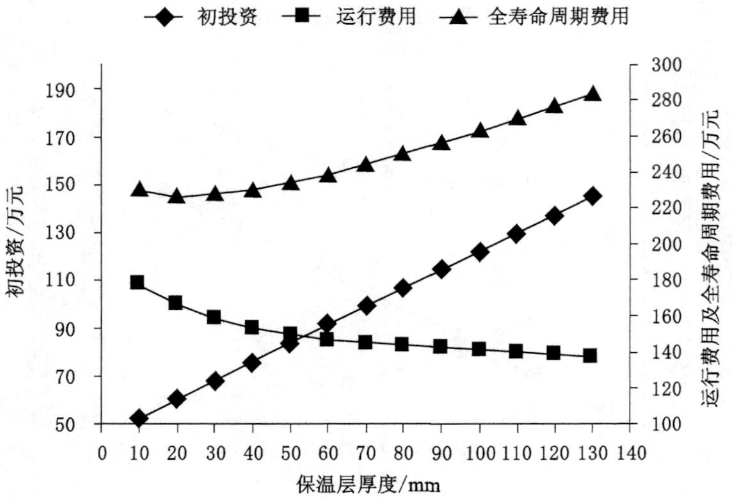

图 5-13　不考虑寒假及夜间采暖全寿命周期费用

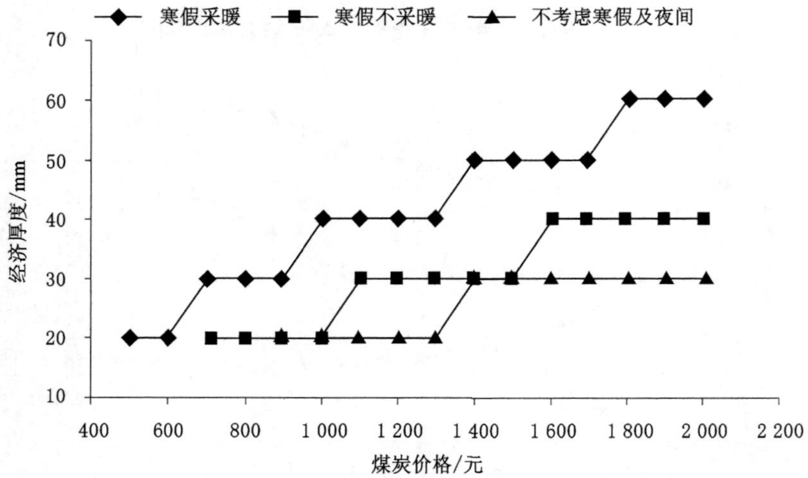

图 5-14　煤炭价格对经济厚度的影响

mm；当标准煤单价在 1 000～1 300 元/t 变化时，最佳保温层经济厚度为 40 mm；当标准煤单价在 1 400～1 700 元/t 变化时，最佳保温层经济厚度为 50 mm；当标准煤单价在 1 800～2 000 元/t 变化时，最佳保温层经济厚度为 60 mm；当标准煤单价大于 2 000 元/t 时，相对应不同的煤价，会依次出现最佳保温层经济厚度所对应的价格区段。显然，最佳保温层经济厚度随着煤价的升高不断增大。

b. 不考虑寒假采暖

由图 5-14 可知，最佳保温层厚度随着煤价的变化而变化。当初投资的增加量完全大于运行费用的减少量时，可不设保温层；当标准煤单价在 700～1 000 元/t 变化时，最佳保温层经济厚度为 20 mm；当标准煤单价在 1 100～1 500 元/t 变化时，最佳保温层经济厚度为 30 mm；当标准煤单价在 1 600～2 000 元/t 变化时，最佳保温层经济厚度为 40 mm；当标准煤单价大于 2 000 元/t 时，相对应不同的煤价，会依次出现最佳保温层厚度 50 mm、60 mm、70 mm 等所对应的价格区段。显然，最佳保温层经济厚度随着煤价的升高不断增大。

c. 不考虑寒假和夜间采暖

由图 5-14 可知，最佳保温层厚度随着煤价的变化而变化。当初投资的增加量完全大于运行费用的减少量时，可不设保温层；当标准煤单价在 900～1 300 元/t 变化时，最佳保温层经济厚度为 20 mm；当标准煤单价在 1 400～2 000 元/t 变化时，最佳保温层经济厚度为 30 mm；当标准煤单价大于 2 000 元/t 时，对应不同的煤价，会依次出现最佳保温层经济厚度所对应的价格区段。显然，最佳保温层经济厚度随着煤价的升高不断增大。

结果表明：无论是否考虑寒假采暖，墙体保温层经济厚度在标准煤价格的某个区段内为定值。能源价格对保温层经济厚度有十分明显的影响，因此国家可以通过调整能源价格的政策促进建筑节能的开展。

高校教学楼在冬季最冷的时候，往往处于寒假阶段，鉴于此特殊性，应当不考虑寒假采暖和教学楼夜间供暖，这样不但可以节约部分能耗，还能大幅度降低全寿命周期费用。由表 5-21 知在墙体保温层处于经济厚度 20 mm 时，相比较于 20 世纪 80 年代建筑围护结构所分担的节能率为 28.14％。

5.2 屋面

5.2.1 基本构造及技术要求

屋面是围护结构重要的组成部分。冬季存在比任何朝向墙面都大的长波辐射散热，再加之对流换热，降低了屋顶的外表面温度；夏季所接受的太阳辐射热也最多，导致室外综合温度最高，使得室内外温差传热在冬夏季都大于各朝向外墙。因此，提高屋面的保温隔热能力，是降低寒冷地区建筑顶层房屋的采暖空调能耗和改善顶层房屋热环境质量的一项重要措施。寒冷地区常用的屋面主要有普通屋面和倒置式屋面两种类型[248-250]。

(1) 普通屋面

普通屋面的通常做法是在楼板上设置绝热材料，在绝热材料外侧设置防水层和保护层，如图 5-15 所示。保温材料的厚度可按热工性能限值计算确定，或者按全寿命周期费用最小而经技术经济综合比较确定。屋面保温材料应选用吸水率低或不吸水、热工性能好、性能稳定的高效保温材料。

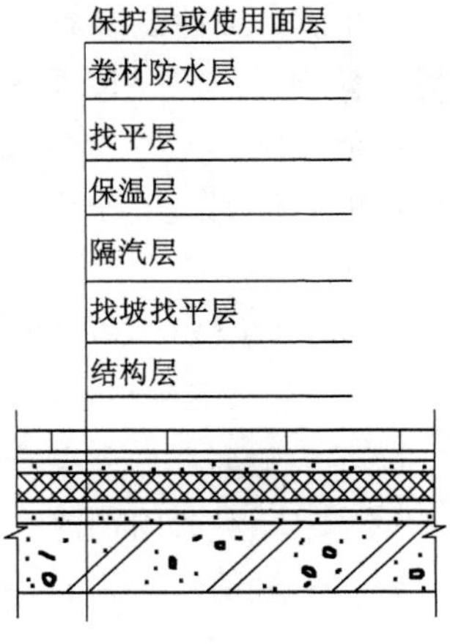

图 5-15 普通屋面构造示意图

(2) 倒置式屋面

为克服传统屋面防水易老化、施工工序复杂、冬雨季无法施工等缺点，屋面可采用倒置式。倒置式屋面是将憎水性保温材料设置在防水层上的屋面，如图 5-16 所示。与传统屋面相比，倒置式屋面具有下列优点：防水层不易破坏老化；防水层上部保温材料形成缓冲层，避免防水层受外界创伤；避免了传统的屋面构造防水层下水汽凝结、蒸发起鼓而导致屋面保温、防水性能减弱的通病；省去了隔汽层以及防水层的找平层，比传统屋面的施工工序少，更加经济。即使发现屋面某处渗漏，只要揭开几块保温层就可以处理，便于修补。有数据表明，倒置式屋面比传统屋面使用年限延长 5 a 以上。

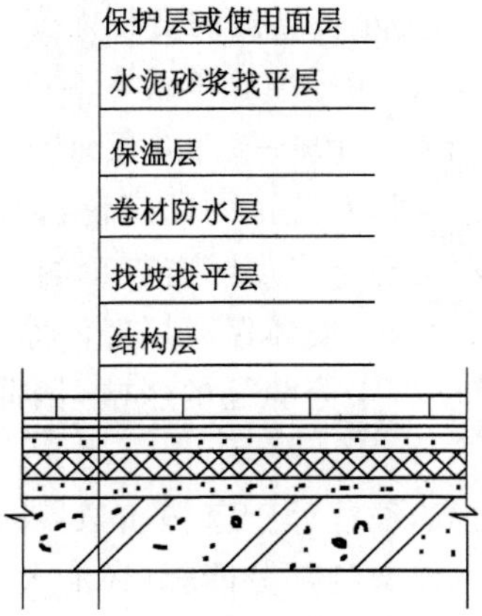

图 5-16　倒置式屋面构造示意图

5.2.2　热工性能设计标准

居住建筑和公共建筑屋面的热工性能应符合现行节能设计标准，学生公寓屋面的热工性能要求见表 5-10、表 5-11；公共建筑屋面的热工性能要求见表 5-12、表 5-13。

5.2.3　热工性能优化设计

(1) 保温屋面的传热系数

对保温层厚度为 x 的保温屋面，其传热系数为：

$$k_{\mathrm{R}}=\frac{1}{R_{\mathrm{tR}}+x/\lambda_{\mathrm{ins}}} \tag{5-9}$$

式中　R_{tR}——屋面除保温层以外的其他构造层的热阻，$\mathrm{m^2\cdot ℃/W}$；

x——保温层厚度，m；

λ_{ins}——保温材料的导热系数，W/(m · ℃)。

(2) 经济热工性能参数

屋面保温层厚度是屋面热工性能的决定性因素。屋面保温层取经济厚度时的屋面传热系数为屋面经济热工性能参数。

单位面积保温屋面全寿命周期费用 LCC 和寿命周期内的净现值 LCS 可按式(5-10)、式(5-11)计算：

$$LCC=86.4P_1\cdot k_{\mathrm{R}}\cdot HDD_{18}\cdot c_{\mathrm{e}}/(\eta_1\eta_2 q)+P_2(c_{\mathrm{ins}}\cdot x+c_{\mathrm{p}}) \tag{5-10}$$

$$LCS=86.4P_1\cdot \Delta k_{\mathrm{R}}\cdot HDD_{18}\cdot c_{\mathrm{e}}/(\eta_1\eta_2 q)-P_2(c_{\mathrm{ins}}\cdot x+c_{\mathrm{p}}) \tag{5-11}$$

式中　LCC——全寿命周期费用，元/$\mathrm{m^2}$；

LCS——寿命周期内净现值，元/$\mathrm{m^2}$；

k_{R}——屋面传热系数，$\mathrm{W/(m^2\cdot ℃)}$；

Δk_{R}——保温前后屋面的传热系数之差，$\mathrm{W/(m^2\cdot ℃)}$；

HDD_{18}——室内采暖温度基数为 18 ℃时的采暖度日数；

c_e——能源当前价格，元/单位燃料；

q——能源单位发热量，kJ/单位燃料；

η_1——设备运行效率；

η_2——管网输送效率；

c_{ins}——保温材料的价格，元/m^3；

c_p——单位面积屋面保温层施工综合费用（含人工费、辅助材料费等），元/m^2；

P_1——能耗费用在经济性分析年限 N_e 内总支出的现值因数，即经济性分析年限内总能耗费用与首年的比值，按式(5-12)计算；

P_2——分析年限 N_e内支出资金总额与初投资的比值，按式(5-13)计算；

其余符号同上。

$$P_1 = PWF(N_e, i, d) = \sum_{j=1}^{N_e} \frac{(1+i)^{j-1}}{(1+d)^j} = \begin{cases} \dfrac{1}{d-i}\left[1-\left(\dfrac{1+i}{1+d}\right)^{N_e}\right], & i \neq d \\ \dfrac{N_e}{1+i}, & i = d \end{cases} \tag{5-12}$$

$$P_2 = D + (1-D)\frac{PWF(N_{min}, 0, d)}{PWF(N_L, 0, m)} + M_S \cdot PWF(N_e, i, d) - \frac{R_v}{(1+d)^{N_e}} \tag{5-13}$$

式中 i——能源价格增长率；

N_e——分析年限，a；

m——银行贷款利率；

d——市场贴现率；

D——初投资首付百分比；

M_S——年维修费用与初投资的比值；

R_v——再售价与初投资的比值；

N_L——贷款期限，a；

N_{min}——N_e与 N_L的较小值。

全寿命周期费用最小或净现值最大时对应的保温层厚度为经济厚度，将式(5-10)或式(5-11)对 x 求导数，令其等于零，可求得保温层经济厚度 x(m)，计算公式如下：

$$x = \sqrt{\frac{86.4HDD_{18} \cdot P_1 \cdot c_e \cdot \lambda_{ins}}{\eta_1 \eta_2 q c_{ins} P_2}} - R_{tR} \cdot \lambda_{ins} \tag{5-14}$$

根据保温层的导热系数、保温层厚度及式(5-9)可计算得出屋面的经济热工性能参数。

5.3 楼地面

5.3.1 基本构造与技术要求

地面按其是否直接接触土层分为两类：一类是不直接接触土层的地面，又称地板；一类是直接接触土层的地面。地板又可分为接触室外空气的地板和不采暖地下室上部的地板及底部架空的地板等[251]。

与土壤接触的地面的内表面，由于受二维、三维传热的影响，冬季时比较容易出现温度较低的情况，一方面造成大量的热量损失，另一方面也不利于底层居民的健康，甚至发生地面结露现象，尤其是靠近外墙的周边地面更是如此。因此要特别注意这一部分围护结构的保温、防潮。

在寒冷地区，周边地面一定要增设保温材料层。地下室虽然不作为正常的居住空间，但也常会有人的活动，也需要维持一定的温度。另外增强地下室的墙体保温，也有利于减小一层房间和地下室之间的传热，特别是提高一层地面与墙角交接部位的表面温度，避免墙角结露。

与室外空气接触的架空楼板或外挑楼板需要设置保温层，楼板保温层可设置在楼板上表面(称为正置法)或楼板底面(称为反置法)[252]。

(1) 正置法：先铺设具有较高强度硬质 EPS 板、XPS 板、泡沫玻璃或符合地面要求的保温砂浆等材料，再做细石混凝土保护面层(一般为 30 mm 厚)。其中，挤塑聚苯板的密度小，重量轻，是一种高效保温材料，宜优先采用。

(2) 反置法：保温层类同于外墙外保温的做法，将 EPS 板、XPS 板、泡沫玻璃保温板等粘装或钉装在楼板底面，也可采用保温砂浆＋粉刷做法。保温层下表面均应有钢丝网与聚合物砂浆的护面层，钢丝网与楼板应有可靠连接，以防止保温层开裂、下挠或整体下坠。

(3) 对于铺设木格栅和木地板的底部自然通风架空楼板，可在木格栅之间的空气层中嵌铺半硬质憎水型矿棉板，其厚度不应小于 30 mm。

现浇楼板或预制板较薄，隔声效果差，楼地面的保温措施同时也解决了住宅楼板的隔声问题。各种保温板一方面能有效地提高住宅室内热工性能，另一方面各种保温板都有一定的隔声效果，使居住环境更加舒适。

5.3.2 热工性能设计标准

居住建筑和公共建筑楼地面的热工性能应符合现行节能设计标准规定，学生公寓楼地面的热工性能要求见表 5-10、表 5-11；公共建筑楼地面的热工性能要求见表 5-12、表 5-13。

5.4 外窗

外窗是围护结构保温的薄弱环节，就我国典型的围护结构部件而言，门窗的能耗约为墙体的 4 倍、屋面的 5 倍、地面的 20 多倍，一般占建筑围护结构部件总能耗的 40%～50%。据统计，在采暖或空调的条件下，冬季单玻窗所损失的热量一般占供暖负荷的 30%～50%，夏季因太阳辐射热透过单玻窗射入室内而消耗的冷量一般占空调负荷的 20%～30%[253]。除了通过控制窗墙面积比的方法来减少其热损之外，如何提高窗的保温隔热性能就成了建筑外窗节能设计的主要问题。

5.4.1 组成材料

5.4.1.1 框材

门窗的框材有很多种，我国常用的门窗框材以木、塑、钢、铝、玻璃钢等为主，其传热系数见表 5-23。

表 5-23　　不同材料的传热系数

材料名称	传热系数/W·$(m^2·K)^{-1}$	材料名称	传热系数/W·$(m^2·K)^{-1}$
木材	0.17	玻璃	0.81
塑料	0.30	钢材	110.9
空气	0.046	铝合金	203
玻璃钢	0.27		

木材、塑料、玻璃钢的传热系数要低于钢材、铝合金等，但铝合金经断热处理后制作的窗户传热系数得到明显降低。复合材料门窗是一类综合性能良好的新型门窗，由多种单一材料构成，如钢塑窗。钢与塑料的复合，弥补了各自性能的不足，不仅具有良好的保温隔热性能，防火、防水、力学等性能也比较优秀。

从门窗节能的角度看，提高门窗的保温隔热性能固然重要，但也要保证密封性和经济性。应根据不同气候分区的具体工程情况，经技术经济比较，结合使用要求，综合选择最适宜的门窗。

5.4.1.2　玻璃

具有较好隔热保温效果的玻璃及玻璃制品的品种较多，常用的主要有热反射玻璃、中空玻璃、吸热玻璃、真空玻璃等几种。

(1) 热反射玻璃

热反射玻璃又称镀膜玻璃，一般是在玻璃表面镀一层或多层金属或金属氧化物薄膜或非金属氧化物薄膜的节能玻璃。热反射玻璃具有较高的反射率和较低的总透射率，可较好地阻隔太阳辐射，降低室内空调费用。

(2) 吸热玻璃

吸热玻璃通过在玻璃中加入某些成分，提高对太阳辐射的吸收率，降低红外线的透射率，在大量吸收红外线辐射能的同时，又能保持良好的可见光透过率。应用于玻璃幕墙时，可以大大减少太阳辐射传入室内的热量，在夏季有利于降低室内温度，有效降低空调能耗，达到节省费用的目的。普通玻璃和吸热玻璃透过热值及透射率见表 5-24。

表 5-24　　普通玻璃与吸热玻璃太阳辐射透过热值及透射率

品种	透过热值/W·$(m^2·h)^{-1}$	透热率/%
空气(暴露空间)	879	100
普通玻璃(3 mm 厚)	726	82.55
普通玻璃(6 mm 厚)	663	75.53
蓝色吸热玻璃(3 mm 厚)	551	62.7
蓝色吸热玻璃(6 mm 厚)	433	49.21

(3) 中空玻璃

中空玻璃是当前国家力推的节能产品，有些地区已强制性使用，如北京市、江苏省等。中空玻璃是将两片或多片玻璃其周边用间隔框分开，并用密封胶密封，使玻璃间形成有干燥气体的一种复合玻璃制品。可以将多种节能玻璃复合在一起，产生很好的节能效果。不同结构玻璃的节能效果见表5-25。

表5-25　不同结构玻璃的节能效果　单位：W/m^2

玻璃种类、结构	夏季传入室内的热量	冬季传至室外的热量
6 mm单片玻璃	710	154
普通透明中空玻璃	594	69
单片热反射玻璃	368	137
热反射中空玻璃	242	84
Low-E中空玻璃	215	41

许多研究资料针对玻璃厚度、间隔气体的类型、气体间隔层的厚度等对中空玻璃传热系数(K)、太阳得热系数($SHGC$)的影响做了大量的研究。

① 玻璃厚度

中空玻璃的传热系数随着玻璃厚度的增加而降低，但变化较小，基本为直线关系。目前使用最多的为5 mm和6 mm厚玻璃。

② 间隔气体类型

中空玻璃的热导率要比单片玻璃低一半左右，主要是气体间隔层的阻热作用。中空玻璃间隔层内充入的气体类型一般为空气，也有的用氪气、氩气等惰性气体。由于这些气体的传热系数都很低，在充入间隔层后，能有效阻隔热量的传递。充入氪气的节能效果最好，氩气次之，空气最差。

③ 间隔层厚度

中空玻璃的热阻性能好，是因为充入了传热系数比玻璃低的气体。因此，在玻璃材质以及密封构造都相同的情况下，中空玻璃整体的传热系数是随着气体厚度的变化而变化的，中空玻璃的传热系数随着间隔层厚度的增加而减小，间隔层厚度一般取9～16 mm。

(4) 真空玻璃

真空玻璃是将两片玻璃的四周密封，中间抽成真空，真空层的厚度为0.1～0.2 mm，中间用分布均匀的微小支撑物来承受大气压力以保持间隔。由于真空玻璃消除了气体对流和导热产生的传热，再配以高性能低辐射膜，可大大降低窗户的传热系数。

5.4.1.3　密封材料

门窗缝隙一般用密封材料进行处理，防止出现渗水、透风等现象。按材料可分为密封胶条、密封毛条和密封胶。密封胶主要用于镶嵌玻璃；密封毛条主要用于门窗框扇之间的密封；密封胶条既用于玻璃镶嵌，又用于框扇之间的密封。

5.4.1.4　五金配件

门窗常用的五金件主要有执手、合页、滑撑、滑轮、插销、拉手、门锁、地弹簧、平开悬窗五金件等。对于不同的门窗体系，五金配件的选择也不同。五金配件影响着门窗的抗风压性能，决定了门窗的好坏，同样，气密性、水密性、保温隔热性、隔声性等都与五金配件参与的门窗密封有关。五金配件锁点和锁座分布在整个门窗的四周。当门窗锁闭后，锁点、锁座牢牢地扣在一起，与铰链(合页)或滑撑配合，共同产生强大的密封压紧力，使密封条弹性变形，从而提供给门窗足够的密封性能，使扇、框形成一体，大大提高门窗的密封系能。

5.4.2 热工性能设计标准

我国建筑节能设计标准对公共建筑和居住建筑外窗的传热系数都提出了相关要求。

5.4.2.1 公寓建筑

(1)《严寒和寒冷地区居住建筑节能设计标准》(JGJ 26—2010)规定了建筑外窗的热工性能参数,根据建筑所处城市的气候分区区属不同,分别不应超过表 5-26、表 5-27、表 5-28 中规定的限值。如果建筑围护结构的热工性能参数不满足这些表中规定的限值要求,必须按照规定进行围护结构热工性能的权衡判断。

表 5-26　寒冷(A)区外窗热工性能限值

围护结构部位		传热系数 K/W·(m²·K)⁻¹			
		≥14 层	9～13 层	4～8 层	≤3 层
外窗	*WWR*≤20%	3.1	3.1	3.1	2.8
	20%<*WWR*≤30%	2.8	2.8	2.8	2.5
	30%<*WWR*≤40%	2.5	2.5	2.5	2.0
	40%<*WWR*≤50%	2.3	2.3	2.0	1.8

表 5-27　寒冷(B)区外窗热工性能限值

围护结构部位		传热系数 K/W·(m²·K)⁻¹			
		≥14 层	9～13 层	4～8 层	≤3 层
外窗	*WWR*≤20%	3.1	3.1	3.1	2.8
	20%<*WWR*≤30%	2.8	2.8	2.8	2.5
	30%<*WWR*≤40%	2.5	2.5	2.5	2.0
	40%<*WWR*≤50%	2.3	2.3	2.0	1.8

表 5-28　寒冷(B)区外窗综合遮阳系数限值

		遮阳系数 *SC*(东、西向/南、北向)			
		≥14 层	9～13 层	4～8 层	≤3 层
外窗	*WWR*≤20%	—/—	—/—	—/—	—/—
	20%<*WWR*≤30%	—/—	—/—	—/—	—/—
	30%<*WWR*≤40%	0.45/—	0.45/—	0.45/—	0.45/—
	40%<*WWR*≤50%	0.35/—	0.35/—	0.35/—	0.35/—

(2) 居住建筑不宜设置凸窗。设置凸窗时,凸窗凸出(从外墙面至凸窗外表面)不应大于 400 mm。凸窗的传热系数限值应比普通平窗降低 15%,其不透明的顶部、底部、侧面的传热系数应小于或等于外墙的传热系数。

(3) 外窗应具有良好的密闭性能,外窗气密性等级不应低于《建筑外窗气密性能分级及其检测方法》(GB 7107—2002)中规定的 4 级。

(4) 应提高门窗材料的尺寸准确度和安装的精确度,或者增加门窗搭接部分的搭接量,以减少空气的渗透量。改进门窗密封的方法，对框与框、扇与框之间使用三级密封的方法。

(5) 外窗(门)洞口室外部分的侧墙面应做保温处理，避免窗(门)洞口室内部分的侧墙面结露。

(6) 注意密封材料和密封方法的相互配合使用，将密封的衬垫材料设置在玻璃下，玻璃的两侧使用密封条，密封条的上面再加密封材料。

(7) 建筑应采取必要的防风措施，宜设置门斗、双层门等。

(8) 窗户的类型可由技术经济性综合评价确定，按照寿命周期费用最小(一次性投资、维修更新费用以及采暖空调费用等)确定。

5.4.2.2　公共建筑

(1)《公共建筑节能设计标准》(GB 50189—2015)规定：根据建筑所处城市的建筑气候分区，寒冷地区建筑外窗的热工性能应分别符合表 5-29、表 5-30 的规定。当不能满足规定时，必须按规定进行权衡判断。

表 5-29　　寒冷地区甲类公共建筑热工性能限值

围护结构部位		体形系数≤0.30		0.30<体形系数≤0.50	
外窗(包括透明幕墙)		传热系数 *K* /W·(m²·K)⁻¹	太阳得热系数 *SHGC*(东、南、西向/北向)	传热系数 *K* /W·(m²·K)⁻¹	太阳得热系数 *SHGC*(东、南、西向/北向)
单一朝向外窗(包括透明幕墙)	*WWR*≤0.2	≤3.0	—	≤2.8	—
	0.2<*WWR*≤0.3	≤2.7	≤0.52/—	≤2.5	≤0.52/—
	0.3<*WWR*≤0.4	≤2.4	≤0.48/—	≤2.2	≤0.48/—
	0.4<*WWR*≤0.5	≤2.2	≤0.43/—	≤1.9	≤0.43/—
	0.5<*WWR*≤0.6	≤2.0	≤0.40/—	≤1.7	≤0.40/—
	0.6<*WWR*≤0.7	≤1.9	≤0.35/0.60	≤1.7	≤0.35/0.60
	0.7<*WWR*≤0.8	≤1.6	≤0.35/0.52	≤1.5	≤0.35/0.52
	WWR>0.8	≤1.5	≤0.30/0.52	≤1.4	≤0.30/0.52
屋顶透明部分		≤2.4	≤0.44	≤2.4	≤0.35

表 5-30　　寒冷地区乙类公共建筑外窗(包括透明幕墙)热工性能限值

外窗(包括透明幕墙)	传热系数 *K*/W·(m²·K)⁻¹	太阳得热系数 *SHGC*(东、南、西向/北向)
单一立面外窗(包括透明幕墙)	≤2.5	—
屋顶透光部分	≤2.5	≤0.44

(2) 外窗的可开启面积不应小于窗面积的 30%；透明幕墙应具有可开启部分或设有通风换气装置。

(3) 寒冷地区建筑的外门宜设门斗或应采取其他减少冷风渗透的措施。

(4) 建筑外窗的气密性分级应符合国家标准《建筑外门窗气密、水密、抗风压性能分级及检测方法》(GB/T 7106—2008)中第 4.1.2 条的规定，并应满足下列要求：

10 层及以上建筑外窗的气密性不应低于 7 级；

10 层以下建筑外窗的气密性不应低于 6 级。

(5) 建筑幕墙的气密性应符合国家标准《建筑幕墙》GB/T 21086—2007 中第 5.1.3 条的规定,且不应低于 3 级。

(6) 选择合理的开启方式。上悬窗和平开窗气密性较好;推拉窗由于两片窗扇不在同一个平面,搭接不严密导致密封性较差;中悬窗由于一半向内开,一半向外开,窗扇周围的密封难以保证,气密性也不理想。

(7) 选用合适的窗框材料和结构。提高窗用构件的加工精度和组装质量。通过提高窗用型材规格尺寸、扇的制作精度、组装的精确度来减少缝隙的宽度,从而达到减少空气渗透的作用。

(8) 选择较好的密封材料。近年研制开发的聚硫橡胶类弹性密封材料、硅酮类高弹性密封材料、聚氨酯类弹性密封材料,具有高弹性、高黏结性,能适应缝隙变形,具有较好的密封效果。

5.5 小结

从外墙、屋面、楼地面、外窗等方面研究了校园公寓建筑和公共建筑的围护结构节能设计技术。根据国家相关节能标准给出了相应围护结构应达到的节能设计标准并给出相应的节能技术措施。对于外墙和屋面的热工性能,应该通过比较全寿命周期费用分析保温系统的经济性,对其进行优化计算。

6 建筑设备节能技术

本章根据寒冷地区高校建筑的用能特点以及建筑设备使用情况，借鉴其他公共建筑和居住建筑的先进技术，提出适合寒冷地区校园建筑的采暖、空调、冷热源、给水排水和电气等方面的节能技术。

6.1 采暖

6.1.1 散热器采暖

散热器采暖作为传统的采暖方式，由于其安装和维修方便，无论在居住建筑还是公共建筑中，都占据主导地位。目前，在校园建筑中，绝大多数使用散热器采暖。其节能技术主要体现在以下几个方面。

6.1.1.1 室内设计温度确定

室内设计温度过高，势必会造成采暖能耗的增加，不利于节能，因此需要合理控制采暖室内设计温度。寒冷地区主要房间采暖室内设计温度应采用 18～24 ℃。

6.1.1.2 热负荷计算

(1) 施工图设计时，必须对每个采暖房间进行热负荷计算，计算应符合《民用建筑供暖通风与空气调节设计规范》(GB 50736—2012)中第 5.2.2～5.2.11 条的规定。

(2) 对于分户热计量的建筑，在确定户内采暖设备容量和管道规格时，应考虑户间传热对采暖负荷的影响。户间传热量仅作为确定户内采暖设备容量和管道规格的依据，不应计入采暖干管和立管热负荷和建筑总采暖热负荷内。

6.1.1.3 热媒温度确定

散热器采暖系统应采用热水作为热媒，散热器集中供暖系统宜按 75 ℃/50 ℃连续供暖进行设计，且供水温度不宜大于 85 ℃，供回水温差不宜小于 20 ℃。

6.1.1.4 系统设计及安装

(1) 优先采用闭式机械循环系统。

(2) 公共建筑室内采暖系统宜采用双管系统，也可采用单管跨越式系统。

(3) 居住建筑室内采暖系统宜采用垂直双管系统或共用立管的分户独立循环双管系统，也可采用垂直单管跨越式系统。

(4) 室内热水采暖系统设计应进行严格的水力平衡计算，并应采取措施使设计工况时各并联环路之间(不包括共用段)的压力损失相对差额不大于 15%，最不利环路平均比摩阻一般为 60～120 Pa/m。水力平衡计算时，应计算由散热器水冷却产生的附加压力，其值可取设计供回水温度条件下附加压力值的 2/3。并根据水力计算结果和水力平衡要求设置必要的水力平衡装置。给出准确的室内系统总阻力值，为整个管网系统水力平衡分析提供依据并进行必要的水压图分析。

(5) 室内采暖系统管道中的热媒流速应根据系统的水力平衡要求及防噪声要求等因素

确定，最大流苏不宜超过《民用建筑供暖通风与空气调节设计规范》(GB 50736—2012)中表5.9.13的限值。

(6) 热水采暖系统水平管道的敷设应有一定坡度，不同管道的坡度及坡向应符合《民用建筑供暖通风与空气调节设计规范》(GB 50736—2012)中第5.9.6条的规定。

(7) 热水采暖系统中的最高点及有可能积聚空气的部位，应设置自动排气阀或集气罐，应采用质量可靠的自动排气阀，以减少系统失水现象。最低点及有可能积水的部位，应设置排污泄水装置，泄水管的直径应不小于20 mm。

6.1.1.5 散热器选择和布置

(1) 散热器应选用传热系数大、经济性好、机械强度和承压能力好、结构尺寸小、卫生美观、耐腐蚀的散热器；安装热量表和恒温阀的热水供暖系统的散热器不宜采用水流通道内含有粘砂的铸铁散热器。

(2) 在散热器片数或长度确定时，要充分考虑散热器组装片数、连接形式及安装形式对散热器片数或长度的影响，具体可参见《全国民用建筑工程设计技术措施-暖通空调·动力》(2009版)第2.3.2～2.3.3条。

(3) 散热器宜明装，以利于散热；散热器暗装时，应留有足够的气流通道，并应方便维修。

(4) 散热器宜布置在外墙窗台下，这样沿散热器上升的对流热气流，能阻止从玻璃窗渗入的冷空气进入室内，有利于节能。

(5) 对于进深较大的房间，宜在房间的内外侧分别布置散热器。

6.1.1.6 管道保温

敷设在下列场所的管道必须采取保温措施：

(1) 敷设在室外、非供暖房间、外门内及有冻结危险的管道；

(2) 敷设在管沟、技术夹层、闷顶或阁楼及管道井内的管道；

(3) 外表面温度高于60 ℃，且敷设在容易使人烫伤地方的管道；

(4) 采暖管道经过的房间或位置要求保温的管道。

6.1.1.7 分室热计量

目前，学生公寓常用的采暖系统形式为垂直单管系统，其系统简单、施工方便、造价低，但也有一定缺陷，主要表现为不便于局部调节，由于高校学生上课时间不一致，因而容易造成能源浪费。因此，针对学生公寓的特点，可采用分室热计量来达到节能目的。

分室热计量是采暖节能所采取的关键措施之一。我国在《民用建筑节能管理规定》和《中华人民共和国节约能源法》中明确规定：新建居住建筑的集中采暖系统应当推行温度调节和户用热量计量装置，实行供热计量收费。《民用建筑供暖通风与空气调节设计规范》(GB 50736—2012)要求集中供暖的新建建筑和既有建筑节能改造必须设置热量计量装置，并应具备室温调控功能。分室热计量有利于宿舍按照自己的需要控制和调节热量，可以提高热舒适性；其次，利用分室计量的自控可调特点可以节约一部分热量，在不需要的时候甚至可以自行切断用热，这个对于高校采暖能耗集中的特点有很大的适用性。

常用的分室热计量仪表有热量表、蒸发式热分配表、电子式热分配表。高校学生公寓宿舍数量大，而热量表价格又高，若每个宿舍安装热量表来确定用户的用热量，成本会比较高，不经济；热量表流量测量的准确性受水质影响很大，且用于旧有单管顺流式采暖系统的改造较困难，而目前大部分高校学生公寓都是单管顺流式采暖系统，相比于系统的改造不可取；热量表维护管理较复杂，即使安装在每个寝室内，也不便于管理人员维护、记录。蒸发式热分配表每年都需要专业人员入户进行读数和更换玻璃管，虽然价格较低，安装方便，但于环保不利，计量准确性差，热量计算十分复杂，结果也不直观，使用起来比较烦琐。电子式热分配表的特点是计量较准确、直观，可在户外读数，由于使用的是电信号，还可远距离传输并与计算机和通信网络连接；安装、使用简便，环保无公害，使用寿命长；适用范围广，不仅适用于双管系统也适用于单管系统，且避开了测量流量这一棘手的环节，特别是对于旧房改造系统是一种很好的计量方式。对于高校学生公寓采暖而言，热量表和蒸发式热分配表并不是好的选择，可以考虑采用电子式热分配表计量单个学生寝室的耗热量。

6.1.1.8　室温调控

（1）温控阀门的应用

新建和改扩建散热器室内供暖系统，应设置散热器恒温控制阀或其他自动温度控制阀进行室温调控。散热器恒温控制阀的选用和设置应符合《民用建筑供暖通风与空气调节设计规范》(GB 50736—2012)中 5.10.4 条的规定。恒温控制阀产品质量和安装方法应符合《散热器恒温控制阀》(JG/T 195—2007)行业标准，并应具备产品合格证、使用说明书和技术监督部门出具的性能检测报告，其调节特性曲线应满足产品标准的要求。恒温阀的温包和阀头应能够正常感应室温和便于调节，不得被破坏或遮挡。温包内置式恒温阀应水平安装，暗装式散热器应选择温包外置式恒温阀。工程验收之前，散热器恒温阀应按照设计要求完成阻力预设定和温度限定工作。系统处于设计工况下的正常流量时，恒温阀不应产生噪声，不应因阻塞而导致水流不畅通。恒温阀宜具有带水带压清堵或更换阀芯的功能，运行管理人员应掌握专用工具的操作方法。设计集中采暖系统时，管路宜按南、北向分环原则进行布置并分别设置室温调控装置或流量调节装置；南、北向各选定 2～3 个标准间，取其平均温度作为控制对象，通过温度调节器自动改变环路的供水温度或供水量。

（2）分时恒温技术

分时恒温供暖技术有一套由计算机、电控箱和电控阀门等组成的控制系统。每个需要控温的教学楼内装有一个电控箱，每个电控箱内装有一个温控表，温控表测得的实时温度通过专用网络传回到控制室内的计算机上，操作人员可根据传回的温度和建筑物对温度的要求对温控表的控制温度进行设置。当温控表测得的室内温度低于计算机给出的设定值时，温控表发出指令将电控阀门打开，使主供热管道进入该建筑物内散热器的热水流量增大，建筑物内的温度上升；如果测得的温度高于计算机给出的设定值时，则将电控阀门实行部分关闭，使建筑物内温度降低，因此使建筑物内的温度基本恒定。

根据教学楼的使用特点，周一到周五白天上课时间，要保证教学楼内有较舒适的温度，晚间下课后，教学楼内无人时，要适当减少供热，达到节能的目的。另外，寒冷地区学校都有 1 个月左右的寒假，在学校寒假期间，教学区无人上课，如果对教学楼采用小流量供热，能节约大量热能。因此，对于高校教学楼的采暖，可以采用分时恒温的供暖方式，达到节能的目的。

由于能源日趋紧张，能源价格也在不断上涨，采暖费用也在不断增加。针对教学楼的使用特点，使用分时恒温供暖技术，会使学校减少供热费用的支出，并且符合国家的节能减排政策。该项技术原理简单，可以改善供热管网的水平失调，成本较低，易维护。

6.1.2　低温热水地面辐射采暖

在高校建筑中，图书馆是具有代表性的建筑之一。由于图书馆室内空间高大，如采用常规的散热器对流采暖，室内沿高度方向会形成较大的温度梯度，不但建筑热损耗增大，而且人员活动区的温度往往较低，很难保持设计温度，造成舒适度降低。采用低温热水地面辐射采暖，室内高度方向的温度梯度小，人体舒适感更好，可以获得比较理想的室内热环境。此外，地面辐射采暖热负荷比散热器对流采暖的小，且使用寿命长、维护方便、运营成本低，因此，在图书馆采用低温热水地面辐射采暖，更为节能。

(1) 室内设计温度确定

在相同舒适度前提下，辐射供暖的室内设计温度可比散热器对流采暖的室内设计温度低 2～3 ℃，更为节能。

(2) 热负荷计算

低温热水地面辐射供暖系统施工图设计时，必须对每个采暖房间进行热负荷计算，计算应符合《地面辐射供暖技术规程》(JGJ 142—2004)中第 3.3.1～3.3.3 条的规定。需注意以下几个方面：

① 不计算敷设加热管地面的热损失；

② 不计算高度附加热损失；

③ 进深大于 6 m 的房间，宜以距外墙 6 m 为界，分区分别计算其热负荷。

(3) 热媒温度确定

低温热水地板辐射供暖系统供水温度宜采用 35～45 ℃，不应高于 60 ℃，供回水温差不宜大于 10 ℃，且不宜小于 5 ℃。

(4) 系统设计

① 低温热水地面辐射采暖系统的工作压力不宜大于 0.8 MPa，当超过时应采取相应的措施。

② 在分水器供水管上顺水流方向应安装阀门、过滤器、泄水管；在集水器回水管上应设置泄水管、平衡阀或其他可关闭的调节阀；为了防止管道系统冲洗时脏水流入加热盘管，在分水器的供水管与集水器的回水管之间应设置旁通管并配置阀门。

③ 连接在每组分水器、集水器上的分支环路不宜多于 8 个，分水器、集水器上均应设置手动或自动排气阀。

④ 为了满足不同的室温需求，低温热水地面辐射采暖系统应设计室温自控装置。室温控制器宜设在被控温的房间或区域内；自动控制阀宜采用热电式控制阀或自力式恒温控制阀，控制方式应符合《民用建筑供暖通风与空气调节设计规范》(GB 50736—2012)中第 5.10.5 条的规定。

(5) 地面构造

① 地面构造宜由楼板或与土壤相邻的地面、绝热层、加热管与填充层、找平层和面层等组成。

② 与土壤相邻的地面，必须设绝热层，且在绝热层下部必须设防潮层；直接与室外空气相邻的楼板，也必须设置绝热层；潮湿房间，填充层上或面层下应设置隔离层。

③ 当采用 EPS 板作为绝热层时，其厚度要满足表 6-1 的要求。采用 EPS 板作为绝热层，且以塑料卡钉固定加热管时，在 EPS 板的表面上，必须复合一层夹筋镀铝膜层。

表 6-1　　EPS 板绝热层厚度

绝热层位置	绝热层厚度/mm
楼层之间楼板上的绝热层	20
与土壤或不采暖房间相邻的地板上的绝热层	30
与室外空气相邻的地板上的绝热层	40

④ 潮湿房间如浴室、游泳馆、洗手间、卫生间等房间的填充层上部，应设置隔离层（防水层），以防止绝热层受潮失效。

⑤ 当工程允许地面按双向散热进行设计时，各楼层间的楼板上可不设绝热层。

⑥ 填充层的材料宜采用 C15 豆石混凝土，豆石粒径宜为 5～12 mm。加热管的填充层厚度不宜小于 40 mm。

⑦ 面层材料对地面散热量的影响较大。为了节省能耗和运行费用，采用地面辐射采暖方式时，应尽量选用热绝缘系数小于 0.05 $m^2 \cdot K/W$ 的材料做面层。

（6）加热管

① 加热管的材质和壁厚的选择，应根据工程的耐久年限、管材的性能以及系统的运行水温、工作压力等条件确定。宜优先选用耐热聚乙烯（PE-RT）和聚丁烯（PB）管，也可采用交联聚乙烯（PE-X）管及铝塑复合管。

② 加热管的布置，不宜采用全室等间距均布模式，应以保证室内地表面温度分布均匀为布置原则，选择采用旋转形、往复形、直列形或多种形式组合在一起的综合布置方式，务必将高温管段布置于室内热损失大的区域，并适当减小该区域内的布管间距。

③ 加热管间距应根据地面散热量、室内设计温度、平均水温及地面传热热阻等通过计算确定，计算应符合《地面辐射供暖技术规程》（JGJ 142—2004）中第 3.5.4～3.5.6 条的规定。加热管的敷设间距一般不应小于 150 mm，也不宜大于 300 mm。埋于垫层内的加热管不应有接头。地面上的固定设备和卫生器具下，不应布置加热管。

6.2　空调

在高校建筑中，为了改善室内环境、增加室内舒适度，图书馆、体育馆、办公楼、教学楼等常设置空调系统，空调系统按空调设备布置的集中程度分为分散式、半集中式、集中式三种，通常由风系统、水系统、设备机房及控制系统等多个环节组成，其总能耗受诸多因素影响。为了实现节能，在室内设计参数、负荷计算、设备及冷热源的选择、系统设计等方面都需要通盘考虑，是一个综合系统工程。

6.2.1　分散式空调

分散式空调系统也称局部空调机组系统或冷剂空调系统，主要包括窗式空调器、分体壁挂式空调器和分体柜式空调器等。这种空调系统结构简单、占用建筑空间较少、安装维修方便、操作简单、控制较为灵活，但缺点是送风温差较大，对湿度控制较差，舒适性不高。调查发现，高校办公楼、学生宿舍普遍安装了分体壁挂式空调器和分体柜式空调器。在购买和使用这类空调时需注意以下几方面。

（1）合理确定空调器的容量

空调器的容量必须根据使用地点的气候条件、房间大小、围护结构特点、人员设备情况和密封条件进行确定。如果容量过大，就会造成使用中频繁启停，效率下降，浪费电能；如果容量过小，又难以满足使用要求。

（2）选用节能空调器产品

能效比是空调器最重要的节能指标，选用能效比高的产品是节能的必要条件。能效等级是表示空调产品能源效率差别的一种分级方法，分成1、2、3三个等级，1级表示能效等级最高，国家标准中把能效等级达到2级及以上的产品认定为节能产品。空调器能效限定值和空调器能效等级指标见表6-2和表6-3。高校在采购选用分散式空调时，应考虑经济性和能效等级高的产品，这样能促进高校建筑节能工作的深入开展。

表6-2　空调器能效限定值

类型	额定制冷量(*CC*)/W	能效比(*EER*)/W·W^{-1}
整体式		2.90
分体式	*CC*≤4 500 W	3.20
	4 500 W<*CC*≤7 100 W	3.10
	7 100 W<*CC*≤14 000 W	3.00

表6-3　空调器能效等级指标　单位：W/W

类型	额定制冷量(*CC*)	能效等级		
		1	2	3
整体式		3.30	3.10	2.90
分体式	*CC*≤4 500 W	3.60	3.40	3.20
	4 500 W<*CC*≤7 100 W	3.50	3.30	3.10
	7 100 W<*CC*≤14 000 W	3.40	3.20	3.00

（3）正确安装空调器

在建筑平面设计和立面设计中，应考虑空调室外机的合理位置，既要有利于与室外空气的热交换，又不应影响立面美观，同时，便于清洗和维护室外散热器。空调器安装布置应符合下列要求：

① 为避免气流短路，宜将室外机布置在建筑的边角处，分别从不同方向进风和排风，便于与室外空气进行热交换，还要防止油污和雨淋。

② 不宜安装在西向或西北向的外墙面。

③ 高层建筑的室外机不应从下到上逐层依次布置在建筑物的竖向凹槽内。

④ 应远离高温或含腐蚀性、油雾等有害气体的排风点。

⑤ 空调室内机必须安装在没有遮挡的地方，便于送出的冷热风均匀到达房间的各个位置，且防止阳光照射，影响制冷效果。

（4）空调器运行过程节能

① 在满足人体健康要求前提下，夏季尽量提高空调房间温度基数，冬季尽量降低空调房间温度基数，可取得显著的节能效果。具体运行参数可参照《民用建筑供暖通风与空气调节设计规范》(GB 50736—2012)和《公共建筑节能设计标准》(DGJ32/J 96—2010)以及《严寒和寒冷地区居住建筑节能设计标准》(JGJ 26—2010)选取。

② 在使用过程中不能频繁启动压缩机。停机后必须隔 2～3 min 以后才能开机，否则易引起压缩机的损坏，且多耗电。控制好开机和使用中的状态设定，开机时，设置高冷高热以达到控制目的，温度适宜时，改中、低风，减少损耗，降低噪声。新风开关不应常开，否则冷气大量外泄，造成电能浪费。

③ 选择适宜的出风角度，冷气流比空气重，易下沉，暖流则相反，所以制冷时出风口向上，制热时则向下，调温效率可大大提高。使用半月左右清扫一次滤清器网眼，以提高其工作效率。

④ 在使用中尽量少开窗，并使用厚质、避光的窗帘，这样可以减少房间内外热量交换，利于省电。勿挡住室外机的出风口，否则会降低效果，浪费电能。室外机置于易散热处，室内、外机连接管尽可能不超过推荐的长度。

⑤ 为了控制夏季的温湿度并达到使用人员的舒适性要求，在教学楼、办公楼或者学生公寓内采用分散式空调时，应采用空调和复合通风的方法，具体运行策略为：开启空调、开启室内电扇、自然通风这三种方式在不影响工作学习的情况下优先级别依次提高，优先使用自然通风和开启室内电扇，然后再用分体式空调。另外，需建立节约使用空调的制度和监督制度，确定空调使用的时间段，加强使用人员的节能意识。

6.2.2 半集中式空调

空调区较多，建筑层高较低且各区温度要求独立控制时，如高校教学楼、办公楼等，宜采用风机盘管加新风的半集中式空调系统。空调区的空气质量、温湿度波动范围要求严格或空气中含有较多油烟时，不宜采用风机盘管加新风空调系统。空调区散湿量较小且技术经济合理时，宜采用温湿度独立控制空调系统。

6.2.2.1 室内设计参数确定

一般认为，在供热工况下，室内设置温度每降低 1 ℃，能耗可减少 10%～15%；在供冷工况下，室内设置温度每提高 1 ℃，能耗可减少 8%～10%。表 6-4 摘引了日本井上宇市教授给出的室内设计参数改变时，节能效果的具体数值。

表 6-4　室内设计温度改变的节能效果

季节	夏季/kW·(m²·a)⁻¹			冬季/kW·m²·a)⁻¹		
室内温度/℃	24	26	28	22	20	18
新风负荷	23	17	12.2	32.6	21.7	13.5
其他负荷	25.8	23	18.7	6.6	5.1	4.0
总负荷	48.8	40	30.9	39.2	26.8	17.5
节能率/%	0	18	36.6	0	31.6	55

由表 6-4 可见，在满足使用要求的前提下，不应随意提高空调室内计算温度(冬季)或降低空调室内计算温度(夏季)。合理设定空调房间温度，即在满足人体舒适的范围内，夏季供

冷时选取较高的室内干球温度,冬季供热时选取较低的室内干球温度,可减少围护结构的传热,从而降低空调系统能耗。

校园建筑室内空调计算参数,应根据《公共建筑节能设计标准》(DGJ32/J 96—2010)和《严寒和寒冷地区居住建筑节能设计标准》(JGJ 26—2010)选取。与建筑物出入口相邻的过渡区,如过厅、大堂等,空调室内计算温度可适当提高,考虑健康、舒适和节能的要求,与当地空调室外计算温度的差值不宜大于 10 ℃。

根据相关标准的规定,高校典型公共建筑的空调室内设计参数可参照表 6-5。

表 6-5　高校典型公共建筑的空调设计参数表

建筑类型	名称	夏季		冬季	
		干球温度/℃	相对湿度/%	干球温度/℃	相对湿度/%
图书馆	大厅	26	60	18	—
	洗手间	26	60	18	—
	办公室、阅览室	26	—	20	—
	报告厅、会议室	26	—	20	—
	特藏库、胶卷库、书库	26	60	18	—
教学楼	教室、实验室	26	60	18	—
	办公室	26	—	20	—

根据《严寒和寒冷地区居住建筑节能设计标准》(JGJ 26—2010)与《民用建筑供暖通风与空气调节设计规范》(GB 50736—2012),学生公寓空调室内设计参数可参照表 6-6。大厅与走廊内可以不设置空调,若有必要,在冬季宜比宿舍降低 1～2 ℃,在夏季宜比宿舍提高 1～2 ℃。

表 6-6　高校学生公寓的空调设计参数表

建筑类型	名称	夏季		冬季	
		干球温度/℃	相对湿度/%	干球温度/℃	相对湿度/%
学生公寓	大厅、走廊	26～28	≤70	18～22	—
	宿舍	24～26	40～60	18～24	≥30
	管理员办公室	24～26	40～60	18～24	≥30

6.2.2.2 新风量确定

空调系统所需的新风主要有两个用途:一是稀释室内有害物质的浓度,满足人员的卫生要求;二是补充室内排风和保持室内正压。

《民用建筑供暖通风与空气调节设计规范》(GB 50736—2012)给出高校典型公共建筑办公室所需最小新风量为 30 $m^3/(h \cdot 人)$。《公共建筑节能设计标准》(DGJ32/J 96—2010)给出寒冷地区的部分公共建筑的房间设计新风量如表 6-7 所示。

表 6-7　部分公共建筑的房间设计新风量

建筑类型	房间名称	级别	新风量/$m^3 \cdot (h \cdot 人)^{-1}$
办公楼	办公室	高级	40
		一般	30
办公楼	会议室，接待室	高级	30
		一般	20
学校	教室	小学	11
		初中	14
		高中	17
图书馆(商场)	书库(商场、书店)		20

注释：图书馆内书库的新风量按《公共建筑节能设计标准》(DGJ32/J 96—2010)中的商场、书店的标准来计算

根据《严寒和寒冷地区居住建筑节能设计标准》(JGJ 26—2010)，居住建筑冬季采暖计算换气次数应取 0.5 次/h。

设有集中新风供应的居住建筑，当新风系统的送风量大于或等于 3 000 m^3/h 时，应设置排风热回收装置。无集中新风供应的居住建筑，宜分户(或分室)设置带热回收功能的双向换气装置。

对于校园建筑，在夏季和冬季首先通过空调房间的自然通风获得新风，其次通过空调器的通风换气功能来获得新风。过渡季节，通过复合通风来获得新风量。

6.2.2.3　冷热负荷计算

空调节能设计的前提是详细且准确的负荷计算(各个房间及分区区域的负荷量)。施工图设计阶段，应进行冷热负荷、风量、设备选型和水力平衡的计算，并作为选择冷热源设备、输配设备、空气处理末端设备、自控和调节阀门等的计算依据或选用依据。冷热负荷计算的关键如下：

(1) 施工图设计阶段应对空调区域或空调房间的冬季热负荷和夏季逐时冷负荷进行计算。

(2) 空调区的夏季冷负荷宜采用计算软件进行计算，采用简化计算方法时，按非稳态方法计算各项逐时冷负荷。

(3) 计算人体、照明和设备等散热形成的冷负荷时，应考虑人员群集系数、同时使用系数、设备功率系数和通风保温系数；计算散湿量，应考虑散湿源的种类、人员群集系数、同时使用系数以及通风系数等。

(4) 屋顶处于空调区之外时，只计算屋顶进入空调区的辐射部分形成的冷负荷；高大空间采用分层空调时，空调区的逐时冷负荷可按全室性空调计算的逐时冷负荷乘以小于 1 的系数确定。

(5) 空调系统的夏季冷负荷，当末端设备设有温度自控装置时，按所服务各空调区逐时冷负荷的综合最大值确定；当末端设备无温度自控装置时，按所服务各空调区设计冷负荷的累计值确定。应计入新风冷负荷、再热负荷以及各项有关的附加冷负荷，应考虑所服务各空调区的同时使用系数。

(6) 空调系统的夏季附加冷负荷，宜考虑空气通过风机、风管温升引起的附加冷负荷，

冷水通过水泵、管道、水箱温升引起的附加冷负荷。

(7) 空调区的冬季热负荷,应按所服务各空调区热负荷的累计值确定,除空调风管局部布置在室外环境的情况外,可不计入各项附加热负荷。

6.2.2.4 系统选择

空调系统选择应符合下列原则:根据建筑物的用途、规模、使用特点、负荷变化情况、参数要求、所在地区气象条件和能源状况,以及设备价格、能源预期价格等,经技术经济比较确定;功能复杂、规模较大的公共建筑,宜进行方案对比并优化确定;热气候区应考虑其气候特征的影响。

(1) 风机盘管加新风空调系统

风机盘管加新风空调系统具有各空调区可单独调节,比全空气系统节省空间,比带冷源的分散设置的空气调节器和变风量系统造价低廉等优点。风机盘管加新风空调系统新风宜直接送入人员活动区。空气质量标准要求较高时,新风宜负担空调区的全部散湿量。宜选用出口余压低的风机盘管机组。

(2) 温湿度独立控制空调系统

目前空调使用5~7 ℃冷水或更低的冷水作为冷媒对空气进行处理,这是空气除湿的需要。如果仅为了降温,采用18~20 ℃的冷源就可满足要求。一般除湿负荷仅占空调负荷的30%~50%,但是目前大量的显热负荷也用这样的低温冷媒处理,就导致了冷源效率低下。近年来,空调领域的一个重要发展方向就是采用温、湿度独立控制的空调方式,将室外的新风除湿后送入室内,可用于消除室内余湿,并满足对新鲜空气的要求,而用独立的水系统使18~20 ℃的冷水循环,通过辐射或对流型末端来消除室内显热,这一方面可避免采用冷凝式除湿时为了调节相对湿度进行再热而导致的冷热抵消,还可用高温冷源吸收显热,使冷源效率大幅提高。同时,这种方式还可有效改善室内空气质量。这种新的空调方式的实现还包括对现有末端方式的革新,采用高温冷水(18~20 ℃)吸收显热,应使用不同于目前方式的末端装置。目前,国外已研发出多种辐射型末端和干式风机盘管以及自然对流型冷却器等。

温度控制系统,末端设备应负担空调区的全部显热负荷,并根据空调区的显热热源分布状况等,经技术经济比较确定;湿度控制系统,新风应负担空调区的全部散湿量,其处理方式应根据夏季空调室外计算湿球温度和露点温度、新风送风状态点等,经技术经济比较确定;当采用冷却除湿处理新风时,新风再热不应采用热水、电加热等;采用转轮或溶液除湿处理新风时,转轮或溶液再生不应采用电加热;应对室内空气的露点温度进行监测,并采取确保末端设备表面不结露的自动控制措施。

6.2.2.5 水泵的选取

冬季工况下系统水温差较大,冬季热负荷又比夏季冷负荷小,致使夏季循环水量是冬季的2~3倍,若取2.5,则冬季循环水流量为夏季的40%,冬季水泵扬程仅为夏季的16%左右。制冷站内的主机与水泵的匹配一般来说是"一机对一泵一塔",以保证制冷主机的冷水流量及正常运行。空调系统在绝大多数时间里处于部分负荷工况,如夏天夜晚仅有部分房间使用,只需运行多台冷水机组中的一台,或当前室外气温降低,空调冷负荷减小,非额定流量也可满足时,整个水系统的流量比满负荷时额定流量小。在这种工况下运行,同样的水泵与满负荷时相比工况点要发生偏移,如有一台较低扬程的泵与上述工况匹配,会比满负荷运行的较高扬程泵节能。如果设计中冬季用泵和夏季用泵分别设置并联运行，冬季工况运行的低扬程泵在夏季部分负荷工况时，也能通过阀门切换运行，那么不必在部分负荷时另配水泵，投资更节省。这样能比整个运行工况都用一种高扬程泵获得显著的节能效果，泵的初投资也很快会获得回收[254]。针对大中型空调系统，应合理调整运行参数，减少不必要的能耗。这对校园建筑节能也是很好的措施。

6.2.3 集中式空调

房间面积或空间较大、人员较多或有必要进行室温控制的空调区域，其空气调节系统宜采用全空气系统，不宜采用风机盘管系统。集中式空调系统的室内设计参数确定、新风量确定、冷热负荷计算与半集中式空调系统相同，不再赘述。

6.2.3.1 系统选择

(1) 空间较大，人员较多，温湿度允许波动范围小，噪声或洁净度标准高的宜采用全空气定风量空调系统。

(2) 空调区允许温湿度波动范围或噪声标准要求严格时，不宜采用全空气变风量空调系统。技术经济条件允许时，下列情况可采用全空气变风量空调系统：

① 服务于单个空调区，且部分负荷运行时间较长时，采用区域变风量空调系统。

② 服务于多个空调区，且各区负荷变化相差大、部分负荷运行时间较长并要求温度独立控制时，采用带末端装置的变风量空调系统。

(3) 有低温冷媒可利用时，宜采用低温送风空调系统；空气相对湿度或送风量较大的空调区，不宜采用低温送风空调系统。

(4) 使用时间不同；温湿度基数和允许波动范围不同；洁净度标准要求不同；噪声标准不同，以及有消声要求和产生噪声的空调区；需要同时供热和供冷的空调区宜分别设置空调风系统；需要合用时，应对标准要求高的空调区做处理。

6.2.3.2 系统设计

(1) 全空气定风量空调系统设计

① 宜采用单风管系统；允许采用较大送风温差时，应采用一次回风时系统；送风温差较小，相对湿度要求不严格时，可采用二次回风系统。

② 除温湿度波动范围要求严格的空调区外，同一个空气处理系统中，不应有同时加热和冷却过程。

③ 使用时间、温度、湿度等要求条件不同和新风比相差悬殊的空调区，不宜划分在同一个定风量全空气空调系统中。当全空气空调系统必须服务于不同新风比的多个空调区域时，不应采用新风比最大区域的数值作为系统的总新风比。

④ 空调系统设计应具备最大限度地利用新风作冷源的条件：新风比应可调，宜能够全新风直流运行；空气处理机组新风入口、新风过滤器等应按最大新风量设置；空气处理机组新风和回风入口宜设置电动调节阀以方便调节和控制；间歇运行的空调系统提前预热或预冷时，冬夏季应关闭新风；当能够利用室外空气进行预冷时，应尽量利用新风；排风系统设计和控制应与新风量的变化相适应。

(2) 全空气变风量空调系统设计

① 应根据建筑模数、负荷变化情况等对空调区进行划分。

② 系统形式应根据所服务空调区的划分、使用时间、负荷变化情况等，经技术经济比较

确定。

③ 变风量末端装置宜选用压力无关型。

④ 空调区和系统的最大送风量，应根据空调区和系统的夏季冷负荷确定；空调区的最小送风量，应根据负荷变化情况、气流组织等确定。

⑤ 应采取保证最小新风量要求的措施；风机应采用变速调节；送风口应符合规范要求。

(3) 低温送风空调系统设计

① 空气冷却器的出风温度与冷媒的进口温度之间的温差不宜小于 3 ℃，出风温度宜采用 4～10 ℃，直接膨胀式蒸发器出风温度不应低于 7 ℃。

② 空调区送风温度，应计算送风机、风管以及送风末端装置的温升。

③ 空气处理机组的选型，应经技术经济比较确定。空气冷却器的迎风面风速宜采用 1.5～2.3 m/s，冷媒通过空气冷却器的温升宜采用 9～13 ℃。

④ 送风末端装置，应符合《民用建筑供暖通风与空气调节设计规范》(GB 50736—2012)第 7.4.2 条的规定。

⑤ 空气处理机组、风管及附件、送风末端装置等应严密保冷，保冷层厚度应经计算确定，并符合现行国家标准《设备及管道绝热设计导则》(GB/T 8175—2008)中经济厚度的计算方法。

6.2.3.3 风系统设计

(1) 当一个空调风系统负担多个使用空间时，系统的新风量应按式(6-1)确定的新风比计算确定。

$$Y=X/(1+X-Z) \tag{6-1}$$

式中 Y——修正后的系统新风量在送风量中的比值；

X——未修正的系统新风量在送风量中的比值；

Z——需求最大的房间的新风比。

(2) 在人员密度相对较大且变化较大的房间，宜采用新风需求控制，即根据室内 CO_2 浓度检测值增加或减少新风量。

(3) 当采用人工冷、热源对空调系统进行预热或预冷运行时，冬夏季新风系统应能关闭。当采用室外空气进行预冷时，应利用新风系统。

(4) 设置竖向新风送风和竖向排风系统且符合下列条件之一的甲类建筑，应设置热回收装置[排风热回收装置(全热和显热)的额定热回收效率不应低于 60%]：

① 送风量不小于 3 000 m^3/h 的直流式空气调节系统且新风与排风的温度差不小于 8 ℃。

② 设计新风量不小于 4 000 m^3/h 的空气调节系统且新风与排风的温度差不小于 8 ℃。

(5) 空调系统送风温差应根据焓湿图(h-d 图)表示的空气处理过程计算确定。采用上送风气流组织形式时，宜加大夏季设计送风温差，送风高度不大于 5 m 时，送风温差不宜小于 5 ℃；送风高度大于 5 m 时，送风温差不宜小于 10 ℃。采用置换通风方式时，不受限制。

(6) 建筑空间高度大于 10 m 且体积大于 10 000 m^3 时，应采用分层空气调节系统。

(7) 有条件时，空气调节系统宜采用通风效率高、空气龄短的置换通风型送风模式；舒适性空调和条件允许的工艺性空调，可用新风作冷源时，应最大限度地使用新风。

(8) 空调风系统的作用半径不宜过大。风机的单位风量耗功率(W_s)应按式(6-2)计算，且不应大于表 6-8 中的规定。

$$W_s = P/(3\ 600\eta_t) \tag{6-2}$$

式中 W_s——单位风量耗功率，W/(m³·h)；

P——风机全压值，Pa；

η_t——包含风机、电动机及传动效率在内的总效率。

表 6-8　风机的单位风量耗功率限值　单位：W/(m²·h)

系统形式	办公建筑		商业、旅馆建筑	
	初效过滤	初、中效过滤	初效过滤	初、中效过滤
两管制定风量系统	0.42	0.48	0.46	0.52
四管制定风量系统	0.47	0.53	0.51	0.58
两管制变风量系统	0.58	0.64	0.62	0.68
四管制变风量系统	0.63	0.69	0.67	0.74
普通机械通风系统	0.32			

注：1. 普通机械通风系统中不包括厨房等需要特定过滤装置房间的通风系统。

2. 当空气调节机组内采用湿膜加湿方法时，单位风量耗功率可增加 0.053 W/(m³·h)。

6.2.3.4　水系统设计

(1) 空调水系统应采用闭式循环水系统，并合理布置水系统的走向，缩短管路总长度。

(2) 只要求按季节进行供冷和供热转换的空调系统，应采用两管制水系统；当建筑物内部分空调区域需全年供冷，部分空调区域供冷、供热定期交替供应时，宜采用分区两管制水系统。

(3) 当空调水系统的并联环路水压力损失的相对差额超过15%时，应在计算的基础上，根据水力平衡要求配置必要的水力平衡装置；合理确定空调冷、热水循环泵的扬程，选择水泵时使其设计运行工况点处于高效区。

(4) 系统较小或各环路负荷特性或压力损失相差不大时，应采用一次泵系统；采用一台泵运行的系统，应分别设置冷、热水泵。系统较大、阻力较高、各环路负荷特性或水压力损失相差悬殊时，应采用二次泵系统，二次泵应根据流量需求的变化采用变频调速变流量调节方式。

(5) 空调冷水的供、回水设计温差不应小于 5 ℃。在保证技术可靠、经济合理的前提下，宜尽量加大冷水供回水温差，降低水系统的输配能耗，但应注意流量减少对定型盘管设备(例如风机盘管等)传热系数的影响。

(6) 空气调节水系统的定压和膨胀宜采用高位膨胀水箱方式。

(7) 为保证空气调节系统设备制冷及冷热交换的效率，应根据当地的水质情况对水系统采取必要的过滤除污、缓蚀、阻垢、灭藻等水处理措施。

(8) 空调冷热水系统的输送能效比(*ER*)不应大于表 6-9 中的规定值。

表 6-9　空气调节冷热水系统的最大输送能效比(*ER*)

管道类型	两管制热水管道	四管制热水管道	空调冷水管道
ER	0.006 5	0.010 1	0.024 1

(9) 空调冷却水系统、地源热泵低位热源侧水系统的设计应符合下列规定：

① 应具有过滤、缓蚀、阻垢、杀菌、灭藻等水处理功能。

② 冷却塔应设置在空气流通条件好的场所。

③ 在多台制冷主机并联供冷的系统中，与其相匹配的冷却塔应采用并联形式。在过渡季或者外界气温较低、室内冷负荷减少，部分制冷主机运行时，应根据冷却塔出水温度，停开冷却塔风机，采用自然冷却的方式，降低能耗。

④ 地源热泵低位热源侧水系统应设计冬夏季变流量系统。

6.2.3.5 系统运行控制与维护

(1) 冷却系统高效运行关键问题

冷却系统的运行目标为：尽可能降低冷却水供水温度，使冷水机组冷凝温度降低、*COP* 提高。目前的冷却水系统设计一般为“一机对一泵一塔”。冷却水系统运行的原则是：充分利用换热面积，降低冷却水温度。因为冷却塔在安装好后，填料的换热面积是“免费”的资源，所以要尽量多利用。冷却泵与冷水机组一一对应运行，开几台冷水机组就对应开启几台泵，但冷却塔布水应保持全开，这样避免了调节平衡的麻烦，也可以有效降低冷却水温度，从而降低冷水机组能耗。冷却塔风机则根据水量进行变频调节或高低档调节，维持恒定的风-水比，避免风量太大造成水飞溅损失。同时，还可根据室外天气状况调节，在湿球温度低，水温过低时，适当降低转速。冷却水温度低，制冷机的制冷效率就高。要注意冷却塔冷却能力与制冷机匹配，不要使冷却塔出水温度过高，平时运行时注意冷却水系统检修。

(2) 合理设计空调系统循环水泵的运行参数

为了实现选泵的最优化，使得循环水泵科学而合理，在空调设计中就应保证水泵扬程及流量的计算精确和准确，同时这也是专业选泵的基础。一般而言，选泵应满足用户使用的压力需求，选择最为合适、合理的循环水泵，最大化减少能耗。就目前来看，变频调速供水在 20 世纪 90 年代之后得到了广泛的应用，主要利用的措施是用变频器来改变电动机的供电频率，从而依据用户所需水量来实现水泵的循环软启动和无级调速。因此在空调设计中应加强这方面的应用，同时根据换热器和循环水泵的承压强度合理选择二者的相对位置。

在空调水系统中，循环水泵变频技术就是通过水管网的流量和压力参数来控制运行系统中变频调速装置，改变供电电源的频率、水泵电动机的转速变化从而使运行水泵的特性曲线不断追踪适应水系统管网的特性曲线规律，以达到最大节能效果。

利用变频水泵对流量进行调节已很普及，但大多数空调系统在结构设计上基本上还是沿用传统的基于阀门调节的系统，没能真正发挥变频调速的作用。水泵能耗的一半消耗在各种阀门上。改变输配系统结构，去掉调节阀，用分布的水泵充当调节装置，不是用阀门消耗多余的能量，而是用水泵补充不足能量，这可以使空调系统能耗比目前的降低不少。目前，国内外都在这方面进行尝试，并有一些成功的工程案例。

(3) 统筹考虑空调系统的运行

通过对中央空调系统各设备运行状态的调研，在对寒冷地区大型公共建筑的中央空调系统能耗进行详细分类统计分析的基础上，统筹考虑空调系统的运行，推荐节能措施如下：

① 各系统用电实现实时计量、分项计量(例如：空调、采暖、空调箱风机、冷冻水循环泵、冷却水循环泵、冷却塔、空调压缩机等)，总的用电量和各个设备系统用电量可为用电和节电管理提供准确的数据基础。

② 进行中央空调系统的集中优化控制，包括主机、水泵、冷却塔、风机等，通过控制平台进行，使整个空调系统运行参数匹配，达到系统的最优化运行，节约用电和人工控制的成本。

③ 将各个子系统节能改造技术措施统筹考虑，整合到一个应用平台上，发挥整体优势。

为解决中央空调系统及循环系统的管理与节能问题，需要一套针对中央调系统的监管平台，包括能耗监测分析、设备优化控制、设备维护保养等功能。利用该平台降低能源消耗成本，提高能源利用效率，为师生提供舒适节能的工作学习环境。

图书馆的空调系统通过集中管理、远程控制、需求化新风控制技术、自校正变参量温度控制技术、无人侦查技术等控制策略实现个性化控制，提高舒适性，使节能运行成为可能。

a. 集中管理，远程控制：通过中控电脑对每个房间的温度进行设定及控制，每个房间可根据权限设置最低温度，每个房间手动调节的温度只能在控制中心远程设定的温度范围内，每个房间均设置冷量计量。

b. 需求化新风控制技术：采用数字和模拟相结合的自动控制模式，及时感知特定场所（如会议室）的新风阀状态，主动调节新风机组的最大新风量和最小新风量，自动跟踪办公场所空气的二氧化碳浓度变化，自动调节新风机组的运行频率，实现需求化通风。

c. 自校正变参量温度控制技术：风机盘管均采用变风量和变冷冻水流量控制，在确保空调房间舒适性的前提下，根据房间温度变化通过 PID 运算，自动调节风机盘管的送风量，同时自动调节冷冻水的流量。这样，不仅能实现房间温度和相对湿度的持续稳定，而且，可以避免“大风量小焓差”和“大水量小温差”的不节能现象，提高主动节能水平。

d. 控制算法采用自校正 PID 参数（根据温差的大小、PID 或 PI 控制系数分档调整），自动调节新风机的转速及电动浮点阀的开度，保证回风温度快速稳定地接近设定值，降低温度过调值，使回风温度波动控制在最小范围，提高办公室舒适度。

e. 无人侦查技术：每台风机盘管控制器均带有无人检测延时停机的功能，除了午休时间（12:00～14:00）外，红外微波双鉴传感器检测到办公室无人 15 min（可调）时，可自动关闭风机盘管及冷冻水阀[255]。

6.3 冷热源

6.3.1 热源

6.3.1.1 热源的选择

高校采暖系统热源宜为集中设置的热水机组或供热、换热设备。机组或设备的选择应根据建筑规模、使用特征，结合当地能源结构及其价格政策、环保规定等按下列原则经综合论证后确定：

（1）热源应符合本地区总体供热的要求，优先使用城市热网。在工厂区附近的高校建筑，应充分利用工业余热和废热。在经济合理的条件下，具备地表水或废水等水源条件时，宜采用水源热泵系统进行建筑物的采暖。

（2）具备可供换热器埋管用的地下空间和冷热负荷基本平衡时，宜采用土壤源热泵采暖空调系统。热泵系统设计和施工应符合《地源热泵系统工程技术规范》（GB 50366）的有关规定。

（3）有地热水资源可供开发时，可采用地热水梯级利用系统；具备太阳能利用条件的高校建筑，应充分利用太阳能作为辅助采暖热源。

(4) 没有热电联产、工业余热和废热可利用时，应建集中锅炉房。锅炉房位置应靠近热负荷密度大的位置，并应考虑将来与城市热网连接的可能性。

6.3.1.2 节能措施

(1) 提高锅炉效率

采暖期锅炉平均运行效率与诸多因素有关，如锅炉运行时的负荷率。锅炉运行时实际流经的水量应符合锅炉额定水量。加强锅炉计算机自动化控制与辅机变频技术应用。提高燃烧效率，增加热量回收。对于燃煤锅炉，有条件的应采用炉渣二次回烧。实行连续供暖，使锅炉满负荷运行。搞好锅炉的除氧和水处理，推广最新的防腐阻垢剂，延长锅炉使用寿命。

(2) 减少热能输送过程的热损失

在热能输送过程中，要按节能标准要求对供热管道进行保温，且要保证不存在漏水、偷水的现象，减少热能输送过程的热损失。

(3) 采用分阶段采暖

根据高校建筑能耗特点，通过优化措施，使供暖系统在不同的负荷阶段，分阶段运行，提高节能率。具体措施包括以下几方面：

① 安装热工仪表，掌握系统的实际运行情况。供热系统安装所需的热工仪表是掌握系统运行工况、准确了解和分析系统存在的问题、采取正确方法与措施来达到节能挖潜目的的重要手段。目前热工仪表安装不全、不准的情况比较普遍，因此，必须要按照规定补齐所有热工仪表，并保证仪表的完好和准确。

② 风机、水泵采用调速技术，更换输送能力过大的水泵，节约电能。选择和配置风机、水泵时，其能力都有一定的富裕度，这是因为以下几点：

a. 风机、水泵选型时要求扬程有一定裕度，而且风机、水泵规格不可能与需要完全一致，一般选型结果都稍大。

b. 在运行过程中荷载（扬程、流量）常有波动，小荷载时风机、水泵的能力会进一步富裕。

c. 热网建设有一发展过程，循环水量逐年增加，系统满负荷前水泵能力富裕很大。风机、水泵采用调速技术，可以及时地把流量、扬程调整到需要的数值上，消除多余的电能消耗。

这样做一般都能达到30%以上的节电效果。

③ 推广热水管道直埋技术，降低基础投资和运行费用。热水管道直埋技术在国内使用已有经验。《城镇直埋供热水管道工程技术规程》(CJJ/T 81—98)于1999年6月1日起就已实施。直埋敷设与地沟敷设比较，除具有节省用地、方便施工、减少工程投资($DN \leqslant 500$时，管径越小越明显)和维护工作量小的优点外，由于采用导热系数极小的聚氨酯硬质泡沫塑料保温，热损失小于地沟敷设。尤其是长期运行后，地沟敷设管道的保温层会产生开裂、损坏以及地沟泡水而大幅度增加热损失，而直埋管道不存在上述问题。

④ 推广管道充水保护技术，防止管道腐蚀。国内部分非常年运行的供热系统，采取夏季放水检修，冬季投产前充水的做法。系统放水后不及时充水，空气进入管道会造成管内壁腐蚀。所以非常年运行的供热系统应积极推广夏季管道充水保护技术，在夏季检

修后及时充满符合水质要求的水，既可省去管道投运时的充水准备时间，又可防止管内壁腐蚀。

⑤ 热力站入口装设流量控制设备，解决一次水系统水力失调现象。目前，供热系统的一次系统，因通过每个热力站的水量得不到有效控制而造成的水力失调和能源浪费现象很严重。因此应在热力站入口装设流量控制设备以解决一次水系统水力失调问题。对于当前国内供热系统绝大多数采用的定流量质调节运行方式应装设自力式流量限制器，对于即将采用或已经采用的变流量调节的系统应装压差控制器。

⑥ 热力站(或混水站)安装监控系统、实时调节供给用户的热量。为了实现实时控制和调节供给用户的热量，热力站应安装监控系统。热力站(或混水站)内设有采暖系统、生活热水系统和空调系统，哪个系统需要控制、实施什么样的控制水平应根据实际情况确定。

⑦ 改善二次水系统和户内系统，解决建筑物之间和建筑物内部房屋冷热不均、能源浪费的问题。在用户入口(当几栋楼到干管的系统管道阻力相近时，也可在总分支管上)装设流量控制设备，对各楼之间流量分配进行调节，在管路(一般为立管)上装设平衡阀平衡各立管之间的流量，在每组散热器前装设温控阀控制室内温度，可以有效地解决建筑物之间和建筑物内部冷热不均的问题，不仅节约能源，还为计量收费、分室温度调节打下了基础。

⑧ 加强管理，控制系统失水是节能和保证安全运行的重要措施。目前，国内部分直接连接的供热系统失水情况严重，补水率高的可达循环水量的10%以上。失水主要是用户放水和二次系统以及用户内部系统管网陈旧漏水所致。系统大量失水和热量丢失，影响供热能力，而且一些供热单位还因水处理能力不足，不得不用生水作为热网补水，从而造成管网阻塞和腐蚀。因此，必须加强宣传教育与管理，采取防漏、查漏、堵漏等有效措施，将失水率降到正常的水平。

⑨ 建立并完善与供热系统相适应的控制系统。供热系统是由热源、管网、用户组成的复杂系统，为使热生产、输送、分配、使用都处在有序的状态下，提高供热系统的能源利用，需要建立和供热系统相适应的控制系统。控制系统的建立可为供热管理人员提供供热系统的运行状况，帮助工作人员选择最佳的运行方式，维持供热系统瞬间变化的水力工况平衡，保证供热，节约能源。控制系统的投资一般在系统初投资的5%以下，但其经济和社会效果是很好的[31]。

6.3.2 冷源

6.3.2.1 冷源的选择

(1) 夏季供电充足的地区，空调系统的冷源宜采用电动压缩式机组。对于电动机驱动的蒸汽压缩循环冷水(热泵)机组，在额定制冷工况和规定条件下，性能系数(*COP*)不应低于《冷水机组能效限定值及能源效率等级》(GB 19577—2004)中的3级，如表6-10所示。寒冷地区公共建筑采用电动机驱动的蒸汽压缩循环冷水(热泵)机组在名义制冷工况和规定条件下的性能系数(*COP*)应符合《公共建筑节能设计标准》(GB 50189—2015)中第4.2.10条的规定，如表6-11所示。

表 6-10　　能源效率等级指标

类型	额定制冷量(CC)/kW	能效等级(EER)/W·W^{-1}				
		1	2	3	4	5
风冷式或蒸发冷却式	CC≤50	3.20	3.00	2.80	2.60	2.40
	CC>50	3.40	3.20	3.00	2.80	2.60
水冷式	CC≤528	5.00	4.70	4.40	4.10	3.80
	528<CC≤1 163	5.50	5.10	4.70	4.30	4.00
	CC>1 163	6.10	5.60	5.10	4.60	4.20

表 6-11　　寒冷地区名义制冷工况和规定条件下冷水(热泵)机组的制冷性能系数(COP)

类型		名义制冷量 CC/kW	性能系数 COP/W·W^{-1}
水冷	活塞式/涡旋式	CC≤528	4.10
	螺杆式	CC≤528	4.70
		528<CC≤1 163	5.10
		CC>1 163	—
	离心式	CC≤1 163	5.20
		1 163<CC≤2 110	5.50
		CC>2 110	5.80
风冷或蒸发冷却	活塞式/涡旋式	CC≤50	2.60
		CC>50	2.80
	螺杆式	CC≤50	2.80
		CC>50	3.00

水冷冷水机组选型时，应对其机组性能系数和蒸发器压力损失、冷凝器压力损失进行综合比较后确定，相关技术参数应标注于设备表中。风冷冷水机组选型时，应对其机组性能系数和蒸发器压力损失进行综合比较后确定，相关技术参数应标注于设备表中。

(2) 夏季供电不充足，但城市燃气供应充足的地区，宜采用燃气吸收式冷水机组供冷。

(3) 夏季室外空气设计露点温度较低的地区，宜采用间接蒸发冷却冷水机组作为冷源。

(4) 天然气供应充足的地区，当建筑的电力负荷、热负荷和冷负荷能较好匹配，能充分发挥冷、热、电联产系统的能源综合利用效率并经技术经济比较合理时，宜采用分布式燃气冷热电三联供系统。

(5) 全年进行空气调节，且各房间或区域负荷特性相差较大，需要长时间地向建筑物同时供热和供冷，经技术经济比较合理时，宜采用水环热泵空调系统供冷、供热。

(6) 在分时电价、峰谷电价差较大的地区，经技术经济比较，采用低谷电价能够明显起到对电网“削峰填谷”和节省运行费用时，宜采用蓄能系统供冷、供热。

(7) 有天然地表水等资源可供利用或者有可利用的浅层地下水且能保证100%回灌时，可采用地表水或地下水地源热泵系统供冷、供热。

(8) 具有多种能源的地区，可采用复合式能源供冷、供热。

对于寒冷地区高校建筑而言，根据不同的建筑物功能和使用特点，图书馆空调宜采用全空气空调系统，其冷源可采用电动压缩式冷水机组，或地源热泵，而学生公寓宜采用多联机系统。

6.3.2.2　节能措施

(1) 冷水机组

在设计制冷系统时，一般按最大负荷情况设计冷水机组的总冷量和冷水机组台数，而实际冷水机组大部分时间都在部分负荷下运行，因此可以检测各机组的运行状况，在满足系统用户负荷的基础上，根据负荷变化，通过关闭一些冷水机组，提高机组的运行效率，达到冷水机组节能降耗的效果。在工程上，通常在冷冻水供回水总管上设置流量和温度传感器来实现自动控制。[256]

(2) 风机与水泵

风机与水泵是冷源系统中不可缺少的设备，又是建筑中耗电较多的设备之一。大中型中央空调系统中水泵的耗电量甚至占整个系统耗电量的30%左右。实际工程中泵与风机存在的主要问题有：为了降低初投资，所选用的泵与风机额定效率低于先进水平；系统设计不合理，“大马拉小车”，有较大裕量；运行时泵与风机偏离性能曲线上的最佳工作区，运行效率比额定效率低很多；输送管路的设计和安装不合理，管路阻力大，运行能耗大；管路水力不平衡，只能采取阀门或闸门调节流量，增加了节流损失；维护保养不当，泵与风机经常带病工作，浪费了能源。

主要的节能措施有：更新和改造，用高效率泵与风机替代原有效率比较低的泵与风机；选择与系统特性相匹配的泵或风机。管网特性曲线尽量通过效率的最高点，对于流动特性变化比较大的管网系统，应尽量选择效率曲线平坦型的水泵。在主要管路上安装检测计量仪表，例如，在水管路上安装电磁流量计或超声波流量计以及温度计，结合楼宇自控系统，能够掌握水泵是否工作在特性曲线的高效区。如果所选水泵的流量和扬程远大于实际需求，最简单的方法是减少叶轮的直径，从而减少轴功率。但是这种方法只适用于扬程比较稳定的系统。调节入口导叶，从而改变水泵或风机的流量-扬程的曲线——入口导叶调节范围比较宽，所花代价小，有较高的经济性，并可实现自动调节，因此被广泛采用。

另外，目前采用比较普遍的是泵与风机的变转速节能。对同一泵与风机，其流量、扬程(压头)、转速和轴功率之间存在如式(6-3)的理论关系：

$$\frac{Q_1}{Q_2}=\left(\frac{n_1}{n_2}\right);\quad \frac{P_1}{P_2}=\left(\frac{n_1}{n_2}\right)^3;\quad \frac{p_1}{p_2}=\left(\frac{n_1}{n_2}\right)^2;\quad \frac{H_1}{H_2}=\left(\frac{n_1}{n_2}\right)^2 \tag{6-3}$$

式中　Q——流量；

P——轴功率；

p——风机压头；

H——水泵扬程；

n——转速。

可见泵与风机的轴功率与转速成三次方关系，改变转速的节能潜力很大。[257]

对于集中空调系统的冷却水泵和冷冻水泵，还可采用变频控制来实现节能。

中央空调系统的冷却水泵一般按照系统最大换热量并取一定的安全系数来选择，而中央空调系统大部分运行于部分负荷状态，系统实际换热量远小于设计值。冷却水系统如果采用调节阀门的开度来调节流量，一定程度上可以降低水泵的能耗，但减小阀门开度会增大水系统阻力，有许多能量浪费在克服相应的阻力上。通过水泵的变频调节，可避免浪费在相应阻力上的能耗，进一步减少能耗，在工程中已得到广泛应用。[258]

冷冻水泵的变频控制同样在工程中得到了广泛的应用。对于一次泵变流量系统运行优化，除可对冷水机组运行台数优化外，可通过供回水压差来调节冷冻水泵的电源频率，以适应空调系统实际负荷的变化，实现水泵的节能运行。冷冻水泵的变频器工作频率需设定上下限，其最低转速对应的频率应保证冷水机组所需的最小流量。水泵的运行频率（转速）由系统最远端的压差传感器来控制。[258]

（3）多联机室外机

对于多联机系统，室外机的能耗占多联机系统能耗的比例很大，因此室外机的节能至关重要。室外机的节能主要有以下几个方面：

① 室外机必须设置在通风良好的场所，避免设置在通风条件不良的半封闭空间等场所。当室外机布置在下部时，应考虑制冷工况时高压液体上升克服重力的能量损失，防止液体闪发；当室外机在上部时，应考虑压缩机排气压力是否能够满足要求。

② 室外机的散热翅片应避免太阳直射，必要时可设置遮阳板。但遮阳板不应距离室外机太近。

③ 室外机应设置在远离热排气口及含油蒸汽、污浊气体、腐蚀性气体的排出口。避免热空气短路，造成室外机散热不良。

④ 室外机的设置应防止进风与排风短路。当有可能发生这种情况时，应采取有效措施，如冷凝风机出风口安装导向风管，并适当加大风机静压；加高室外机组的安装高度，保证补风空间；等等。

（4）地源热泵的应用

详见 7.2.2 部分。

6.4 给水排水

6.4.1 给水

建筑给水系统的任务是按其水量、水压供应不同类型建筑物及小区内的用水，即满足生活、生产和消防的用水需要。当室外给水管网的水压满足用户使用要求时应直接供水。当室外给水管网的水压和（或）水量不足时，应根据卫生安全、经济节能的原则选用贮水调节和加压供水方案。竖向分区应根据建筑物用途、层数、使用要求、材料设备性能、维护管理、节约供水、能耗等因素综合确定。

6.4.1.1 合理利用市政管网压力

随着城市建设规模的扩大，市政建设的不断完善和改进，接管处的供水情况是不断变化的，城市供水管网各地段压力不一样。力争掌握准确的市政管网水压、水量等可靠资料，这样才可能使所设计的给水系统节能合理。系统设计中，为了减少一根立管而低层部分不利用市政管网压力供水，整个建筑均采用加压泵二次供水，将导致人为耗能的增加[259]。

学校建筑一般为多层建筑。对于多层建筑来说，如城市管网水压不能完全满足其供水要求，也应充分利用市政管网压力。某些工程设计将市政管网进水直接引入贮水池中，再利用水泵给整栋建筑供水，白白损失掉了管网水压，特别是当贮水池位于地下层时，反而把管网水压全部转化成了负压，非常不经济、不节能。因此，在设计建筑给水的时候要尽量利用城市管网水压。

充分利用市政管网压力的同时，减压阀的设置对给水系统降低输送能耗也很有利。自20世纪末国内引进与自行研制开发出能减少静压的减压阀以来，减压阀已在国内建筑中广泛应用，大多数高层、多层建筑中因用减压阀来取代分区高位水箱，并进行分区供水，既节省了分区高位水箱所占用的建筑面积，又使供水系统大大简化。但减压阀也不是万能的，在选用中应注意以下几点：

(1) 应选用质量好的产品。减压阀是分区供水的关键产品，如出现故障，将影响一个区的供水，不仅使该区用水量和能耗增加，还会产生噪声、振动，缩短配水器材的使用寿命或破坏卫生器具。

(2) 从节能考虑，分区减压阀不宜串联设置，且减压比应符合《建筑给水减压阀应用设计规程》(CECS 109:2000)或产品的要求。如比例式减压阀减压比应不大于4∶1，若超此比例说明阀前压力太高，能耗太大。在这种情况下宜增设供水泵组，减少同一泵组供水的范围。

(3) 应按《建筑给水减压阀应用设计规程》选用减压阀，配套附件不设旁通阀，并应将其设置在便于维护管理的地方[266]。

采用分区供水方式并采用新型供水设施，可以合理利用市政管网压力，减少二次加压能耗，节能效果较为显著，性价比较高，值得大力推广。相比水泵加屋顶水箱的方式，利用市政管网压力直接供水的供水方式，可节约市政供水管网压力供水范围内的用户给水能耗。

6.4.1.2 合理选择加压设备及参数

人们对生活质量的要求越来越高，而传统的水泵与水箱的供水方式(二次供水)往往会带来水质的污染，因此水箱在建筑给水系统中采用得越来越少，变频调速供水及气压罐供水逐步取代了传统的二次供水。变频调速供水在20世纪90年代之后便得到了广泛的应用，主要利用变频器来改变电动机的供电频率，从而依据用户所需水量来实现水泵的循环软启动及无级调速。变频调速供水适用于日用水时间较长、用水量经常变化的场所。从节能考虑，系统宜有一定的用水量规模。实践证明，变频调速装置相比于一般供水设备，能节省10%～40%的电能。变频调速供水宜采用恒压变流量的方式运行，大型区域低压泵站可采用变压变流量方式运行。当采用变频恒压变流量时，工作压力的设定应接近水泵工频运行时高效段扬程对应的压力下限。采用变频调速泵组供水时，应符合下列规定：

(1) 水泵的 Q-H 特性曲线无驼峰，比转速 N_S 适中(一般为100～200)，效率高，配备的电动机功率相对小。

(2) 水泵的调速范围宜在0.7～1.0的范围内。

(3) 应根据主泵高效区的流量范围与设计流量的变化范围之间的比例关系确定水泵的数量，一般为2～4台主泵，并应设一台备用泵。

(4) 恒压供水宜采用同一型号水泵，变压供水宜采用不同型号水泵。

考虑电动机散热，水泵热能堆积，径向、轴向推力增加，涡流和净吸水扬程不足等现象对水泵造成的不利影响，一般限制水泵转速最低维持在全速的30%以上，流量维持在最佳效率点流量的25%以上。设计中应以此作为校核变频泵组的依据，若供水曲线存在低于上述限制的区段，即应设置稳压泵[261]。在校园建筑内会出现极小供水流量段持续时间较长的现象，比如图书馆和教学楼、办公楼夜间几乎没有用水，供水量仅为管网泄漏量，此时除了设置稳压泵外，还应设置气压罐，以便于水泵能够较长时间内停止动作，减少能耗。

6.4.1.3 合理选择管材

镀锌钢管极易生锈，会导致水质污染。若闲置时间太长再使用会放出很多锈水，加大了水资源的浪费。因此，应推广应用钢塑复合管、铝塑复合管、铜管、不锈钢管、PE 管及 PP-R 管等。

6.4.1.4 减少管网漏损

我国管网的漏损率在15%左右，要做到节约用水，必须将管网的漏损率降至最低。管网漏损的主要原因有以下几点。

(1) 腐蚀问题

我国高校中，老旧的输水管道一般采用灰口铸铁管和普通钢管，因年久失修、腐蚀老化和管理维护不到位，极易造成大量漏损。

(2) 施工问题

在输水管施工过程中，若地基、沟槽处理不好，回填质量不好，会造成管体移位破损、承插口破损爆裂或合缝不严，导致管网漏损。

(3) 管网附件

管网中有大量的附件，阀门安装、阀门井砌筑不规范，伸缩节质量不合格，都会造成管网漏损。

针对以上问题，应该推广使用球墨铸铁、PVC-U 管、PE 管和钢塑复合管等新型管材，坚决淘汰灰口铸铁管和普通钢管，保证安全供水和防止水质二次污染，满足城市供水需要。严格施工并定期进行管网的水平衡测试，及时对漏损部分进行修复改造，降低管网的漏损率。

6.4.1.5 公共浴室节水措施

我国大部分高校都建有公共浴室，公共浴室用水占学校总用水量的6%～12%，应该重视公共浴室的节水工作。

学校公共浴室用水浪费主要有两方面原因：一方面大部分学校公共浴室采用的是双管调温混水阀，在调温的过程中，由于压力的不稳定，需要多次调节水温，造成了调温水的浪费。另一方面，有些学校采用手动阀门控制出流，没有采用脚踏式阀门，人离开时，阀门没有及时关闭，形成无效出流；采用有些红外传感电磁阀控制出水，由于浴室内雾气重而发生误动作，误认为人体进入红外探测区；有的电磁阀防潮密封性不良，难以长期在湿热环境中工作，易出故障。

因此，公共浴室节水应采用单管恒温供水，在锅炉出水口安装混水阀进行混水，直接将水温调节好输送到浴室。根据调查，采用单管恒温供水，一般可节水10%～15%；采用校园卡插卡供水技术，洗澡按照流量计费，或者采用脚踏式阀门控制出水，减少无效使用时间，这样可以节约水量30%以上。

6.4.1.6 绿化节水措施

校园绿化覆盖率一般较高，绿化用水量占总用水量的5%左右。随着校园绿化率的不断提高，绿化用水量也不断增加。因此，应改变园林绿化用水模式，建设节水型校园园林。

喷灌、微喷、滴灌是目前较为成熟的节水灌溉技术，已经广泛应用于国内外。喷灌、微喷是根据植物品种和土壤、气候等，适时适量地进行喷洒，不易产生地表径流和深层渗漏。一般情况下，喷灌、微喷比地面灌溉节约用水30%～50%，并且浇水均匀，不但可以改善周围区域内的空气质量，而且还能节省劳动力，提高工作效率。水源方面，可以采用中水进行绿化灌溉。

6.4.1.7　中水回用措施

中水回用就是将生活中的洗衣、洗漱、沐浴等污水收集后，经过简单的处理，用于冲洗厕所、浇洒绿地、冲洗车辆、冲洗道路等。根据高校的用水特点，选择合适的回用水处理工艺，能有效地减少自来水的用水量，达到节约用水的目的。

对于校园来说，中水主要被用于学生宿舍楼和大部分教学楼的冲厕和冲洗，对校园的人工水体进行补水，对校园绿地进行喷灌和喷洒校园内的路面。

(1) 中水回用水源分析

根据调查结果，学生宿舍中用于冲洗厕所的水量为总用水量的30%左右，只要收集学生宿舍内的生活杂排水，足够校园中所有建筑的冲洗厕所用水。

(2) 中水回用工艺分析

目前国内的中水回用技术已经较为成熟，在国内的高校也有一定的应用[258]。水处理方法大致可分为三类：

① 生物处理法

利用水中微生物的吸附、氧化分解污水中的有机物，包括好氧和厌氧微生物处理，一般以好氧生物处理居多。

② 物理化学处理法

以混凝沉淀技术以及活性炭吸附相结合为基本方式，与传统的二级处理相比，提高了出水水质，但运行费用较高。

③ 膜处理法

采用超滤（微滤）或反渗透膜处理，其优点是SS去除率很高，占地面积与传统的二级处理相比，减少了很多。

目前有成套的中水回用的成套处理设备，一般以几栋建筑物为一个单元，每个单元的处理能力大约为100 m^3/d，可以使处理后的水就地使用。这种成套设备的优点是布置灵活，对未来规划的适应能力强。缺点是对水量和水质的适应能力较差，使用中的管理费用和维护费用较高。

根据徐州某高校学生宿舍调研结果，学生宿舍中冲厕的用水量比重为36.05%，使用中水系统节水的为33.23%。

6.4.1.8　雨水利用措施

将回收的雨水进行简单处理加以利用，可节约大量水资源。雨水的应用方式可分为生活和工业两方面。生活包括生活饮用、灌溉、观赏、洗浴、洗车、洗衣等；工业使用包括取暖、造纸、循环冷却等。

6.4.2　排水

(1) 排水体制

建筑排水体制是指污水和废水的分流和合流。当有中水回用要求时，建筑宜采用分流制；当中水回用且室外有污水管网和污水厂时，室内宜采用合流制。建筑物雨水管道应单独设置，雨水回收利用可按现行国家标准《建筑与小区雨水利用工程技术规范》执行。

在高校内部，建筑物的发热和加热设备所排污水以及洗澡的热水废水超过 40 ℃，应首先考虑将其所含热量回收利用的可能性。如果不能回收或者回收不经济时，在排入城市下水管道前，设降温池降温后排放。

(2) 真空节水技术

为了保证卫生洁具及排水管的冲洗效果，可将真空技术运用于排水工程，用空气代替大部分水，依靠真空负压产生的高速气水混合物，快速将洁具内的污水、污物冲吸干净，达到节约用水、排走污浊空气的效果。一套完整的真空排水系统包括带真空阀和特制吸水装置的洁具、密封管道、真空收集容器、真空泵、控制设备及管道等。真空泵在排水管道内产生 40～50 kPa 的负压，将污水抽吸到收集容器内，再由污水泵将收集的污水排到市政下水道。在各类建筑中采用真空技术，平均节水超过 40%。若在办公楼中使用，节水率可超过 70%。在校园内，真空节能技术值得推广重用。

(3) 管材

目前在建筑内使用的排水管有硬聚氯乙烯塑料管(简称 UPVC)、铸铁管、钢管、带釉陶土管等。硬聚氯乙烯塑料管具有质量轻、不结垢、不腐蚀、外壁光滑、容易切割、便于安装、可制成各种颜色、投资省和节能的优点，正在全国推广应用。但塑料管也有强度低、耐温性差、立管易产生噪声、暴露于阳光下管道易老化、防火性能差等缺点。螺旋消声管材能有效减少竖向排水引发的噪声。若在室内排水系统中使用铸铁管道，相比传统塑、钢产品，功能更加全面，不仅坚固、耐用、耐高温，而且抗腐蚀、低噪声及防火等；在室外排水系统中，若在排水管上缠绕聚乙烯塑钢，也比传统排水排污管道(陶瓷管、混凝土管等)有着更大更多的优势，其内部十分平整光滑，强度极高，同时还有密封性好、安装简便、耐腐蚀、重量轻、可再生利用及寿命长等优点。

(4) 运行维护

对雨水口、检查井应定期清掏积泥及洗刷井壁，配齐或更改井盖、井座及踏步；对污水排放口应经常巡视，及时制止向排放口倾倒垃圾和在其附近堆物占用的行为；应对排放管道定期进行疏通。

6.4.3 节水器具

在校园建筑，特别是图书馆、教学楼、学生公寓中，给排水系统中的卫生器具和设备在运行中是否保持良好的状态，对节水节能很重要，不容忽视。卫生器具的给水额定流量、当量、一次和小时热水用水定额及水温、连接管公称管径和最低工作压力应按《建筑给水排水设计规范》GB 50015—2003(2009 年版)相关规定执行。公共卫生间内不得使用一次冲水量大于 6 L 的坐便器，宜采用红外感应水嘴和感应式冲洗阀小便器、大便器等节水器具。采用新型的节水节能卫生器具，例如 JS 型坐便器，这种坐便器每次的冲水水量仅为 5 L，且耗能极小，与老式坐便器相比，可以节约 50%左右的用水，属于高效的节水节能器具[262]。另外在公共卫生间采用感应式水嘴洗手盆和带脚踏式冲洗阀的蹲便器等，均可以有效实现节水节能的目的。

6.5 电气

建筑电气能耗是整个建筑能耗的重要组成部分，研究建筑电气节能技术对整个建筑节能研究具有非常重要的意义。根据功能区对用电需求的多样性和系统供电能力的要求不同，在安全可靠、保证电能质量的要求下，在具体的设计过程中应根据用电负荷容量及其分布、用电设备特点及负荷等级，合理设计供配电系统，同时从系统可靠性、经济性及节能性等多方面进行综合考虑，合理选择运行方案，以减少不必要的能源损耗，最终达到电气系统节能的目的[263]。

6.5.1 变配电

当前大多数高校把具有相似使用功能的建筑规划在一个区域，这对配电系统的线路规划是有利的，但是由于配电系统固有的特点以及受成本与技术的限制，在 6～10 kV 的中高压配电网中，广泛采用的是静止无功补偿器(SVC)动态调节无功功率，这必然产生谐波污染和谐波损耗；在低压配电网中，普遍采用的是固定电容器组，不能进行无级连续的无功补偿[264]。配电网上的电力损失是相当可观的，而在配电网中主要的节能措施就是减少有功损耗与无功损耗。

6.5.1.1 有功损耗

有功损耗指的是由有功功率的电流产生的损耗，包括线损和变压器、电动机等设备绕组的额外损耗，其中线损占绝大部分，因此减少配电网的有功损耗主要就是降低配电网的线路损耗。

根据电路功率损耗定义式 $\Delta P=I^2\cdot R$ 可知，在线路电流一定的情况下，线路的电阻越小越好，而 $R=\rho L/S$，则线路损耗 ΔP 与其电导率 ρ、长度 L 成正比，与其截面积 S 成反比。为此，降低线损应从以下几方面入手：合理规划变电所的位置，使变电所尽量靠近负荷中心以缩短供电距离减少线路损失；按经济电流密度合理选择导线截面，一般按年综合运行费用最小原则确定单位面积经济电流密度；选用电导率 ρ 小的材质作导线。

此外，要根据用电总负荷合理确定变压器的台数。当多于两台时，变压器之间要设计联络，这样可以灵活地根据负荷变化情况投入或切换变压器，使变压器能够高效运行，降低损耗。一般情况下变压器的负载率 β 应选在 75%～85%[260]为宜，对于拥有空调或实验设备等周期性使用的大功率用电设备的公教楼可以集中采用一根供电线路以充分利用季节性线路减少线路损耗，而且也可以减少相应的初投资。

建筑内部的低压配电室应靠近配电竖井，由低压配电室提供给每个配电竖井的干线不要产生沿着干线倒送的支线，也就是低压配电室与竖井位置的布局上应使线路都向前分送，尽可能减少回头输送电能的支线。

6.5.1.2 无功损耗

无功损耗指的是线路上传输无功功率而引起的功率损耗。就当前的配电系统以及用电设备而言，减少无功损耗可由以下两个方面展开：

(1) 无功补偿。针对上述配电网存在的无功损耗问题，新建校园以及校园电网改造过程中可以采用新的技术与手段，如采用无功动态补偿与谐波治理混合系统，这种系统主要由 SVC 和混合型有源电力滤波器(HAPF)组成。其中 SVC 由可控硅控制电抗器(TCR)、固定电容器组(FC)组成;HAPF由电压型逆变器、输出滤波器、耦合变压器、注入支路组成,注入支路由基波串联谐振电路和注入电容共同构成一组单调谐滤波器。由TCR和FC组成的SVC可动态连续补偿无功功率,同时具备电压支撑、阻尼振荡等功能;HAPF可有效治理SVC产生的谐波,实现无谐波的动态连续无功补偿,同时还可治理电网负载产生的谐波。也采用混合型无功补偿器、它是由一台较小容量的配电网静止无功补偿器(DSTATCOM)和较大容量的多组TSC构成的混杂动态系统。其中DSTATCOM能进行快速无级的无功补偿;TSC能进行大容量分级的无功补偿,从而可以实现连续的无功补偿。

(2) 提高功率因数。在用电设备的选择上可采用功率因数较高的同步电动机,荧光灯采用高次谐波系数低于15%的电子镇流器,采用电感镇流器的气体放电灯,单灯安装电容器等,都可使自然功率因数提高到0.85～0.95,可减少系统高、低压线路传输的超前无功功率。同样,在低压侧安装的无功补偿装置也能提高系统的功率因数。

6.5.2 配电变压器

变压器是电力输送的关键电气设备,由于数量众多,变压器本身消耗的电能也相当可观。目前,我国所有变压器自身消耗的电能占全国发电量的3%～10%,而在配电网损耗中,变压器损耗占40%～60%,节能潜力巨大[265]。我国配电变压器通常是指电压为35 kV和10 kV及以下、容量为6 300 kV·A以下直接向终端用户供电的电力变压器。尽管配电变压器已是高效率的设备(95%～99%),但由于其数量巨大和空载耗电的固有特性,变压器效率即便有微小的改进也能获得相当大的能源节约,因此其本身存在着巨大的节能潜力。

随着校园建设规模的扩大,用电量也越来越大,变配电能耗越来越大,而在变配电设备中变压器的能量损耗所占比例最大,降低变压器损耗在节能上起到关键作用。对于变压器节能,其实质就是降低变压器的有功损耗。变压器的有功功率损耗如下式表示:$\Delta P_b = P_o + P_k \cdot \beta^2$,其中,$P_o$为变压器空载损耗,$P_k$为变压器有载损耗,$\beta$为负载率。

变压器空载损耗P_o又称铁损,它由铁芯的涡流损耗及漏磁损耗组成,其值与硅钢片的性能及铁芯制造工艺有关,而与负荷大小无关,是基本不变的部分。因此,变压器应选用S9、S10、SCB9、SCB10等节能型变压器,它们都是选用高导磁的优质冷轧晶粒取向硅钢片和先进工艺制造的新系列节能变压器。"取向"处理,使硅钢片的磁场方向接近一致,可以减少铁芯的涡流损耗;45°全斜接缝结构,使接缝密合性好,可减少漏磁损耗。目前,一种新型的节能变压器——非晶合金变压器应运而生,它采用非晶合金带材制作铁芯,替代传统硅钢片铁芯,其能耗比普通硅铁变压器降低60%～80%,具有很好的节能效果。

变压器有载损耗P_k即变压器的线损,它取决于变压器绕组的电阻及流过绕组电流的大小。因此,应选用阻值较小的铜芯绕组变压器。对$P_k \cdot \beta^2$,用微分求它的极值,可知当$R=50\%$时,变压器的能耗最小。但这仅仅是从变压器节能的单一角度出发,而没有考虑综合经济效益。因为$\beta=50\%$的负载率仅减少了变压器的线损,并没有减少变压器的铁损,节能效果有限,而且在此低负载率下,由于需加大变压器容量,变压器及其附属设备的初投资和运行费、折旧费等费用也将增大。可见,变压器的能耗最小时不一定是最经济的,要综合考虑,使总投资费用最省。因此,在供电设计中必须认真分析现代建筑的负荷,准确进行负荷计算,合理地设计变压器的台数、额定容量及选用变压器的形式,使其工作在高效区内,以有效减小变压器总损耗。

6.5.3 照明

照明是高校主要用电方式之一，根据调研，徐州市某高校教学楼平均每天日光灯使用时间都在 7 h 左右，公寓楼日光灯平均每天使用都在 5 h 左右，并且都存在不同程度的浪费。学校教室使用频繁，用电量高，因此照明节能非常重要。对高校照明系统节能主要从照明设计、节能灯具选用等方面进行考虑。

6.5.3.1 照明设计

(1) 学校建筑照明功率密度和照度值可参考规范要求，详见表 6-12。

表 6-12 学校建筑照明功率密度值

房间或场所	照明功率密度/W·m^{-2}		对应照度值/lx
	现行值	目标值	
教室、阅览室	11	9	300
实验室	11	9	300
美术教室	18	15	500
多媒体教室	11	9	300
宿舍	7	6	100

(2) 选择合适的窗墙面积比，提高室内亮度，以减少白天室内开灯时间。对于有大面积天然采光窗的房间，光源色温应与天然采光相协调。对于教室来说，灯具应和黑板垂直布置，灯具的控制宜按平行于采光窗的方式分组，黑板照明应单独设置控制开关。

(3) 合理分配照明回路，选择经济合理的控制方式。采用分区、分时控制，或按照照度设定值自动控制，可增加照明分支回路控制的灵活性，减少照明能耗。

(4) 将太阳能等清洁能源用于学校建筑辅助照明以及路灯照明。对于室外照明系统，采用光电控制器代替照明开关，或采用智能照明控制系统，以利于节电。

(5) 有条件时，应尽量采用调光器、定时开关、节电开关等控制照明。公共场所照明，可采用集中控制的照明方式，并安装带延时的光电自动控制装置。大面积公共区域，宜设置智能照明控制系统。

6.5.3.2 灯具选用

(1) 对于高校教学楼照明应首选 T5 荧光灯并配以电子镇流器。T5 荧光灯管光效约比传统的 T12 荧光灯提高 40%，比 T8 荧光灯提高 18%。T5 荧光灯管径小，普遍采用稀土三基色荧光粉发光材料，并涂敷保护膜，光效明显提高，不但大大减少了荧光粉、汞、玻管等材料的使用，而且电子镇流器与普通的电感镇流器相比节能 60%，系统性能提高 18%～20%。此外还有重量轻、频闪小、无噪声、功率因数高、可调光等优点。

(2) 对于走廊、楼梯间、卫生间等的照明，宜采用节能自熄开关。也可采用夜间定时降低照度的自动调光装置。

(3) 室外广场、校园道路照明宜采用高压钠灯。高压钠灯是一种由钠蒸气放电而发光，灯内钠蒸气的分压强达到 104 Pa 的高压气体放电灯。它的特点是寿命长、光效高、透雾性强，可广泛用于道路照明、泛光照明、广场照明等领域。用高压钠灯替代目前使用较多的高压汞灯，在相同照度下，可节电 37%。

(4) 除了正确选用光源产品外，选择高效照明灯具与光源合理配套使用，在满足照明要求的情况下，可以有效节约照明用电。

6.5.4 电动机

电动机主要用于拖动水泵、风机、电梯、实验设备等，是典型的终端高耗能装置。根据目前的电气设计情况，选择的电动机功率往往要比实际负荷大得多，在实际工作中常处于低负载运行状态，往往只达到额定功率的一半左右，特别是当负载发生变化时，电动机并没有做相应的调节，依然以额定的功率运行，这不仅损耗设备，而且严重浪费能源，影响控制精度，缩短设备寿命，增加设备维修费和生产成本，浪费电能。因此，有必要挖掘电动机的节能潜力，降低电动机能耗。对于高校电动机节能，可以从三方面入手。

(1) 选用节能型产品

电动机的效率是有效输出功率与输入功率之比。电动机节能的过程就是减小电动机在能量转换中的损耗功率提高其效率的过程。高效电动机(YX、Y2、Y2E 等系列)通常指高效率电动机，效率水平能达到或超过电动机能效国家标准所规定的节能评价值的电动机。这类电动机采用新型设计、新工艺及新材料，降低电磁能、热能和机械能的损耗，提高了输出效率，具有效率高、启动性能较好、噪声低、振动小、防护性能好、运行可靠、使用寿命长、外形美观大方等优点。

(2) 无功补偿

三相异步电动机运行时，所消耗的功率包括有功功率和无功功率两个分量。有功功率是用于电动机产生机械转矩并且驱动负载所需的功率，它的电流随负载的增加而增加，而无功功率，则是用于电动机内部的电场与磁场随着电源频率的反复变化，在负载与电源之间不断地进行能量交换时所消耗的功率。无功电流在负载变化的情况下，其变化很微小，在相位上，电流的变化总是滞后于电压 90°，是纯电感性质的。在电容负载中产生的超前无功电流与在电感负载中产生的滞后无功电流能够相互补偿，所以在长期稳定运行的电动机电源终端并联一个适当容量的电容器，可以使电动机所需的无功电流大部分由并联的电容器供给，从而减少输配电线路上的总电流，降低线路损耗。

(3) 变频调速

变频的核心是变频器，它通过对供电频率的转换来实现电动机运转速度的自动调节，实现对交流异步电动机的软启动、变频调速、改变功率因数等功能。电动机直接启动或 Y-D 启动，启动电流为 4～7 倍额定电流，会对机电设备和供电电网造成严重的冲击，还会对电网容量要求增高，启动时产生的大电流和振动对挡板和阀门的损害极大，对设备、电路的使用寿命极为不利。而使用变频器后，利用变频器的软启动功能将使启动电流从零开始，最大值也不超过额定电流，减轻了对电网的冲击和对供电容量的要求，节约了电动机启动所需的电量，延长了设备和阀门的使用寿命。此外，校园建筑使用的电动机大多为变负载运行，变频调速可减少电能消耗。由流体力学的知识可知，$P=Q\times H$，$Q\propto N$，$H\propto N^2$，其中，P 为功率，Q 为流量，H 为压力，N 表示转速。若水泵或风机等效率一定，当要求流量下降时，转速 N 可成比例下降，而此时轴输出功率 P 成立方关系下降。例如：一台水泵电动机功率为 55 kW，当转速下降到原转速的 4/5 时，其耗电量为 28.16 kW，省电 48.8%，当转速下降到原转速的 1/2 时，其耗电量为 6.875 kW，省电 87.5%。由此可见，使用变频器在泵与风机等负载降低的情况下节能效果明显。

6.5.5 控制与管理

电气的控制与管理是现代建筑管理的主要内容之一，一套好的控制与管理系统能直接实现建筑的节能，因此，有必要着力构建有效的电气控制管理体系。智能化的电气节能设计是建筑行业发展的前沿技术，是各学科领域的结合在建筑行业的集中展现，是建筑行业传统工业技术与现代信息技术完美结合的产物。它是指以现代房屋建设为平台，以环境计划、建筑系统、信息自动化为骨架的建筑与信息技术完美结合的综合体，可以为现代建筑提供舒适、安全、方便的工作环境，而且由于其控制管理的及时到位，可节约大量的能源。

高校建筑，特别是高校教学区，除了照明、电扇以外，还有大量的多媒体设备，仅从选用节能设备方面考虑是远远不够的，还应辅助以先进的控制管理手段。特别是对一些多媒体教室，动辄几十台、上百台电脑，每年仅待机耗电量都是一个不小的数字，如果只靠人工管理，难免会出现疏忽，若辅助以智能管理系统，在非使用阶段可实现自动断电，不但减少了待机消耗，而且使控制变得简单易行。

6.6 小结

本章主要结合寒冷地区高校建筑的用能特点，分别从采暖、空调、冷热源、给水排水和电气等方面提出了校园建筑设备节能技术。

7 可再生能源利用技术

本章在分析寒冷地区太阳能、地热能等资源条件的基础上，参考国内外先进的可再生能源利用技术，研究太阳能热水供应、太阳能采暖、太阳能光伏发电、太阳能照明、地源热泵、地道风等可再生能源利用技术，提出适宜校园建筑的可再生能源利用方式。

7.1 太阳能

7.1.1 资源概况

太阳能是一种新型可再生能源，由于其清洁、可再生、成本低、分布广，越来越被广泛应用。

我国太阳能资源十分丰富，其中三分之二的国土面积年日照在 2 200 h 以上，年辐照总量为 3 350～8 370 MJ/m^2[266]。

我国太阳能资源分布的特点是：太阳能的高值中心和低值中心都处于北纬 22°～35°一带，青藏高原是高值中心，四川盆地是低值中心；太阳年辐射总量西部地区高于东部地区，除西藏和新疆两个自治区外，基本上是南部低于北部；由于南方多数地区云多雨多，在北纬 30°～40°地区，太阳能的分布情况与一般的太阳能随纬度而变化的规律相反，太阳能不是随着纬度的增加而减少，而是随着纬度的升高而增加。寒冷地区的太阳能资源具有明显的地域性，这种分布特点反映了太阳能资源受气候和地理等条件的制约[267-268]。我国寒冷地区太阳能资源比较丰富，太阳年辐照量均大于 5 000 MJ/m^2，有利于太阳能各项技术的应用[156]。

对于太阳能的利用，概括起来包括太阳能热水系统、太阳能供热采暖、太阳能光伏发电和照明等多种形式。根据调研，目前太阳能在寒冷地区高校的节能设计上并没有得到充分的重视和利用。比如在夏季，一些高校学生公寓利用电热水器，耗电量非常大，能源浪费较大；公共浴室，虽然比公寓电热水器要节能，但不方便。直到最近几年，部分高校才开始利用太阳能照明和太阳能热水系统，太阳能在高校中的利用需要进一步推广。

7.1.2 热水供应

太阳能热水供应主要通过太阳能集热器来产生和储存热水，选择合理的热水供应系统，安全可靠地将热水供给用户。

7.1.2.1 太阳能集热器

太阳能集热器是利用太阳能的一种节能、环保、高效、性价比高的产品，已被消费者广泛接受和使用。

太阳能集热器分为平板式、真空管式、U 形管式和闷晒式。目前，我国大部分太阳能集热器采用是真空管式[269]。

(1) 平板式

平板集热器一般采用全铜材料或铜铝复合材料，吸热涂层采用蓝钛镀膜或者黑铬镀膜技术；采用双循环，不易结垢，可排污，不会爆管，不怕冰雹；外盖采用钢化玻璃保护层，可承压，属于金属管之间焊接，使用寿命通常能达到 20 a 以上。

目前成熟通用的平板集热器产品是管板式太阳能集热器，产品性价比高，经济实用，承压能力强，系统可承压运行，如图 7-1 所示。

图 7-1　平板式太阳能热水系统

(2) 真空管式

真空管式是目前国内应用广泛的太阳能集热器，直接加热冷水，升温快，工艺简单，造价低廉，如图 7-2 所示。但正是因为升温快易而导致管内水分蒸发，尤其是联集管为横向真空管，易造成部分空晒，温差增大，当温差达到玻璃耐受温差极限时，内管就会破裂，造成系统漏水。同时也会造成管内钙、镁离子浓度增加，结垢现象较为严重，管内易积聚沉淀，致使集热效率下降。冬季温度低于 0 ℃时也容易使管内的水结冰，导致真空管破裂。目前常用防冻方法为开启防冻循环，或增加电伴热。

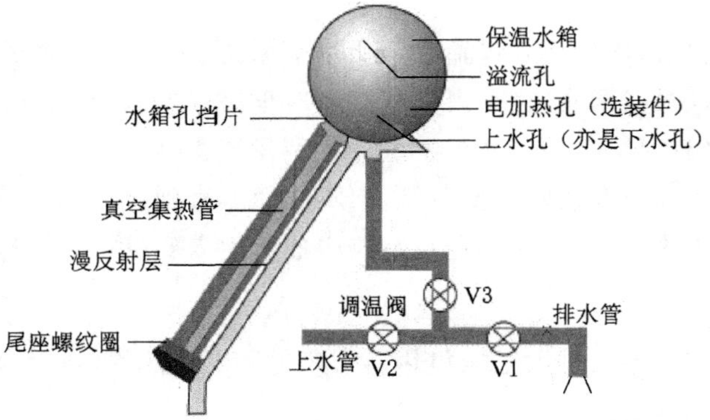

图 7-2　真空管太阳能热水系统

常用真空管型号为 ϕ58 mm×1 800 mm、ϕ47 mm×1 800 mm 的真空管。家用一体机水量主要由管的数量来决定，数量从 14～30 根不等。但一般情况下厂家固定生产 80 L、100 L、120 L、150 L 的一体机。

(3) U 形管式

U 形管一般采用带圆筒状铜翼片的 U 形铜管与普通玻璃真空管的组合，不需金属与玻璃的封接，圆筒冀片与真空管内管壁弹性胀紧。U 形铜管的两端分别与联集箱中的两根进出水母管相连，水在金属管内流动，内管把吸收的太阳辐射能传导给铜冀片，再通过 U 形铜管把水加热。U 形管太阳能系统具有耐压性能好和热损失小的优点，但安全性能不如平板。如图 7-3 所示。

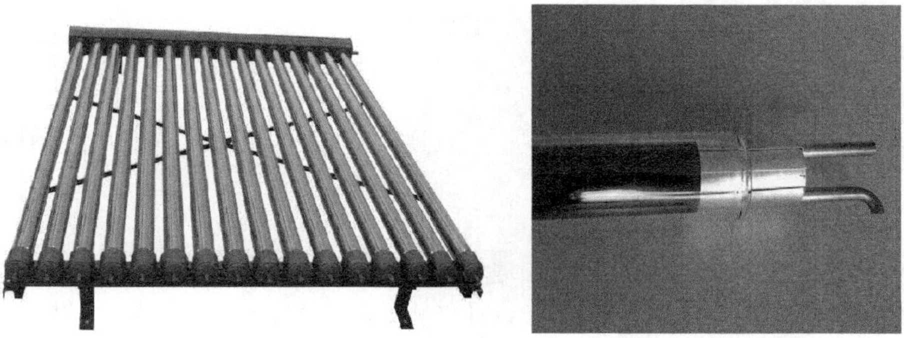

图 7-3 U 形管太阳能热水系统

我国城乡住宅的太阳能热水器使用率较高，但对于高校建筑而言，太阳能的利用应做到建筑与太阳能的一体化设计，即在建筑设计阶段，就将太阳能系统融入到建筑方案之中，作为建筑设计必不可少的部分进行考虑。太阳能热水系统包括集热器、储水箱、连接管线、控制系统，部分太阳能热水器还有辅助热源等，均应与相应的建筑构件相配合，留预留洞口等。

7.1.2.2 集热器面积计算及倾角确定

（1）集热器面积的计算

① 直接系统集热器总面积可根据公式(7-1)计算：

$$A_c = \frac{Q_W C_W (t_{end} - t_i) f}{J_T \eta_{cd} (1 - \eta_L)} \tag{7-1}$$

式中 A_c——直接系统集热器总面积，m^2；

Q_W——日均用水量，kg；

C_W——水的定压比热容，取 4.18 kJ/(kg·℃)；

t_{end}——贮水箱内水的终止温度，取 50 ℃；

t_i——水的初始温度，℃；

J_T——当地集热器采光面上的年平均日太阳辐照量，kJ/m^2；

f——太阳能保证率，无量纲，取 50%；

η_{cd}——集热器年平均集热效率，无量纲，真空管集热器效率最高可达 50%；

η_L——管路及贮水箱热损失率，取 0.2。

② 间接系统集热器总面积可根据公式(7-2)计算：

$$A_{IN} = A_c \left(1 + \frac{F_{RUL} A_c}{U_{hw} A_{kw}}\right) \tag{7-2}$$

式中 A_{IN}——间接系统集热器面积，m^2。

F_{RUL}——集热器总热损系数，$W/(m^2 \cdot ℃)$，平板型集热器，宜取 4～6 $W/(m^2 \cdot ℃)$；真空管集热器，宜取 1～2 $W/(m^2 \cdot ℃)$。

U_{hw}——换热器传热系数，W/(m² · ℃)。

A_{kw}——换热器换热面积，m²。

(2) 集热器倾角的确定

假设集热器的倾角为 θ，一般原则为：$\theta=\varphi\pm\delta$，其中，春夏秋季使用时 $\theta=\varphi-\delta$；全年使用时：

$$\theta=\varphi+\delta \tag{7-3}$$

式中 θ——集热器的倾角；

φ——当地纬度；

δ——一般取 5°～10°。

7.1.2.3 太阳能热水供应系统的选择

(1) 集中供热水系统

集中供热水系统是采用集中的太阳能集热器和集中的贮水箱供给一幢或几幢建筑物所需热水的系统。以单元或整栋楼为单位设计安装太阳能热水系统，集热器与热水箱可分离安装，一个单元或整栋楼共用热水箱。这种系统适合在多层、小高层和屋面具备条件的高层建筑上设计安装，更适用于宾馆、学校和公共浴室等公用建筑。

(2) 集中-分散供热水系统

集中-分散供热水系统是采用集中的太阳能集热器和分散的储水箱供给一幢建筑物所需热水的系统。以建筑单元为设计单位安装太阳能热水系统，集热器与储热水箱分离安装，每户拥有独立的储热水箱。适合于在多层、小高层和屋面具备条件的高层住宅建筑设计安装。

(3) 分散供热水系统

分散供热水系统是采用分散的太阳能集热器和分散的储水箱供给各个用户所需热水的小型系统。每户独立安装太阳能热水器，集热器与储热水箱可不分离也可分离安装。一般设计安装在多层住宅建筑和别墅。

对于高校而言，采用太阳能集中供热水系统可减少初投资，热损失小，不破坏建筑风格，方便管理，为最优选择。集中-分散式供水系统需要独立的储热水箱，装在户内需占用一定的空间，装在外墙又影响建筑立面美观，且管路多，投资大，热损失大，易造成系统热效率下降。分散供热水系统是一套系统只针对一个用户，不利于资源共享，管理困难。所以，不建议采用集中-分散供热水系统和分散供热水系统。

7.1.2.4 辅助加热方式的选择

由于太阳能是间断的、不稳定的能源，难以满足全天候供热水的要求，因此，太阳能中央集热系统必须使用配套的辅助热源。常用的辅助热源有电锅炉、燃气锅炉、燃油锅炉、空气源热泵、水源热泵和地源热泵等。虽然国家住宅与居住环境工程技术研究中心给出了中国范围内居民平均日热水用量参考值，但对于高校，其生活热水使用有一定的特殊性。首先，太阳能集热效果最差的月份学生放寒假，不需要提供热水；其次，连续阴天或者雨雪天气学生洗浴人数会远远低于晴好天气，这就会使用水量大幅减少；最后，学生用热水有一定的集中性，尤其是中午和夜晚熄灯以前。结合以上特点，采用空气源热泵联合辅助加热，虽然运行费用略高，但可大大减少初投资和维修维护费用，同时，能够满足高校的生活用热水需求[270]。

7.1.2.5 既有建筑物安装太阳能热水系统分析

目前多数高校建筑在设计建造时未考虑使用太阳能热水系统，因此在既有建筑物上安装太阳能热水系统需对其进行技术经济分析。

第一步，提出技术方案：通过调查高校用热水建筑的工程概况，如学生公寓的建筑平面布置情况、建筑物的屋顶面积、建筑物的屋顶荷载情况、学生人数、用水量等，针对其实际情况提出太阳能热水系统的初步设计方案，包括热水系统的选用、集热器面积的计算、辅助热源的选择、计量方式等，再结合建筑物屋面荷载承受情况等，得出太阳能热水系统的可行性方案。

第二步，经济性分析：在估算出太阳能的初始投资和年运行费用后，以传统的燃煤锅炉热水系统作为比选方案，采用工程经济学中的费用现值法对二者进行对比，得出经济可行的设计方案。

7.1.3 采暖

太阳能采暖系统是使用清洁能源的新型节能技术，它既适用于新建建筑，也适用于改建、扩建建筑；既适用于住宅，也适用于公共建筑。

（1）系统组成

太阳能采暖系统是将太阳能转换成热能，供给建筑物冬季采暖和全年其他用热的系统，主要由太阳能集热系统、蓄热系统、末端供暖系统、热水系统、自动控制系统和其他能源辅助加热/换热设备集合构成。

（2）系统分类

太阳能采暖系统按所使用的集热器类型可分为空气集热器太阳能采暖系统和液体工质集热器太阳能采暖系统；按所使用的末端供暖系统类型可分为低温热水地面辐射太阳能供暖系统、水-空气处理设备太阳能供暖系统、散热器太阳能供暖系统和热风采暖太阳能供暖系统；按蓄热能力可分为短期蓄热太阳能采暖系统和季节蓄热太阳能采暖系统；按集热系统的运行方式可分为直接式太阳能采暖系统和间接式太阳能采暖系统。

（3）系统特点

太阳能采暖系统与常规能源采暖系统相比，有如下几个特点[271-272]：① 系统运行温度低。由于太阳能集热器的效率随运行温度升高而降低，因此应尽可能降低集热器的运行温度，即尽可能降低采暖系统的热水温度。若采用地面辐射采暖或顶棚辐射板采暖系统，则集热器的运行温度在 30～38 ℃之间就可以了，所以可使用平板集热器；而若采用普通散热器采暖系统，则集热器的运行温度必须达到 60～70 ℃或以上，所以应使用真空管集热器。② 有储存热量的设备。照射到地面的太阳辐射能受气候和时间的支配，不仅有季节之差，一天之内也有变化，因此太阳能不是连续、稳定的能源。要满足连续采暖的需求，系统中必须有储热设备。对于液体太阳能采暖系统，储热设备可用储热水箱；对于空气太阳能采暖系统，储热设备可用岩石堆积床。③ 与辅助热源配套使用。由于太阳能往往不能满足采暖需要的全部热量，或者在气候变化大而储存热量又很有限时，特别在阴雨雪天和夜晚几乎没有或根本没有日照，因此太阳能不能成为独立的能源。要满足各种气候条件下采暖的需求，辅助热源是不可缺少的。太阳能采暖系统的辅助热源可采用电力、燃煤、燃气、燃油和生物质能等。④ 适合在节能建筑中应用。由于地面上单位面积能够接收的太阳辐射能有限，因此要满足建筑物采暖的需求且达到一定的太阳能保证率，就必须安装足够多的太阳能集热器。

如果建筑围护结构的保温水平低,门窗的气密性又差,那么在有限的建筑围护结构面积上则不足以安装所需的太阳能集热器。

(4) 系统设计流程

太阳能采暖系统设计应根据建筑物的采暖负荷以及当地的太阳能资源情况进行,具体流程见图 7-4。

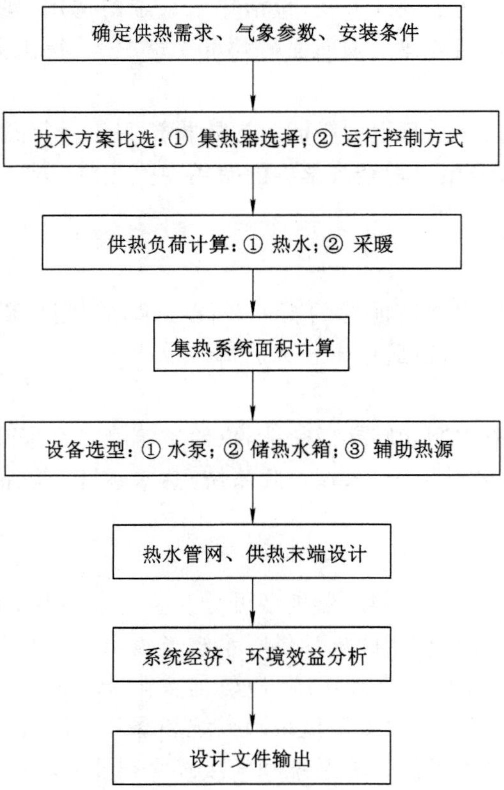

图 7-4 太阳能采暖系统设计流程

(5) 辅助热源

为建筑提供采暖用热水的太阳能采暖系统,与为建筑提供生活热水的太阳能热水系统在供水特点上是不同的,生活热水不需要连续供应而采暖用热水必须连续供应,而且要稳定可靠。太阳辐射受昼夜、季节、纬度和海拔高度等自然条件的限制和阴雨天气等随机因素的影响,存在较大的间歇性和不稳定性,因此在太阳能采暖系统中,必须设置辅助热源。要确定适宜的辅助热源以及合理的太阳能供暖比例,应根据当地太阳能资源条件、常规能源的供应状况、建筑物热负荷以及周围环境条件等因素,做综合经济分析。太阳能采暖系统中可以选择的辅助热源有燃油(气)锅炉、城市热网或区域锅炉房、工业废热、电锅炉、电热管、地源热泵以及生物质燃料等[273]。

对于太阳能的热利用系统,要注意以下几方面:

① 太阳能热利用系统的太阳能保证率应满足设计要求,当无明确规定时应满足表 7-1 的要求。

表 7-1 不同地区太阳能热利用系统的太阳能保证率 f 单位：%

太阳能资源区划分	太阳能热水系统	太阳能采暖系统	太阳能空调系统
资源丰富区	≥60	≥50	≥45
资源较富区	≥50	≥35	≥30
资源一般区	≥40	≥30	≥25
资源贫乏区	≥30	≥25	≥20

② 太阳能热利用系统的集热系统效率应满足设计要求，当无明确规定时应满足表 7-2 的要求。

表 7-2 太阳能热利用系统的集热效率 η 单位：%

太阳能热水系统	太阳能采暖系统	太阳能空调系统
≥42	≥35	≥30

③ 为了最大效率地让集热器接受太阳光的照射，集热器的朝向为正南方。

④ 若各类公寓存在屋顶集热面积不足的情况，可以将集热板布置在临近的建筑物上，如教学楼屋顶上，以提供足够的集热面积。

⑤ 为了保证太阳能热水系统能够在出现阴雨天气的时候正常提供所需的热水，需要对太阳能热水系统配备辅助热源。

⑥ 在既有建筑的屋面上增设太阳能热水系统，应对其屋面的荷载进行复核[274]。

⑦ 太阳能热利用系统的静态投资回收期应满足项目立项可行性报告等相关文件的要求，当无文件明确规定时，太阳能热水系统的静态投资回收期应不大于 5 a，太阳能采暖系统的静态投资回收期应不大于 10 a，太阳能空调系统的静态投资回收期应不大于 10 a。太阳能空调系统的静态投资需在测试评价报告中给出。

⑧ 太阳能利用系统的测试方法和评价方法按工程建设国家标准《可再生能源建筑应用工程评价标准》进行。

7.1.4 光伏发电

教学楼和图书馆是高校建筑中最具代表性的公共建筑。照明是教学楼能耗的主要方式之一，用电量大，具有很大的节能空间。因此，可采用太阳能光伏发电满足部分或全部的照明用电。图书馆的能耗主要集中于冬夏季的采暖、空调，以及室内照明，可以采用太阳能光伏发电来满足一部分的照明和设备用电需求。

光伏发电系统主要由太阳能电池板(组件)、控制器和逆变器三大部分组成。太阳能电池板(组件)是太阳能光伏发电的最基本的元件，有单晶硅、多晶硅、非晶硅和薄膜电池等。随着现代科技的迅猛发展，新型太阳能电池、太阳能组件广泛应用，成本高、能量转化率低、形状受限制等影响太阳能全面发展的因素将会大大改观，高校校园光伏发电的拓展空间也将增大。

对于新建高校校区，在一些采光较好且线路施工不便的地方用太阳能路灯代替常规路灯，可以减少道路开挖量，保护环境和减少投资。利用太阳能路灯和普通路灯结合间隔安装，实行分时照明，既可节省能源，也能保持夜间路灯的效果。地下停车场的照度要求不高，而其地面部分有相当空间，在设计采光井的基础上增加太阳能板，安装光伏发电，可实现地下停车场的太阳能照明。学校内部布置布告栏及读报栏比较多，安装和使用太阳能光伏发电系统，可节约能源，减少线路敷设和安装投资，如设计得当，也可以用太阳能组件起到遮阳挡雨的作用，一举两得。

(1) 系统原理

太阳能电池单体是光电转换的最小单元，由于单个太阳能电池输出电压太低、输出电流不合适等，在实际使用中需要把单体太阳能电池进行串、并联，并加以封装，接出外连电线，成为可以独立作为光伏电源使用的太阳能电池组件，也称为光伏组件。光伏组件输出功率从零点几瓦到数百瓦不等。若干块光伏组件经串、并联后组成太阳能电池方阵（又称为光伏方阵），光伏方阵输出功率从数瓦到数十千瓦不等。由配套系统，即控制器、逆变器、支架、输配电缆、开关、熔断器等一整套“平衡系统”与太阳能电池组件或方阵相配，组成一个完整的光伏发电系统。光伏发电系统的分类很多，在实际应用中，地面太阳能光伏发电系统通常按供能、运行方式分为独立光伏发电系统（也称离网系统）、并网光伏发电系统（也称并网系统）和混合光伏发电系统。未与公共电网相连接的太阳能光伏发电系统称为离网太阳能光伏发电系统，又称为独立太阳能光伏发电系统。与公共电网相连接的太阳能光伏发电系统称为并网太阳能光伏发电系统。

(2) 系统组成

太阳能光伏发电系统由太阳能电池组、控制器、蓄电池、直流-交流逆变器、测试仪表和计算机监控等组成，如图 7-5 所示。

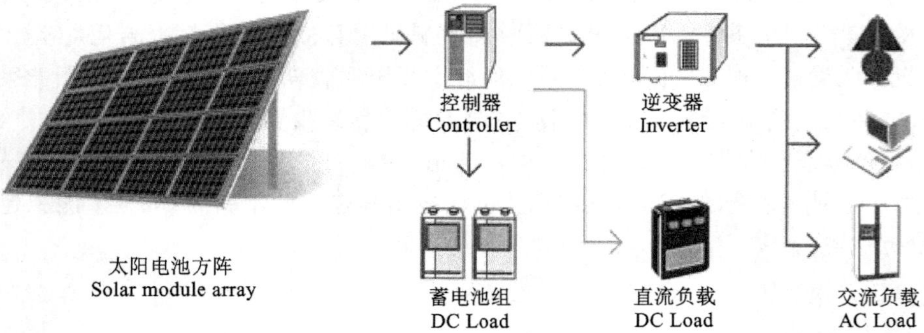

图 7-5　太阳能光伏发电系统组成

(3) 电池组件安装方式

光伏发电系统根据安装位置，分为四类：光伏屋顶、光伏墙体、光伏窗户、光伏遮顶篷。安装方式有漂浮式和表皮式：

① 漂浮式：太阳电池组件通过金属支架固定在屋顶或墙体上。这种安装方法要求屋顶或墙体作为太阳能电池的安装场所，要求屋顶或墙体有耐荷载强度，其金属支架要有抗风能力。由于安装过程需要使用螺钉，所以要注意防水。

② 表皮式：把太阳能电池组件组采用粘贴方式直接装在屋顶或墙体材料上，不需要安装支架，是屋顶或墙体的部分或者全部的表面。

(4) 光伏建筑一体化

太阳能建筑一体化是太阳能发电的一种新概念，即在建筑外表面上铺设太阳能电池阵列，并为建筑内的设施提供电力。在建筑设计阶段，就要将太阳能系统作为建筑元素加以考虑，将太阳能系统的各个部件融入建筑，使太阳能系统成为建筑的一部分。

光伏建筑一体化可以实现节地、节能、节材、节财和美化环境。

7.1.5 照明

太阳能照明系统一般由太阳能电池组件（包括支架等），LED灯头、灯杆，蓄电池，控制器等构成。太阳能照明的基本原理是利用太阳能电池的光电效应原理，光照强度允许时太阳能光伏板将太阳光转换的电能，通过控制器储存在蓄电池里，当夜幕降临或灯具周围光照度较低时，经过控制器再将蓄电池中的电能输出给使其发出可见光。

7.1.5.1 太阳能照明技术的应用分析

（1）太阳能照明技术在校园道路照明上的应用

道路照明灯具大都使用125～400 W高压钠灯、高压汞灯、金属卤化物灯等作为光源。这些光源本身的高功耗再加之气体放电灯较低的功率因数导致的电流损耗，使得每年道路照明的耗电量很高，单是从节能的角度就已经给太阳能照明技术带来很大的市场需求。但在新型光源没有出现之前，由于老式光源自身的高耗电性，太阳能电池板和蓄电池的容量不能满足其需要（目前太阳能电池板的输出功率约为120 W/m^2），从而限制了这项技术的应用。而现在，大功率LED照明技术的迅速发展，使得太阳能技术在道路照明中的应用有了普及的可能。LED作为一种新型光源，其耗电量在同等光量输出的情况下，仅为高压钠灯的1/5，而寿命可达30 000 h，为高压钠灯的6倍。目前LED已能做到单颗10 W的工业化生产，光效可达40～70 lm/W，也就是说理论上4～5颗10 W LED光源即可替代常规150～250 W高压钠灯来作为道路照明。经实测：在高度8 m的情况下，其平均照度为15 lx，已能够满足道路照明的需要，而且随着技术的不断进步，LED的单管功率在逐步上升，光效也在逐步提高。

（2）太阳能照明技术在其他场合的应用

根据太阳能照明技术的特点，太阳能照明可广泛应用于绿地、校园节日亮化、不便供电地区的照明、交通信号、警示标志、紧急救援场所等，特别是比较难管理的校园小道的路灯，利用太阳能照明技术，可以部分解决供电线路长、电压低、施工车辆难以进入维修等问题。

7.1.5.2 太阳能照明技术的优点

（1）太阳能灯具安装简单方便。在校园传统照明灯具安装工程中有复杂的作业程序，首先要铺设电缆，包括电缆沟的开挖、铺设暗管、管内穿线、回填等。然后进行安装调试，任何一条线路有问题，都要大面积返工，不但影响校园道路的正常使用，而且地势和线路要求复杂、人工和辅助材料成本高昂。太阳能照明灯安装简便，不用铺设复杂的线路，只要做一个水泥基座，然后用不锈钢螺丝固定就可。

（2）太阳能照明不需电费。太阳能照明灯具是一次性投入，无任何维护成本，三年可收回投资成本，长期受益。

（3）太阳能照明灯安全。校园传统照明灯具存在施工质量、景观工程的改造、材料老化、供电不正常、水电气管道的冲突等方面诸多安全隐患。太阳能照明没有安全隐患：太阳能灯具是超低压产品，运行安全可靠。

（4）太阳能照明还有绿色环保、可持续降低物业管理成本等优势。

综上所述，太阳能照明的安全无隐患、节能无消耗、绿色环保、安装简便、自动控制免维护等固有的特性将为高校校园建设带来明显的优势。

7.2 地热能

7.2.1 资源概况

地热能是可再生的清洁能源。按照埋藏深度，地下 200 m 以上的称为浅层地热能，浅层地热能的温度略高于当地平均气温 3～5 ℃，温度比较稳定，分布广泛，开发利用方便，具有十分广阔的开发利用前景。浅层地热能的利用，主要是通过热泵技术的热交换方式，将赋存于地层中的低品位热源转化为可以利用的高品位热源，既可供热又可制冷。开发浅层地热能，可以改善我国能源消费结构，减少二氧化碳排放。

我国浅层地热能资源十分丰富。最新数据表明，我国 287 个地级以上城市浅层地热能资源量为每年 2.78×10^{20} J，相当于 95 亿 tce。每年浅层地热能可利用资源量为 2.89×10^{12} kW·h，相当于 3.56 亿 tce。扣除开发消耗电量，则每年可节能 2.02×10^{12} kW·h，相当于标准煤 2.48 亿 t，减少二氧化碳排放 6.52 亿 t。

7.2.2 地源热泵

地源热泵技术的进步是带动浅层地热能开发利用的关键因素。实践证明，利用地源热泵技术开发浅层地热能是实现节能减排十分有效的途径。地源热泵是利用地下常温土壤和地下水相对稳定的特性，通过深埋于建筑物周围的管路系统或地下水，采用热泵原理，通过少量的高位电能输入，实现低位热能向高位热能转移与建筑物完成热交换的一种技术。地源热泵是一个广义的术语，它包括以地下水、地表水和土壤作为热源和热汇的热泵系统。以土壤为热源和热汇的热泵系统称之为土壤源热泵，以地下水为热源和热汇的热泵系统称之为地下水源热泵，以地表水为热源和热汇的热泵系统称之为地表水源热泵[275]。

地源热泵原理是：冬季，热泵机组从地源（浅层水体或岩土体）中吸收热量，向建筑物供暖；夏季，热泵机组从室内吸收热量并转移释放到地源中，实现建筑物空调制冷。地源热泵空调系统主要分为三个部分：室外地能换热系统、水源热泵机组系统和室内采暖空调末端系统。其中水源热泵机组主要有两种形式：水-水型机组和水-空气型机组。三个系统之间靠水或空气换热介质进行热量的传递，水源热泵与地能之间换热介质为水，与建筑物采暖空调末端换热介质可以是水或空气[276]。

对于寒冷地区的高校建筑，冬季采暖能耗较大，可以采用地源热泵来实现冬季采暖。图书馆的能耗主要集中于冬夏季的采暖、空调，针对此用能特点，图书馆中央空调可以部分采用地源热泵技术，实现冬季供热和夏季供冷的节能。

对于地源热泵的利用，要注意以下几方面：

(1) 在应用地源热泵系统（也应包括地热水直接采暖系统）时，不能破坏地下水资源。《地源热泵系统工程技术规范》(GB 50366—2009)规定：地源热泵系统方案设计前，应进行工程场地状况调查，并对浅层地热能资源进行勘察。地下水换热系统应根据水文地质勘察资料进行设计。必要时采取可靠回灌措施，确保置换冷量或热量后的地下水全部回灌到同一含水层，并不得对地下水资源造成浪费及污染。系统投入运行后，应对抽水量、回灌量及其水质进行监测。另外，如果地源热泵系统采用地下埋管式换热器，要进行长期应用后土壤温度变化趋势的预测。

(2) 地源热泵系统的制冷、制热系统能效比应满足设计要求;当设计无明确规定时应满足表7-3的要求。

表7-3　　地源热泵系统能效比

热源形式	地下水水源热泵系统	土壤源热泵系统	污水源热泵系统	江水、湖水源热泵系统
制热系统能效比	2.50	2.20	2.70	2.10
制冷系统能效比	3.10	2.70	2.90	2.80

(3) 地源热泵系统的静态投资回收期应满足项目立项可行性报告等相关文件的要求;当无明确规定时,地下水水源热泵系统的静态投资回收期应不大于6 a,土壤源热泵系统的静态投资回收期应不大于8 a,地表水水源系统的静态投资回收期应不大于10 a。

(4) 地源热泵的测试方法和评价方法按工程建设国家标准《可再生能源建筑应用工程评价标准》(GB/T 50801—2013)进行。

(5) 土壤热平衡问题。应用与设计地源热泵系统应重视土壤热平衡问题,即夏季向地源累计放热量应等于冬季向地源累计吸取的热量,以保持该地区地下恒温带的全年温度变化的平衡。在30～300 m深的地下,地源热泵系统都是以天、周、年的时间尺度周期地取热与排热的,只要其全年的总取热量与总排热量相等,就能持久地维持恒温带的状态;如果把恒温带地层看作"取之不尽,可不断再生的低温地热资源",可由深层的地热资源或地表太阳能来补充,那就会犯原理性错误。由于地壳的导热系数很小,热容量极大,若要让地表太阳照射的热能或地幔的热能传递到此恒温带,其恢复温度的时间尺度将是几十年,乃至上百年。因此,单纯地、连续地从此恒温带取热而不考虑及时地热量平衡,此恒温带的温度必然会逐年下降,使地源热泵系统的工况逐年恶化,效率逐年下降,5～10 a后就会失效与报废[277]。

7.2.3 地道风

地道风降温是通过埋地管道将空气与土壤进行热交换达到降温目的的一种有效利用地热能的建筑节能技术。在20世纪70年代初期,地道风降温技术发展较为迅速,多用于影剧院、礼堂、招待所及工业建筑等场所。随着经济水平和空调技术的快速发展,地道风降温逐渐被多种空调技术所替代。近年来,建筑能耗不断攀升,对建筑技术的研究进入新时期,人们越来越重视自然冷热源在建筑中的应用,地道风降温技术由于其节能、经济、系统简单等优点再次引起了建筑节能工作者的重视。

7.2.3.1 计算原理

(1) 地层温度

地层原始温度可按常物性的半无限大物体一维导热问题进行计算。

在进行地道设计时,如果是全年连续运行的工程,地层计算温度 t_{0p} 取地层原始温度即可,因为地道与空气连续换热,影响厚度较大,最终会达到某一稳定值。但仅在夏季使用的地道,地道使用前一段时间有自然透气的影响,会使得地道内空气被预热。这样,在地道开始运行时,地道壁体的温度已被预热升高,并且高于同等深度地层原始温度。因此,再按此深度的原始温度进行计算就会造成较大的误差。

根据工程实际情况分析，夏季日间歇运行时，地道计算温度应比同深度的地层原始温度高出附加温度 Δt_q，称为透气附加温度。Δt_q 的数值主要和地道修建时间以及地道的透气情况有关。通风用地道一般在使用 3～4 a 后趋于稳定，因此第一年与第五年的温度情况差别会比较大。此外，地道的透气情况也会影响地道温度的变化规律。

据工程实测推算，透气附加温度 Δt_q 值可按下列数值选用：

仅地道两端与大气相通：　　　　$\Delta t_q = 1.0$ ℃

每 50 m 地道有一透气孔：　　　$\Delta t_q = 1.5$ ℃

地道的透气比较严重时：　　　　$\Delta t_q = 2.0$ ℃

计算时注意，夏季地道为冷却用，室外空气的温度高于地层的温度，计算的地层温度应该是正值；冬天为负值，即地道被预冷。

间歇运行的地道风降温工程所用的地层计算温度 t_{0p} 可按下式进行计算：

$$t_{0p} = t_0 + \Delta t_q = t_d + \Delta t_y + \Delta t_q \tag{7-4}$$

式中　t_0——与地道中点同等深度的地层原始温度；

t_d——地面年平均温度；

Δt_y——地层深度附加温度；

Δt_q——日间歇运行时的地道透气附加温度，按上列数值取用。

(2) 地道出口空气温度

地道出口空气温度可以根据式(7-2)计算[278]，此式是在定壁温、稳态公式解的基础上修正得到的。

$$t_{out} = t_0 + (t_{in} - t_0) B e^{-\frac{hZS}{uAC_P \rho_{air}}} \tag{7-5}$$

式中　t_0——地层初始温度；

t_{in}——入口空气温度，℃；

t_{out}——出口空气温度，℃；

Z——轴向坐标，m；

S——埋管截面周长，m；

A——埋管截面面积，m²；

u——空气流速，m/s；

B——间歇修正系数，连续运行取 1；

C_P——定压比热，J/(kg·℃)；

ρ_{air}——空气密度，kg/m³；

h——动态传热系数，定壁温稳态条件下，h 即为空气与岩体的对流换热系数。

h 可按经验公式计算：当空气流速小于或等于 1 m/s 时，h 取 8.72 W/(m²·℃)。当空气流速大于 1 m/s 时，h 的取值按式(7-3)计算[279]：

$$h = 0.023 \frac{\lambda}{d} Re^{0.82} P_r^{0.3} \tag{7-6}$$

式中　λ——空气的导热系数，W/(m·℃)；

d——管道内径，m；

Re——雷诺数；

P_r——普朗特数。

7.2.3.2 设计参数

在地道风降温系统的设计计算过程中，室内、外设计温度可以根据建筑的使用功能及具体情况来确定，一般情况下按室外通风温度进行计算，在综合考虑地道换热面积及经济性的同时，可适当调整设计参数。

(1) 地道埋深

地道的埋深不同，地道周围的温度分布就不同。土壤的温度越低，土壤与空气的换热温差也越大，换热效果越明显。当埋深达到一定数值，再增加地道的埋深，不仅增加了工程量而且换热效果增加不明显。因此，地道的埋深并不是越深越好，应综合考虑地道出口温度和地道风对流换热效果等因素，取最适宜的埋深。

(2) 地道长度

地道风调节夏季室内热湿环境工程中，地道内空气的温度随着地道的长度增加温度逐渐降低，到达某一长度时，温度会降到设计所需要的值(满足室内送风温差)。然而，随着地道内空气温度的降低，空气与地道间的换热温差逐渐减小，换热效果也随之减弱，因此，并不是地道越长越好，地道的长度应该在满足室内送风温差要求的前提下，选择较小的值。

(3) 地道直径

地道的直径不仅会影响地道出口的温度，还会影响地道的换热量。在流速一定的情况下，通风量随着直径的增大而变大，进而使总的换热量发生变化。选择地道直径时应在满足室内送风温差的情况下，尽量选择较大的地道直径，因为其单位长度换热量更大，对室内的改善效果更明显。但是考虑到施工难度和场地条件的限制等因素，地道的直径也不宜过大。因此，要综合考虑地道风换热效果、施工难度、场地限制和送风温差要求等因素。

(4) 风速

地道内的风速也和地道风换热效果密切相关，风速越小，则空气与地道的换热时间越长，出口温度越低，但地道的空气流量也会降低，使得地道的总换热量发生变化。以徐州地区为例对地道风空调系统的风速进行计算分析，地道单位长度换热量随着风速的增加呈近似线性递增趋势。因此，在满足室内送风温差要求的情况下，适当加大风速有利于增强地道风改善室内热湿环境的效果，但是风速也不宜过大，风速过大会增加输送能损。因此，要综合考虑地道风换热效果和输送能损及送风温差要求等因素。

7.2.3.3 适用范围

地道风利用地层原始温度与地表空气之间的温差来进行降温，所以，不同地区应用地道风的降温范围也不相同。由于地层原始温度的限制，地道风降温技术不可能将室外空气处理到像空调系统的送风温度一样，因此，完全利用地道风来替代常规空调系统是很困难的。

地道风降温可应用于学校、办公建筑等。在实际应用中，地道风降温技术的应用大致可以分为以下几种情况：

(1) 利用地道风对室外空气进行预处理，再送入新风系统进一步降温。

(2) 在对室内温度要求不高的场所直接利用地道风达到降温调节的目的。

(3) 与空调系统共同工作，承担一部分空调负荷。在过渡季或空调季初末期，可直接将地道风送入室内。

图书馆的能耗主要集中于冬夏季的采暖、空调，除可以采用地源热泵技术，实现冬季供热和夏季供冷的节能外，也可采用地道风技术先对室外空气进行预处理，再送入中央空调新风系统进一步降温，降低空调能耗。

7.3 空气热能

7.3.1 资源概况

空气热能是指贮存在大气中，能够被热泵装置转换利用，形成高于环境温度、以满足供热需求的热能。

国际上，1981 年首次提出将可再生能源定义为："新的、可更新的能源资源，采用新技术和新材料加以开发利用，它不同于常规的化石能源，可持续发展，几乎是用之不竭，消耗后可得到恢复和补充，不产生或很少产生污染物，对环境无多大损害，有利于生态良性循环的能源形式。"毫无疑问，空气热能具备可再生能源的属性。空气热能来自太阳能，储量非常可观。最终进入靠近地表的大气层的太阳能约占到达大气层表面的太阳能总量的 30%，这部分能量以潜热或显热的形式通过对流、蒸发等方式进入靠近地表的大气层及云层中，此即空气热能的来源。到达地球大气层表面太阳辐射总能量约为 1.7×10^{14} kW，则约 30% 被靠近地表的大气层所吸收，形成空气热能总量约 5.1×10^{13} kW[205]。

空气热能与已被纳入可再生能源范围的浅层地热能一样，需要采用热泵技术加以开发利用。空气源热泵是指运用了逆卡诺循环原理，通过热泵系统中的工作介质进行相变循环，把空气中的热量吸收压缩升温后加以利用的一种节能技术。

7.3.2 空气能热泵热水器热水供应系统

空气能热泵热水器是一种电动机驱动，采用蒸汽压缩制冷循环，将低品位空气热源中的热量转移到被加热的水中用以制取热水的设备。其基本工作原理决定了该类产品与电直接加热相比具有较高的能源利用效率。按照热水器用途，空气源热泵热水器分为家用型和商用型两大类型[236]；按使用的气候环境可分为普通型（适用于 0～43 ℃）和低温型（适用于－10～38 ℃）；按制热方式可分为一次加热式、循环加热式和静态加热式。

一次加热式热泵热水器是指初始冷水流过热泵热水器内部的热交换器一次就达到用户设定温度的热泵热水器；循环加热式热泵热水器是指初始冷水多次流过热泵热水器内的换热器逐渐达到设定温度的热泵热水器；静态加热式热泵热水器是指通过换热器与水直接或间接接触，被加热水则以自然对流形式使水温逐渐达到设定温度的热泵热水器。采用空气源热泵技术的空气能热泵热水器消耗 1 kW·h 电可以产生 3～4 kW·h 的热能，其能源效率是电热水器的 3～4 倍，具有卓越的节能减排效果。

住房和城乡建设部科技发展促进中心 2015 年 11 月发布的《空气热能纳入可再生能源范畴的指导手册》对空气源热泵热水和供暖应用的节能潜力进行了估算。空气源热泵热水器在夏热冬冷气候区、寒冷气候区、夏热冬暖及温和气候区节能潜力共计 1 620 万 tce/a。空气源热泵供暖在北方及长江中下游地区的节能潜力共计 4 097 万 tce/a。

高等学校人数多，洗浴热水供应能耗大，在学生公寓建设过程中应积极推广应用空气源热泵热水器。如果热泵热水器和太阳能热水系统相结合，将进一步提高节能效果。

7.4 小结

本章分析了寒冷地区太阳能、地热能、空气热能等资源条件，提出了适宜校园建筑的太阳能、地热能、空气热能等可再生能源利用方式。对于办公建筑来说，可采用太阳能光伏发电满足部分或全部的照明和设备用电需求；中央空调可以部分采用地源热泵技术，实现冬季供热和夏季供冷的节能；也可采用地道风技术先对室外空气进行预处理，再送入中央空调新风系统进一步降温，降低空调能耗。对于公寓建筑来说，热水用量大，可采用太阳能热水系统、空气能热泵热水系统供应热水以利节能。而对于寒冷地区高校来说，不论是公共建筑还是公寓建筑，冬季均需采暖，在热源选择上可选用热电联产集中供热热源、太阳能加辅助热源、地源热泵等，具体可经技术经济比较确定。

8　建筑节能技术适宜性评价

本章采用层次分析法针对冷热源和节能建筑墙体技术进行综合评价，为冷热源与建筑外墙保温的选取提供依据。

8.1　评价目的、原则和方法

8.1.1　评价目的

高校建筑节能可采用的节能技术众多，不同的节能技术节能性、经济性、环保性以及应用的便利性存在一定的差异，而且影响因素众多，评价标准不一，针对冷热源和节能建筑外墙这两个影响校园建筑能耗的重要因素，利用层次分析法建立多目标评价体系，为节约型校园冷热源建设和节能建筑外墙选择提供参考。

8.1.2　评价原则

综合考虑节能性、经济性、环保性以及应用的便利性，建立多目标评价体系，力求评价的科学性和实用性，提高对实际工程的指导意义。

8.1.3　评价方法

建筑节能技术适宜性综合评价采用多因素综合评价法，针对冷热源和节能建筑外墙，运用层次分析法，选取恰当的评价因子，建立评价指标体系，确定各评价因子的权重，并对具体的冷热源方案和节能建筑外墙方案进行实际评价，说明评价模型的可行性和实用性。

8.2　评价指标体系

8.2.1　评价指标的选取原则

冷热源和节能建筑墙体的选择和评价受多种因素的影响，在评价指标体系的建立过程中选择具有代表性的一些属性或指标进行分析，确定评价因子，以使评价工作变得简单、易行。评价因子的确定遵循以下原则：

(1) 综合分析原则

影响高校建筑各节能方案适宜性评价的因素多种多样，包括自然、社会的各个方面，而且各个因素之间相互作用、相互影响，在确定评价指标时，必须全面地考虑各种因素之间的关系，采用综合、全面分析的方法。

(2) 主导因素原则

各评价指标对高校建筑各节能方案适宜性评价的影响有主次之分，评价指标应尽量选择对方案适宜性评价影响显著的指标，即影响各节能方案建设使用的主要因素。

(3) 差异性原则

高校建筑各节能方案适宜性评价的影响因素复杂多样，评价指标应尽量选择备选方案范围内差异显著的指标。

(4) 可比性原则

评价指标体系设置应具有较好的可比性,可以与其他的方案横向比较,以便更有针对性地优化方案某些方面的技术措施。

8.2.2 递阶层次结构

递阶层次结构广泛存在于现实世界中,如机构、人员的组织方式。对复杂问题的分析也可以按照递阶层次逐层分解的方式来进行。反映递阶层次结构特征的对象模型在应用系统中具有一定的普遍性。递阶层次结构可以抽象为由若干组成对象逐层上、下关联构成,如图8-1所示。最高层由单一对象构成,从上往下逐层分解,上、下层组成对象之间可以是一对多的关联关系,如A和B1、B2、B3之间;也可以是多对多的关联关系,如B1、B2、B3和C1、C2、C3之间。在高校校园建筑各节能方案的评价中,递阶层次结构最高层是目标层,模型的最终目标是得到最佳的节能方案,中间层是准则层。

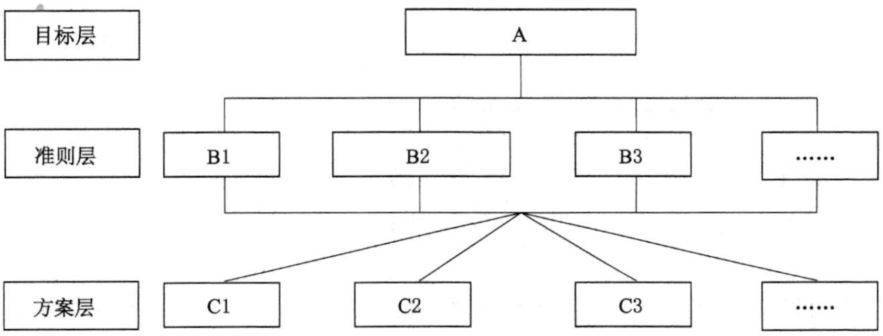

图 8-1 递阶层次结构图

8.2.3 准则层权重系数

层次分析法(analytic hierarchy process,简称AHP)是将定性分析与定量分析相结合的系统分析方法,是分析多目标、多准则复杂系统的有力工具。层次分析法具有思路清晰、方法简便、适用面广、系统性强等特点[280]。

层次分析法是由美国运筹学家,匹兹堡大学的萨迪(T. L. Saaty)教授于20世纪70年代提出的,是一种可用于处理复杂的社会、政治、经济、技术等方面决策问题的定性与不定性相结合的方法,它能将决策者对复杂的决策思维过程系统化、模型化、数学化,可解决多目标、多层次、多准则的决策问题。尤其是对于各个评价指标权重因子的确定,层次分析法是一种非常有用的工具。层次分析法的基本过程是:把复杂问题分解成各个组成元素,按支配关系将这些元素分组,使之形成有序的递阶层次结构,在此基础上通过两两比较的方式判断各层次中诸元素的相对重要性,然后综合这些判断确定诸元素在决策中的权重。这一过程体现了人们决策思维的基本特征,即分解、判断、综合。

其主要步骤有以下四步:

(1) 分析系统中各因素之间的关系,建立系统的递阶层次结构。

(2) 建立递阶层次结构之后,上下层之间元素的隶属关系就被确定了。接下来对同一层次的各元素关于上一层次中某一准则的重要性进行两两比较,构造两两比较判断矩阵。

考虑到专家对若干指标直接评价权重的困难，根据心理学家提出的“人区分信息等级的极限能力为 7±2”的研究结论，AHP 法在对指标的相对重要程度进行测量时，引入了 9 分位的相对重要的比例标度，构成一个判断矩阵 B。得出同一层次各个指标的相对重要性的判断值，由若干位专家组成专家评定组来判定。假定上一层次元素 C_k 对下一层次元素 $A_1, A_2, \cdots, A_n$ 有支配关系，可以建立以 C_k 为判断准则的元素 $A_1, A_2, \cdots, A_n$ 间的两两比较判断矩阵。判断矩阵记作 A，矩阵形式如表 8-1 所示。

表 8-1　　矩阵形式

C_k	A_1	A_2	$\cdots$	A_j	$\cdots$	A_n
A_1	a_{11}	a_{12}	$\cdots$	a_{1j}	$\cdots$	a_{1n}
A_2	a_{21}	a_{22}	$\cdots$	a_{2j}	$\cdots$	a_{2n}
$\vdots$	$\vdots$	$\vdots$	$\vdots$	$\vdots$	$\vdots$	$\vdots$
A_i	a_{i1}	a_{i2}	$\cdots$	a_{ij}	$\cdots$	a_{in}
$\vdots$	$\vdots$	$\vdots$	$\vdots$	$\vdots$	$\vdots$	$\vdots$
A_n	a_{n1}	a_{n2}	$\cdots$	a_{nj}	$\cdots$	a_{nn}

矩阵 A 中的元素 a_{ij} 反映针对准则，元素 A_i 相对于 A_j 的重要程度。矩阵 A 是一个互反矩阵，$a_{ij}(i=1,2,\cdots,n; j=1,2,\cdots,n)$ 有如下性质：

$$a_{ij}>0; \quad a_{ij}=1/a_{ji}; \quad a_{ii}=1 \tag{8-1}$$

确定矩阵元素 a_{ij} 的数值需要决策者反复回答这样的问题：针对准则 C_{ij}，A_i 与 A_j 哪一个重要？重要程度如何？层次分析法中通常采用 9 级标度法给判断矩阵的元素赋值，9 级标度法中 A_{ij} 值与被比较元素的相对重要程度之间的对应关系如表 8-2 所示。

表 8-2　　元素两两对比时的重要性等级及其赋值

序号	重要性等级	a_{ij}
1	i，j 两元素同样重要	1
2	i 元素比 j 元素稍重要	3
3	i 元素比 j 元素明显重要	5
4	i 元素比 j 元素强烈重要	7
5	i 元素比 j 元素极端重要	9
6	i 元素比 j 元素稍不重要	1/3
7	i 元素比 j 元素明显不重要	1/5
8	i 元素比 j 元素强烈不重要	1/7
9	i 元素比 j 元素极端不重要	1/9

如果被比较元素的相对重要程度是介于上述判断中相邻两种判断之间，a_{ij} 可取 2、4、6、8，相应地，a_{ji} 可取 1/2、1/4、1/6、1/8。矩阵 A 中的元素不一定具有传递性，即不要求一定满足等式。

(3) 利用方根法计算各因素的相对权重，计算步骤如下：

① 求单个判断矩阵的权重向量。

a. 计算判断矩阵 A 各行各个元素的乘积

$$m_i = \prod_{j=1}^{n} a_{ij} \tag{8-2}$$

b. 计算 m_i 的 n 次方根

$$\overline{w}_i = \sqrt[n]{m_i} \tag{8-3}$$

c. 对向量 $\overline{W}=(\overline{w}_1,\overline{w}_2,\cdots,\overline{w}_n)^{\mathrm{T}}$ 进行归一化处理

$$w_i = \frac{\left(\prod_{j=1}^{n} a_{ij}\right)^{\frac{1}{n}}}{\sum_{k=1}^{n}\left(\prod_{j=1}^{n} a_{ij}\right)^{\frac{1}{n}}} \tag{8-4}$$

向量 $W=(w_1,w_2,\cdots,w_n)^{\mathrm{T}}$ 即为所求权重向量。

d. 组成权重矩阵。

② 求全体判断矩阵的合成权重向量。

所谓合成权重向量，是指最下层（方案层）诸元素对最上层（目标层）的权重向量，它的每一分量表示相应方案在目标中所占的份额比重。

③ 计算矩阵 A 的最大特征值 $\lambda_{\max}$。

$$\lambda_{\max} = \frac{1}{n}\sum_{i=1}^{n}\frac{(AW)_i}{w_i} \tag{8-5}$$

对于任意的 $i=1,2,\cdots,n$，式中 $(AW)_i$ 为向量 AW 的第 i 个元素。

(4) 计算一致性指标。

虽然在构造判断矩阵 A 时并不要求判断一致性，但一致性偏离过大也是不允许的。因此需要对判断矩阵 A 进行一致性检验。步骤如下：

① 计算一致性指标。

由于只有当矩阵 A 具有完全一致性时，才得 $\lambda_{\max}=n$，而一致性不完全时为 $\lambda_{\max}>n$，这就提示我们可以用 $(\lambda_{\max}-n)$ 来检验一致性的程度。但 $(\lambda_{\max}-n)$ 这个差值等于除最大特征根以外其余 $n-1$ 个特征根的总和，故可以采用这其余 $n-1$ 个特征根的平均值来作为一致性指标 CI，即：

$$CI=\frac{\lambda_{\max}-n}{n-1} \tag{8-6}$$

当 $\lambda_{\max}=n$ 时，$CI=0$，而一般 $\lambda_{\max}>n$，故 $CI\geqslant 0$。CI 越小，说明一致性越好。

② 计算相对一致性指标。

考虑到一致性偏离可以是随机原因造成的，因此在检验判断矩阵是否具有满意的一致性时，还得将 CI 与平均随机一致性指标 RI 进行比较，得出相对一致性指标指数 CR，即：

$$CR=\frac{CI}{RI} \tag{8-7}$$

平均随机一致性指标 RI 是足够多个根据随机发生的判断矩阵计算的一致性指标的平均值，它同判断矩阵的阶数有关。RI 的取值见表 8-3。

表 8-3　　平均随机一致性指标一览表

矩阵阶数 n	1	2	3	4	5	6	7	8	9	10
RI	0	0	0.58	0.90	1.12	1.24	1.32	1.41	1.45	1.49

在层次分析法中，如果判断矩阵是 2 阶的，由于可以保证具有完全的一致性，故不必进行一致性检验。对于 3 阶以上的矩阵，就要根据公式(8-7)计算出的检验系数进行检验。一般而言，CR 愈小，判断矩阵的一致性愈好，通常认为 $CR\leqslant 0.1$ 时，判断矩阵具有满意的一致性。

8.2.4　方案层的优属度

优属度表示论域 U 中元素 u 对模糊概念 A(对优)的相对优属度，主要适用于系统分析中的优选、评价、排序以及决策等，陈守煜教授建立的优属度函数具有较强的客观性[281]。在优选中相对优属度分为单因素相对优属度与方案相对优属度。

优属度与层次分析综合法在利用层次分析法建立递阶层次结构和构造准则层判断矩阵的基础上，引入优属度函数，将可以计算并定量化的因素直接转化成排序向量，减少了人为参与构造判断矩阵的次数，使优选结果更具有客观性。因此，选择优属度与层次分析综合法作为评价模型。

对 n 个备选方案的 n 个因素的评价可用方案特征值矩阵 x_{ij} 表示，并运用公式(8-8)、公式(8-9)将目标特征值转化为目标优属度 r_{ij}。越大越优的目标的相对优属度如式(8-8)所示，越小越优的目标的相对优属度如式(8-9)所示。

$$r_{ij} = \frac{x_{ij}}{\bigvee_j x_{ij} + \bigwedge_j x_{ij}} \tag{8-8}$$

$$r_{ij} = 1 - \frac{x_{ij}}{\bigvee_j x_{ij} + \bigwedge_j x_{ij}} \tag{8-9}$$

式中　r_{ij}——方案 j 对因素 i 的相对优属度；

$\bigvee_j x_{ij}$，$\bigwedge_j x_{ij}$——方案 $j=1,2,\cdots,n$ 对因素 i 的特征值取大、取小。

方案层对总目标的决策优属度计算模型如式(8-10)所示。

$$u_j = \frac{1}{1+\left\{\dfrac{\sum\limits_{i=1}^{4}[w_i(1-r_{ij})]^p}{\sum\limits_{i=1}^{4}(w_i r_{ij})^p}\right\}^{\frac{2}{p}}} \tag{8-10}$$

式中　u_j——方案 j 对总目标的相对优属度；

w_i——因素 i 的权重；

p——距离参数，可取 $p=1$，即海明距离。

8.3　冷热源综合评价

8.3.1　评价指标

对于寒冷地区高等学校，除图书馆等少数建筑设有中央空调外，其他建筑大多只设有集中供暖，主要的能耗均集中在冬季，即采暖热负荷。随着生活条件的改善以及气候的变暖，寒冷地区高校越来越多地在学生公寓中安装空调满足夏季高温天气的室内舒适性要求。分体式空调的评价相比集中冷热源评价相对容易，主要考虑初投资和产品的综合性能。因此，本评价主要针对热源方案进行。

影响冷热源方案评价的主要因素有节能率、初投资、年运行费用、环境影响、方案技术的先进性、操作管理、系统的使用寿命、机组的可靠性、系统的安全性、方案的舒适性、方案的美观性、方案是否符合当地的政策法规等。

基于统一化评价方法对建筑能耗进行评价就要把建筑物的能耗都折算到一次能源的消耗上，计算其相比于基准建筑的节能率。所谓一次能源是指直接从自然界中开发出来未经动力转换的能源，如煤、石油、天然气等。对于不同的能量发生环节、不同的输送环节、不同的用户端，一次能源的消耗量是不一样的，故其节能率也不一样。只有把能耗都折算到一次能源的消耗上，所计算的节能率才能更客观地对建筑能耗进行评价，也可以为各节能方案能源消耗方面的评价提供一定的依据。一次能源消耗所对应的节能率是冷热源各节能技术方案评价的重要因素。

各冷热源方案的初投资是影响方案可行性的一种重要的评价因素，也是投资者关注的主要因素之一。因此，初投资是各冷热源方案评价比较的重要因素。

年运行费用是经常性开支，是方案选择时不可忽视的经济因素，由于各地区电价、燃料价格(指燃油、天然气、城市煤气等)差别较大，针对某工程项目做方案比较时应结合当地实际情况考虑。

对环境的影响主要包括方案的年运行折合一次能耗和运行时的各种污染物排放两方面。由于 CO_2 所造成的温室效应已引起世界各国环保组织的高度重视，国际社会已对发达国家的 CO_2 的排放量做了限制，发展中国家目前虽只是实行志愿减排政策，但在不久的将来同样会限制其排放量，因此在评价各节能方案对环境的影响时，CO_2 排放量作为一个独立的指标。

操作管理主要指运行操作的便利性，对用户的主动节能影响较大。各冷热源方案系统有一个好的操作管理模式，不仅能够降低操作管理的工作量，而且能有效提高设备运行管理者的主动节能意识；同时，也是各冷热源方案人性化设计的体现。因此，在各冷热源方案评价时，应重视系统操作管理难易的影响。

高校建筑冷热源方案的评价还有其他的影响因素，如系统的使用寿命、机组的可靠性、系统的安全性、方案的舒适性、方案的美观性等。然而，这些影响因素相对于节能率、初投资、年运行费用、环境影响、操作管理，重要性有所降低，依据综合分析原则、主导因素原则、差异性原则、可比性原则，选择节能率、初投资、年运行费用、环境影响、操作管理作为冷热源方案的评价指标。各指标具体如下：

(1) 采暖节能率 u_1：将系统消耗的能源全部折算成一次能源消耗——煤炭的消耗量后，计算其单位面积耗煤量，与基准建筑单位耗煤量进行比较。

(2) 初投资 u_2：指土建费、设备费、安装费等之和。

(3) 年运行费用 u_3：指系统运行一年的经济成本。

(4) 环境影响 u_4：指 CO_2 排放量对周围的影响。

(5) 操作管理 u_5：指操作管理的简易程度和运行管理可靠程度。

8.3.2 评价模型

将冷热源方案优选问题分为 3 个层次。最高层为目标层，最终目标是得到最佳的热源方案；中间层是准则层，根据 8.3.1 部分的论述，选择采暖节能率、初投资、年运行费用、环境影响和操作管理等 5 个评价指标作为模型的准则层；最底层是方案层，根据工程的实际情况，建立可实施的冷热源备选方案。优选的冷热源方案的递阶层次结构如图 8-2 所示。

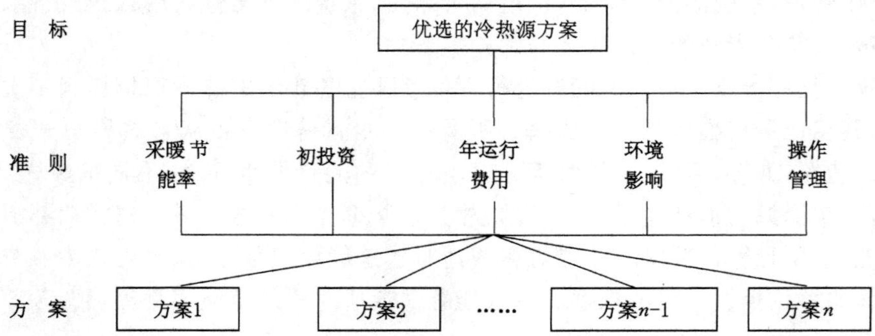

图 8-2 冷热源方案评价递阶层次结构模型

下面确定准则层各指标的权重系数。

(1) 构建判断矩阵。

按照层次分析法计算各因素的步骤，经过查阅相关资料和由相关专家反复打分，最终得出两两判断矩阵，如表 8-4 所示。

表 8-4　　优选热源方案准则层间的比较

	节能率	初投资	年运行费用	环境影响	操作管理
节能率	1	4	3	7	6
初投资	1/4	1	1/2	2	3
年运行费用	1/3	2	1	3	4
环境影响	1/7	1/2	1/3	1	2
操作管理	1/6	1/3	1/4	1/2	1

(2) 按照权重确定的方根法的计算步骤，对表 8-4 中的判断矩阵进行处理。采暖节能率、初投资、年运行费用、环境影响、操作管理的权重分别为：

$w_1=0.5071$；　$w_2=0.1379$；　$w_3=0.2214$；　$w_4=0.0795$；　$w_5=0.0541$

(3) 最大特征值计算：

判断矩阵为：

$$A=\left\{\begin{matrix} 1 & 4 & 3 & 7 & 6 \\ 1/4 & 1 & 1/2 & 2 & 3 \\ 1/3 & 2 & 1 & 3 & 3 \\ 1/7 & 1/2 & 1/3 & 1 & 2 \\ 1/6 & 1/3 & 1/4 & 1/2 & 1 \end{matrix}\right\}$$

最大特征根为：5.098。

（4）一致性检验：

$$CI=\frac{\lambda_{\max}-n}{n-1}=0.012$$

而 $RI=1.12$，所以 $CR=\frac{CI}{RI}=0.01<0.1$。

可见上述判断矩阵的一致性良好，因而所得权重也是比较满意的。

由上述计算过程得出各评价因子权重系数见表 8-5。

表 8-5　评价因子权重系数

评价指标	采暖节能率	初投资	年运行费用	环境影响	操作管理
权重	0.507 1	0.137 9	0.221 4	0.079 5	0.054 1

8.3.3 冷热源方案

以徐州某高校学生宿舍集中供热热源为例进行热源方案选择。该校共有 2 万名学生，根据教育部颁发的《关于大学生公寓建设标准问题的若干意见》，本科学生公寓 4 人 1 间，人均建筑面积 8 m^2，总供热面积 16 万 m^2，经计算单位面积采暖热负荷为 32.53 W/m^2，总热负荷为 5.205 MW。备选供暖方案如下：

方案 1：冬季采用燃煤锅炉房供热采暖，户内采暖设备为散热器（如图 8-3 所示）。

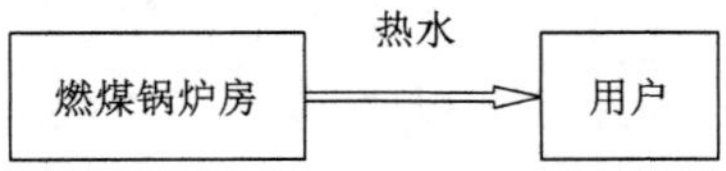

图 8-3　方案 1 系统示意图

方案 2：冬季采用燃气锅炉房供热采暖，户内采暖设备为散热器（如图 8-4 所示）。

图 8-4　方案 2 系统示意图

方案 3：冬季采用热电厂市政蒸汽集中供热采暖，户内采暖设备为散热器（如图 8-5 所示）。

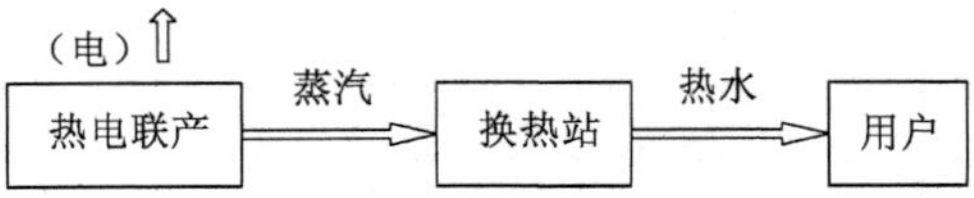

图 8-5　方案 3 系统示意图

方案 4：冬季以地源热泵为热源，户内采暖设备为低温地面辐射采暖（如图 8-6 所示）。

图 8-6　方案 4 系统示意图

8.3.4　方案评价

8.3.4.1　评价指标计算模型

(1) 采暖节能率

① 一次能源消耗量

首先，根据高校学生公寓的热负荷计算高校学生公寓的年需供热量，再根据热源方案能源利用效率计算出系统每年的耗电量、耗煤量、耗气量等，最后将所消耗的电量、煤量、燃气量全部折算成标准煤炭的消耗量。

热源方案的总能耗计算方法有度日数法、负荷频率表法、计算机模拟法、当量满负荷运行时间法等。前三种方法相对于当量满负荷运行时间法计算精度更高，更接近于实际年运行能耗，更适合于系统精确年运行能耗的估算，然而计算过程复杂，给年运行能耗的预测增加了难度。当量满负荷运行时间法虽然预测结果准确性相对较低，但是计算过程简单，适合于几种方案的年运行能耗比较。因此，本书采用当量满负荷运行时间法计算各方案的年运行能耗[273]。

将全年空调冷(热)负荷的总和与制冷机组(或锅炉)最大额定输出功率的比值定义为当量满负荷运行时间 τ_E，则冷(热)源设备的全年运行能耗按式(8-11)和式(8-12)计算[282]。

$$Q_c = \tau_{ER} \cdot Q_R = \tau_R \cdot T_R \cdot Q_R \tag{8-11}$$

$$Q_h = \tau_{EB} \cdot Q_B = \tau_B \cdot T_B \cdot Q_B \tag{8-12}$$

式中　$Q_c(Q_h)$——冷(热)源机组全年运行能耗；

$\tau_{ER}(\tau_{EB})$——制冷(热)当量满负荷运行时间，参见表 8-6；

$\tau_R(\tau_B)$——制冷(热)负荷率；

$T_R(T_B)$——制冷(热)设备累计运行时间；

$Q_R(Q_B)$——制冷(热)设备的额定功率。

表 8-6　当量满负荷运行时间 τ_E 值

序号	建筑类型	最大负荷/W・m^{-2}		当量满负荷运行时间/h	
		供冷	供热	τ_{ER}	τ_{EB}
1	独立住宅	93	151	860	950
2	共同住宅	69.8	81.4	860	950
3	办公楼	93	105	560	480
4	百货楼	140	81.4	860	340
5	饮食店	128	168.8	1 000	130
6	剧场	128	168.8	950	850
7	旅馆	93	151	1 300	1 050
8	学校	—	105	—	700
9	医院	93	174	860	1 260

热源方案年运行消耗的电量、煤量、燃气量全部折算成标准煤的消耗量的计算方法，如表 8-7 所示[283]。

表 8-7　　能源计算单位换算表

燃料名称	低位发热量	折算煤系数
标煤	29 271 200 J/kg	1.000 0 kgce/kg
原煤	20 908 000 J/kg	0.714 3 kgce/kg
Ⅱ类烟煤	18 757 000 J/kg	0.640 8 kgce/kg
天然气	38 930 696 J/m³	1.330 0 kgce/m³
原油	41 816 000 J/kg	1.428 6 kgce/kg
液化石油气	50 179 200 J/kg	1.714 3 kgce/kg
煤气	16 726 400 J/m³	0.571 4 kgce/m³
热力(供热)	1 000 000 J/MJ	0.034 2 kgce/MJ
木炭	26 344 080 J/kg	0.900 0 kgce/kg
木材	17 562 720 J/kg	0.600 0 kgce/kg
秸秆	14 635 600 J/kg	0.500 0 kgce/kg
电力(发电)	3 600 000 J/kW·h	0.343 0 kgce/kW·h
电力(供电)	3 600 000 J/kW·h	0.350 4 kgce/kW·h

② 各方案节能率

基准建筑采暖耗煤量指标应按下式计算：

$$q_c=24Zq_H/(H_e\eta_1\eta_2) \tag{8-13}$$

式中　q_c——采暖耗煤量指标，$kgce/m^2$；

q_H——建筑物耗热量指标，W/m^2；

Z——采暖期天数，d，徐州取 94 d；

H_e——标准煤热值，取 8.14×10^3 W·h/kg；

η_1——室外管网输送效率，采取节能措施前取 0.85；

η_2——锅炉运行效率，采取节能措施前取 0.55。

20 世纪 80 年代高校学生公寓模型的建筑耗热量指标经计算为 16.7 W/m^2。因此，基准建筑耗煤量指标如下：

$$q_c=24Zq_H/(H_e\eta_1\eta_2)=24\times94\times16.7/(8.14\times10^3\times0.85\times0.55)=9.9\ kg/m^2$$

学生公寓采取节能措施后，建筑耗热量指标经计算为 5.2 W/m^2，不同热源方案下采暖耗煤量指标及建筑节能率可按式(8-14)和式(8-15)计算。

$$q_{cn}=M_d/S \tag{8-14}$$

$$\alpha_n=(q_c-q_{cn})/q_c \tag{8-15}$$

式中　q_{cn}——方案 n 的采暖耗煤量指标，$kgce/m^2$；

M_d——方案的一次能源消耗量标准煤，kg；

S——建筑面积，m^2；

α_n——方案 n 的建筑节能率。

(2) 初投资

初投资包括换热站机房工程费、主机及其辅助设备费、室外热力管网材料费及施工费、室内系统材料费及施工费。方案1、2、3、4换热站房均为非独立建筑，换热站房间费用不易准确计算，因此，本书在讨论问题时，将各方案土建费用视为同等，不参与比较。而且方案比较只针对热源，故室外热力管网材料费及施工费、室内系统材料费及施工费也视为同等，不参与比较。

热源方案设备的价格是一个不定因素，但又是投资者关注的主要因素。产品的价格往往是市场竞争的重要手段，尤其是国产机组与进口机组之间的竞争。国产机组的优势在于物美价廉和服务及时等方面，进口机组价格相对较贵，但是质优，并且在环保方面做得较好。为了统一比较的基础，各种设备均选择国内较好的产品，价格依据厂家报价计算。

热源方案系统主要设备按实际选择计算其造价，辅助设备按照主要设备造价的25%计算[284]，本书初投资的计算均按照上述对应项目取价。

(3) 年运行费用

年运行费用包括燃料费、水费、电费、折旧费以及其他费用。由于各地区电价、燃料价格(指燃油、天然气、城市煤气等价格)差别较大，针对某工程项目做方案比较时，应结合当地的实际情况。所有系统折旧费按照初投资的5%[285]计算。其他费用包括系统维修费用、操作管理费用等，其他费用的确定应结合当地的实际情况进行。

徐州目前采用江苏省统一电价，具体不同单位、不同用途的供电价格如表8-8所示(时价)。

表8-8　　江苏省电网销售电价表

用电分类			电价/元·(kW·h)$^{-1}$					
			小于1 kV	1～10 kV	20～35 kV以下	35～110 kV以下	110 kV	220 kV及以上
一、居民生活用电	阶梯电价	年用电量≤2 760 kW·h	0.528 3	0.518 3	—	—	—	—
		2 760 kW·h<年用电量≤4 800 kW·h	0.578 3	0.568 3	—	—	—	—
		年用电量>4 800 kW·h	0.828 3	0.818 3	—	—	—	—
	其他居民生活用电		0.548 3	0.538 3	—	—	—	—
二、一般工商业及其他用电			0.843 9	0.828 9	0.822 9	0.813 9	—	—
其中：1. 限制类高耗能生产用电			0.943 9	0.928 9	0.922 9	0.913 9	—	—
2. 淘汰类高耗能生产用电			1.143 9	1.128 9	1.122 9	1.113 9	—	—
三、大工业用电			—	0.660 1	0.654 1	0.645 1	0.630 1	0.615 1
其中：1. 限制类高耗能生产用电			—	0.760 1	0.754 1	0.745 1	0.730 1	0.715 1
2. 淘汰类高耗能生产用电			—	0.960 1	0.954 1	0.945 1	0.930 1	0.915 1
四、农业生产用电			0.509 0	0.499 0	0.493 0	0.484 0	—	—

依据苏价工[2016]1号文附表的规定，锅炉房用电为一般工商业及其他用电，因此，所有电费均按照0.843 9元/kW·h计算。

按照江苏省物价局和徐州市物价局有关规定，天然气的价格均按照 3.4 元/m^3（时价）计算。

集中供热按热量计费价格为 43 元/GJ（时价），按照蒸汽质量计费为 145 元/t。

徐州市自来水，按照分类水价执行，具体价格详见表 8-9。

表 8-9　　徐州自来水水价表　　单位：元/t

分类	基本水价	城市附加费	污水处理费	水资源费	到户价
生活类用水	1.57	0.15	1.05	0.20	2.97
行政事业类用水	2.07	0.15	1.29	0.20	3.71
生产类用水	2.17	0.15	1.34	0.20	3.86
特种类用水	4.12	0.15	1.69	0.20	6.16

本书中水的价格取 3.86 元/t。该高校学生公寓各热源方案运行费用的计算依据上述所取资源能源的价格，如表 8-10 所示。

表 8-10　　徐州能源资源价格

资源、能源	电力/元·$(kW \cdot h)^{-1}$	标准煤/元·t^{-1}	燃气/元·m^{-3}	蒸汽/元·t^{-1}	自来水/元·t^{-1}
价格	0.843 9	485	3.4	145	3.86

（4）环境影响

热源方案系统运行对环境的影响主要体现在 CO_2 的排放量上，1 kg 煤燃烧产生的 CO_2 质量为 2.62 kg；1 m^3 的天然气燃烧产生的 CO_2 质量为 1.99 kg。本书利用燃料的年消耗量计算出热源方案运行一年 CO_2 排放量，进而完成了热源方案对环境影响的量化。

（5）操作管理

最容易操作按 100 分计算，操作管理难易程度由相关专家反复打分确定。

8.3.4.2　评价指标的计算

（1）方案 1

该方案冬季采用燃煤锅炉房供热采暖，户内采暖设备为散热器。

① 主要设备选型

a. 燃煤锅炉选型

锅炉的台数应根据热负荷的调度、锅炉检修和扩建的可能性等因素确定，一般不少于两台。当选用一台锅炉能满足热负荷和检修的需要时，可装设一台锅炉。以采暖和生活负荷为主的锅炉房，一般不设备用。锅炉的正常检修应在非采暖期进行。该高校学生公寓的冬季采暖热负荷为 5.205 MW，再考虑各种损失取 1.2 的修正[286]，则锅炉房的设计容量为 6.25 MW。依据锅炉房设计原则以及设计容量选择 3 台燃煤锅炉，燃煤锅炉的型号为 DZL2.8-0.7/95/70-AⅡ，额定热功率 2.8 MW，额定出口水压力 0.7 MPa，额定出口水温 95 ℃，额定进口水温 70 ℃，设计热效率 79.6%，使用Ⅱ类烟煤，锅炉附属设备的总额定功率 34.85 kW。该种锅炉的单价为 28.5 万元。

b. 循环水泵选型

依据《城镇供热管网设计规范》,应减少并联循环水泵的台数;设置三台或三台以下循环水泵并联运行时,应设备用泵;循环水泵的扬程通常为 25～40 m,大系统取高值。该校学生公寓规模中等,循环水泵扬程取 30 m,循环水流量如下:

$$L=Q/(c\rho(t_s-t_r)) \tag{8-16}$$

式中 L——循环水的体积流量,m^3/s;

Q——供热量,W;

c——水的比热,4 187 J/(kg·℃);

ρ——水的密度,1 000 kg/m^3;

t_s——供水温度,℃;

t_r——回水温度,℃。

$$L=Q/[c\rho(t_s-t_r)]=6.25\times10^6/[4\ 187\times1\ 000\times(95-70)]=0.06\ m^3/s$$

依据上述数据选择 4 台循环水泵(3 用 1 备),型号为 KQL-125/320-15/4,流量 22.6 L/s,扬程 32.8 m,转速 1 480 r/min,电动机功率 15 kW,该水泵的单价为 6 679 元/台。

c. 补水泵选型

补水泵的流量宜为正常补水量的 4～5 倍,正常补水量(每小时补水量)宜采用系统水容量的 1%;水泵的扬程不应小于补水点压力加 30～50 kPa;各循环水系统宜分别设置补水泵;水系统较大时,宜设两台补水泵,平时使用一台,初期上水或事故补水时,两台泵同时运行。

假设学生公寓建筑地上部分高 19.8 m,则补水泵的扬程为 24.8 m,选择两台补水泵。为了简便起见,系统的水容量 V_c 值可按供给 1 kW 热量所需设备的水容量估算,其值按表 8-11[287] 选取。

表 8-11　　供给 1 kW 热量所需设备的水容量 V_c

供暖系统设备和附件	V_c/L	供暖系统设备和附件	V_c/L
圆翼型散热器	5.2	室内机械循环管路	6.9
室外管网机械循环	5.2	其他设备	1.7

采暖系统所需水容量为

$$V=(V_{c1}+V_{c2}+V_{c3}+V_{c4})Q \tag{8-17}$$

式中 V——采暖系统所需水容量,L/kW;

V_{c1}——所有圆翼型散热器所需水容量,L/kW;

V_{c2}——室外管网机械循环所需水容量,L/kW;

V_{c3}——室内机械循环管路所需水容量,L/kW;

V_{c4}——其他设备所需水容量,L/kW;

Q——供暖热负荷,kW。

$$V=(5.2+5.2+6.9+1.7)\times6.25\times10^3=118\ 750\ L$$

补水泵补水量为:

$$L=V\times1\%\times4=118\ 750\times1\%\times4=4\ 750\ L/h=1.32\ L/s$$

由上述计算知,补水泵的扬程为 24.8 m,补水泵流量为 1.32 L/s 即 4.75 m^3/h,选择补水泵2台，其型号为40GDL6-12×3，级数是3，流量6 m^3/h，扬程36 m，电动机功率1.5 kW。该水泵的单价为2 199元/台。

方案1燃煤热水锅炉房供热采暖所有主要设备参数如表8-12所示。

表8-12　　方案1主要设备参数

主要设备名称	数量	型号	单台功率/kW	效率	单价/万元	备注
燃煤锅炉	3台	DZL2.8-0.7/95/70-AⅡ	34.85	79.6%	28.5	—
循环水泵	4台	KQL-125/320-15/4	15	39%	0.667 9	水泵流量22.6 L/s，扬程为32.8 m
补水泵	2台	40GDL6-12×3	1.5	—	0.219 9	水泵流量6 m^3/h，扬程为36 m

② 节能率

方案1采暖季一次能源消耗量，计算如下：

$$Q_{dt}=q_r\cdot\tau_{EB}/(\eta\cdot q_{net})\tag{8-18}$$

式中　Q_{dt}——采暖季标准煤消耗量，kgce；

q_r——设计热负荷，kW；

τ_{EB}——当量满负荷运行时间，h；

q_{net}——Ⅱ类烟煤低位发热量，18 757 000 J/kg，即5.21 kW·h/kg；

η——燃煤锅炉效率。

$$Q_{dt}=6.25\times10^3\times700/(0.796\times5.21\times10^3)=1\ 054.939\ \text{tce}$$

折算成标准煤炭消耗量：

$$M_{dt}=Q_{dt}\cdot(m_d/10^3)\tag{8-19}$$

式中　M_{dt}——采暖季折算煤炭消耗量，tce；

m_d——Ⅱ类烟煤折算煤系数，kgce/kg。

$$M_{dt}=1\ 054.939\times0.640\ 8=676.005\ \text{tce}$$

燃煤锅炉附属设备耗电量：

$$D_{dg}=\frac{n-1}{n}P_{dg}\cdot\tau_{EB}+\frac{1}{n}P_{dg}\cdot T_B\tag{8-20}$$

式中　D_{dg}——锅炉附属设备总耗电量，kW·h；

P_{dg}——锅炉附属设备总额定功率，kW；

n——锅炉附属设备台数，本书为3台；

τ_{EB}——当量满负荷运行时间，h；

T_B——采暖季锅炉累计运行时间，2 256 h。

$$D_{dg}=\frac{n-1}{n}P_{dg}\cdot\tau_{EB}+\frac{1}{n}P_{dg}\cdot T_B=\frac{2}{3}\times3\times34.85\times700+\frac{1}{3}\times34.85\times2\ 256$$

$$=127\ 411.6\ \text{kW}\cdot\text{h}$$

折算成标准煤炭消耗量：

$$M_{dg}=D_{dg}\cdot(m_d/10^3)\tag{8-21}$$

式中　M_{dg}——锅炉附属设备耗电量折算为标准煤炭消耗量，tce；

m_d——供应单位电量折算标准煤炭消耗量，kgce/kW·h。

$$M_{dg}=127\ 411.6\times(0.350\ 4/10^3)=44.645\ \text{tce}$$

循环水泵的耗电量：

$$D_{dxh}=N\cdot P_{dxh}\cdot\tau_{EB} \tag{8-22}$$

式中　D_{dxh}——循环水泵的总耗电量，kW·h；

P_{dxh}——循环水泵的额定功率，kW；

N——循环水泵的运行台数；

τ_{EB}——当量满负荷运行时间，h。

$$D_{dxh}=3\times15\times700=31\ 500\ \text{kW}\cdot\text{h}$$

折算成标准煤炭消耗量：

$$M_{dxh}=D_{dxh}\cdot(m_d/10^3) \tag{8-23}$$

式中　M_{dxh}——循环水泵耗电量折算煤炭消耗量，tce；

m_d——供应单位电量折算标准煤炭消耗量，kgce/kW·h。

$$M_{dxh}=31\ 500\times(0.350\ 4/10^3)=11.038\ \text{tce}$$

补水泵的耗电量：补水泵的流量按照正常补水量的 4 倍取，因此，补水泵的运行时间约为循环水泵的 1/4，补水泵的耗电量为：

$$D_{bs}=N\cdot P_{bs}\cdot\tau_{EB}/4 \tag{8-24}$$

式中　D_{bs}——补水泵的总耗电量，kW·h；

P_{bs}——补水泵的额定功率，kW；

其他符号释义同前。

$$D_{bs}=N\cdot P_{bs}\cdot\tau_{EB}/4=1\times1.5\times700/4=262.5\ \text{kW}\cdot\text{h}$$

折算成标准煤炭消耗量：

$$M_{dbh}=D_{bs}\cdot(m_d/10^3) \tag{8-25}$$

式中　M_{dbh}——补水泵耗电量折算标准煤炭消耗量，tce；

m_d——供应单位电量折算标准煤炭消耗量，kgce/kW·h。

$$M_{dbh}=262.5\times(0.350\ 4/10^3)=0.092\ \text{tce}$$

方案 1 消耗一次能源的总量为：

$$M_d=M_{dt}+M_{dg}+M_{dxh}+M_{dbh}=676.005+44.645+11.038+0.092=731.78\ \text{tce}$$

运用式(8-13)～式(8-15)计算得，方案 1 采暖耗煤量指标为 4.51 kg/m^2，建筑节能率为 53.8%。

③ 初投资

方案 1 的初投资包括主要设备费、辅助设备费、设备安装费。

a. 主要设备费

主要设备有：3 台燃煤锅炉，单价为 28.5 万元/台；4 台循环水泵，单价为 0.667 9 万元/台；2 台补水泵，单价为 0.219 9 万元/台。方案 1 主要设备的初投资为：

$$C_{1z}=3\times28.5+4\times0.667\ 9+2\times0.219\ 9=88.611\ 4\ \text{万元}$$

b. 辅助设备费

辅助设备费按照锅炉房主要设备费的 25%取值，主要设备费为 88.611 4 万元，则方案 1 辅助设备的初投资为：

$$C_{1f}=C_{1z}\times0.25=88.611\ 4\times0.25=22.152\ 9\ \text{万元}$$

c. 设备安装费

设备安装费按设备费的20%计算，设备安装费如下：

$$C_{1a}=(C_{1z}+C_{1f})\cdot\beta=(88.611\,4+22.152\,9)\times 0.20=22.152\,9 \text{ 万元}$$

综上所述，方案1初投资为：

$$C_1=C_{1z}+C_{1f}+C_{1a}=88.611\,4+22.152\,9+22.152\,9=132.917\,2 \text{ 万元}$$

方案1的各项初投资汇总如表8-13所示。

表8-13　　方案1初投资汇总

项目	设备名称	数量	单价	合计/万元	备注
主要设备费	燃煤锅炉	3台	28.5万元/台	85.5	—
	循环水泵	4台	0.667 9万元/台	2.671 6	—
	补水泵	2台	0.219 9元/台	0.439 8	—
辅助设备费		—	—	22.152 9	取锅炉房主要设备费的25%
设备安装费		—	—	22.152 9	取锅炉房设备费的20%
总计		—	—	132.917 2	—

④ 年运行费用

方案1的运行费用有燃料费、水费、电费、折旧费以及其他费用。

a. 燃料费

方案1的燃料费主要是指燃煤费用，燃煤消耗量为676.005 tce，徐州市煤炭价格（标准煤）为485元/t。燃料费为：

$$Y_{1r}=y_{1r}\cdot L_t \tag{8-26}$$

式中　Y_{1r}——燃料费，万元；

y_{1r}——标准煤单价，元/t；

L_t——燃煤消耗量，tce。

$$Y_{1r}=485\times 676.005\times 10^{-4}=32.79 \text{ 万元}$$

b. 水费

方案1消耗水的系统只有采暖系统，采暖系统水的消耗量按照系统所需补水量估算。由以上计算可知，采暖系统的补水量为4 750 L/h，即4.750 t/h。采暖系统运行所需交纳的水费为：

$$Y_{1s}=y_{1s}\cdot m_s\cdot t \tag{8-27}$$

式中　Y_{1s}——采暖季所需交纳的水费，万元；

y_{1s}——水单价，元/t；

m_s——采暖系统的补水量，t/h；

t——采暖系统运行时间，h。

$$Y_{1s}=y_{1s}\cdot m_s\cdot t=3.86\times 4.750\times 2\,256\times 10^{-4}=4.136 \text{ 万元}$$

c. 电费

方案1热源方案系统运行所需交纳电费，包括锅炉附属设备、循环水泵及补水泵运行的电费。由以上计算知，年运行所消耗电能为127 411.6+31 500+262.5=159 174.1 kW·h。方案1

年运行所需交纳电费为：

$$Y_{1d}=y_{1d}\cdot D \tag{8-28}$$

式中 Y_{1d}——方案 1 年运行所需交纳电费，万元；

y_{1d}——电价，元/kW·h；

D——消耗电量，kW·h。

$$Y_{1d}=y_{1d}\cdot D=0.843\,9\times159\,174.1\times10^{-4}=13.433\text{ 万元}$$

d. 折旧费

折旧费按照系统初投资的 5%计算，即采暖系统的折旧费：

$$Y_{1z}=C_{1n}\cdot\alpha \tag{8-29}$$

式中 Y_{1z}——采暖系统的年折旧费，万元；

C_{1n}——采暖系统的初投资，万元；

α——年折旧费占初投资的比例。

$$Y_{1z}=C_{1n}\cdot5\%=132.917\,2\times5\%=6.646\text{ 万元}$$

e. 其他费用

其他费用包括人工费、维修费等，按照建筑面积指标法计算，取 5 元/(m^2·a)，即其他费用为：

$$Y_{1q}=y_{1q}\cdot S \tag{8-30}$$

式中 Y_{1q}——方案 1 的其他费用，万元；

y_{1q}——单位建筑面积其他费用，元/m^2；

S——建筑面积，m^2。

$$Y_{1q}=5\times160\,000\times10^{-4}=80\text{ 万元}$$

综上所述，方案 1 的年运行费用为：

$$Y_1=32.79+4.136+13.433+6.646+80=137.005\text{ 万元}$$

方案 1 的年运行费用汇总如表 8-14 所示。

表 8-14　　方案 1 年运行费用汇总表

费用项目	数量	单价	合计/万元	备注
燃料费	676.005 t	485 元/t	32.79	—
水费	10 716 t	3.86 元/t	4.136	—
电费	159 174.1 kW·h	0.843 9 元/kW·h	13.433	—
折旧费	—	—	6.646	系统初投资的 5%
其他费用	160 000 m^2	5 元/m^2	80	—
总计	—	—	137.005	—

⑤ 对环境的影响

热源系统对环境的影响最主要因素是 CO_2 排放量，1 kg 煤燃烧产生的 CO_2 质量为 2.62 kg。燃煤锅炉运行一个采暖季消耗的标准煤为 676.005 tce，排放的 CO_2 的质量为 1 771.13 t。采暖季运行消耗的电能为 159 174.1 kW·h，折算标准煤 55.775 tce，产生的 CO_2 的质量为 146.13 t。因此，方案 1 年 CO_2 排放量为 1 917.26 t。

⑥ 操作管理的难易程度

最容易操作按100分计算，经过相关专家反复打分，方案1的得分为75分。

(2) 方案2

该方案采暖季采用燃气锅炉房供热采暖，户内采暖设备为散热器。

① 主要设备选型

a. 燃气锅炉选型

依据锅炉房设计原则以及设计容量选择3台燃气锅炉，燃气锅炉的型号为WNS2.8-0.7/95/70-Y(Q)，额定热功率为2.8 MW，额定出口水压力0.7 MPa，额定出口水温95 ℃，额定进口水温70 ℃，设计热效率大于90%。该种锅炉的单价为27.9万元。

b. 循环水泵选型

循环水泵选型同方案1。

c. 补水泵选型

补水泵选型同方案1。

方案2燃气热水锅炉房供热采暖所有主要设备参数汇总如表8-15所示。

表8-15　方案2主要设备参数表

主要设备名称	数量	型号	单台功率/kW	效率	单价/万元	备注
燃气锅炉	3台	WNS2.8-0.7/95/70-Y(Q)	27.5	90%	27.9	—
循环水泵	4台	KQL-125/320-15/4	15	39%	0.667 9	水泵流量22.6 L/s，扬程为32.8 m
补水泵	2台	40GDL-12×3	1.5	—	0.219 9	水泵流量6 m³/h，扬程为36 m

② 节能率

方案2采暖季一次能源消耗量计算方法如下：

$$Q_{dt}=q_r \cdot \tau_{EB}/(\eta \cdot q_{net}) \tag{8-31}$$

式中 Q_{dt}——采暖季天然气消耗量，m^3；

q_r——设计热负荷，kW；

τ_{EB}——当量满负荷运行时间，h；

q_{net}——天然气低位发热量，38 930 696 J/m^3，即10.81 kW·h；

η——燃气锅炉效率。

$$Q_{dt}=6.25\times10^3\times700/(0.9\times10.81)=449\ 686.5\ m^3$$

折算成标准煤炭消耗量：

$$M_{dt}=Q_{dt}\cdot(m_t/10^3) \tag{8-32}$$

式中 M_{dt}——采暖季天然气折算标准煤炭消耗量，tce；

m_t——天然气折算标准煤系数，kgce/m^3。

$$M_{dt}=449\ 686.5\times1.33/10^3=598.083\ tce$$

燃气锅炉附属设备耗电量：

$$D_{dg}=\frac{n-1}{n}P_{dg}\cdot\tau_{EB}+\frac{1}{n}P_{dg}\cdot T_B \tag{8-33}$$

式中　D_{dg}——锅炉附属设备总耗电量，kW·h；

P_{dg}——锅炉附属设备总额定功率，kW；

n——锅炉附属设备台数；

τ_{EB}——当量满负荷运行时间，h；

T_B——采暖季锅炉累计运行时间，取 2 256 h。

$$D_{dg}=\frac{n-1}{n}P_{dg}\cdot\tau_{EB}+\frac{1}{n}P_{dg}\cdot T_B=\frac{2}{3}\times3\times27.5\times700+\frac{1}{3}\times3\times27.5\times2\ 208$$
$$=100\ 540\ \text{kW}\cdot\text{h}$$

折算成标准煤炭消耗量：

$$M_{dg}=D_{dg}\cdot(m_d/10^3) \tag{8-34}$$

式中　M_{dg}——锅炉附属设备耗电量折算标准煤炭消耗量，tce；

m_d——供应单位电量折算标准煤炭量，kgce/kW·h。

$$M_{dg}=100\ 540\times(0.350\ 4/10^3)=35.23\ \text{tce}$$

循环水泵的耗电量：

$$D_{dxh}=N\cdot P_{dxh}\cdot\tau_{EB} \tag{8-35}$$

式中　D_{dxh}——循环水泵的总耗电量，kW·h；

P_{dxh}——循环水泵的额定功率，kW；

N——循环水泵的运行台数；

τ_{EB}——当量满负荷运行时间，h。

$$D_{dxh}=3\times15\times700=31\ 500\ \text{kW}\cdot\text{h}$$

折算成标准煤炭消耗量：

$$M_{dxh}=D_{dxh}\cdot(m_d/10^3) \tag{8-36}$$

式中　M_{dxh}——循环水泵耗电量折算煤炭消耗量；

m_d——供应单位电量折算标准煤炭消耗量，kgce/kW·h。

$$M_{dxh}=31\ 500\times(0.350\ 4/10^3)=11.038\ \text{tce}$$

补水泵的耗电量：补水泵的流量按照正常补水量的 4 倍取，因此，补水泵的运行时间约为循环水泵的 1/4。补水泵的耗电量为：

$$D_{bs}=N\cdot P_{bs}\cdot\tau_{EB}/4 \tag{8-37}$$

式中　D_{bs}——补水泵的总耗电量，kW·h；

P_{bs}——补水泵额定功率，kW；

其他符号意义同前。

$$D_{bs}=N\cdot P_{bs}\cdot\tau_{EB}/4=1\times1.5\times700/4=262.5\ \text{kW}\cdot\text{h}$$

折算成标准煤炭消耗量：

$$M_{dbh}=D_{bs}\cdot(m_d/10^3) \tag{8-38}$$

式中　M_{dbh}——补水泵耗电量折算煤炭消耗量；

m_d——供应单位电量折算标准煤炭消耗量，kgce/kW·h。

$$M_{dbh}=262.5\times(0.350\ 4/10^3)=0.092\ \text{tce}$$

方案 2 消耗总的一次能源量为：

$$M_d=M_{dtce}+M_{dg}+M_{dxh}+M_{dbh}=598.083+35.23+11.038+0.092=644.443\ \text{tce}$$

因此，运用式(8-13)～式(8-15)计算得，方案 2 采暖耗煤量指标为 4.03 kg/m^2，采暖节能率为 59.3%。

③ 初投资

方案 2 的初投资包括主要设备费、辅助设备费、设备安装费。

a. 主要设备费

主要设备有：3 台燃气锅炉，单价为 27.9 万元/台；4 台循环水泵，单价 0.667 9 万元/台；2 台补水泵，单价为 0.219 9 万元/台。方案 2 主要设备初投资为：

$$C_{2z}=3\times27.9+4\times0.6679+2\times0.2199=86.8114 \text{ 万元}$$

b. 辅助设备费

辅助设备费按照锅炉房主要设备费的 25%取值，主要设备费为 86.811 4 万元，因此，方案 2 辅助设备初投资为：

$$C_{2f}=C_{2z}\times0.25=86.8114\times0.25=21.703 \text{ 万元}$$

c. 设备安装费

设备安装费按设备费的 20%计算。方案 2 设备安装费为：

$$C_{2a}=(C_{2z}+C_{2f})\cdot\beta=(86.8114+21.703)\times0.20=21.703 \text{ 万元}$$

综上所述，方案 2 初投资为：

$$C_1=C_{2z}+C_{2f}+C_{2a}=86.8114+21.703+21.703=130.2174 \text{ 万元}$$

方案 2 的各项初投资汇总如表 8-16 所示。

表 8-16　　方案 2 初投资汇总

项目	设备名称	数量	单价	合计/万元	备注
主要设备费	燃煤锅炉	3 台	27.9 万元/台	83.7	—
	循环水泵	4 台	0.667 9 万元/台	2.671 6	3 用 1 备
	补水泵	2 台	0.219 9 万元/台	0.439 8	1 用 1 备
辅助设备费		—	—	21.703	取锅炉房主要设备费的 25%
设备安装费		—	—	21.703	取锅炉房设备费的 20%
总计		—	—	130.217 4	—

④ 年运行费用

方案 2 的年运行费用有燃料费、水费、电费、折旧费以及其他费用。

a. 燃料费

方案 2 的燃料费主要是指燃气费用，天然气的消耗量为 449 686.5 m^3，徐州天然气单价为 3.4 元/m^3。燃料费为：

$$Y_{2r}=y_{2r}\cdot L_t \tag{8-39}$$

式中　Y_{2r}——燃料费，万元；

y_{2r}——标准煤单价，3.4 元/m^3；

L_t——天然气消耗量，m^3。

$$Y_{2r}=449686.5\times3.4\times10^{-4}=152.8934 \text{ 万元}$$

即方案 2 天然气消耗所花费的燃料费为 152.893 4 万元。

b. 水费

方案 2 消耗水的系统只有采暖系统，采暖系统水的消耗量按照系统所需补水量估算。由以上计算知，采暖系统的单位时间补水量为 4 750 L/h，即 4.750 t/h。采暖季系统运行所需交纳的水费为：

$$Y_{2s}=y_{2s}\cdot m_s\cdot t \tag{8-40}$$

式中 Y_{2s}——采暖季所需交纳的水费，万元；

y_{2s}——水单价，3.86 元/t；

m_s——采暖系统的补水量，t/h；

t——采暖系统运行时间，h。

$$Y_{2s}=y_{2s}\cdot m_s\cdot t=3.86\times4.750\times2\ 256\times10^{-4}=4.136\text{ 万元}$$

c. 电费

方案 2 热源方案系统运行所需交纳电费，包括锅炉附属设备、循环水泵及补水泵运行的电费。由以上计算可知，年运行所消耗电能为 100 540+31 500+262.5=132 302.5 kW·h。因此，方案 2 年运行所需交纳电费为：

$$Y_{2d}=y_{2d}\cdot D \tag{8-41}$$

式中 Y_{1d}——方案 2 年运行所需交纳电费，万元；

y_{1d}——电价，取 0.843 9 元/kW·h；

D——消耗电量，kW·h。

$$Y_{2d}=y_{2d}\cdot D=0.843\ 9\times132\ 302.5\times10^{-4}=11.17\text{ 万元}$$

即方案 2 年运行所需交纳电费为 11.17 万元。

d. 折旧费

折旧费按照系统初投资的 5%计算。

$$Y_{2z}=C_{2n}\cdot\alpha \tag{8-42}$$

式中 Y_{2z}——采暖系统的年折旧费，万元；

C_{2n}——采暖系统的初投资，万元；

α——年折旧费占初投资的比例。

$$Y_{2z}=C_{2n}\cdot5\%=130.217\ 4\times5\%=6.510\ 9\text{ 万元}$$

e. 其他费用

其他费用包括人工费、维修费等，按照建筑面积指标法计算，取 5 元/(m² · a)。

$$Y_{2q}=y_{2q}\cdot S \tag{8-43}$$

式中 Y_{2q}——方案 2 的其他费用，万元；

y_{2q}——单位建筑面积其他费用，元/m²；

S——建筑面积，m²。

$$Y_{2q}=5\times160\ 000=80\text{ 万元}$$

综上所述，方案 2 的年运行费用为：

$$\begin{aligned}Y_2&=Y_{2r}+Y_{2s}+Y_{2d}+Y_{2z}+Y_{2q}=152.893\ 4+4.136+11.17+6.510\ 9+80\\&=254.710\ 3\text{ 万元}\end{aligned}$$

方案 2 的年运行费用汇总如表 8-17 所示。

表 8-17 方案 2 年运行费用汇总表

费用项目	数量	单价	合计/万元	备注
燃料费	449 686.5 m^3	3.4 元/m^3	152.893 4	—
水费	10 616 t	3.86 元/t	4.136	—
电费	132 302.5 kW·h	0.843 9 元/kW·h	11.17	—
折旧费	—	—	6.510 9	系统初投资的 5%
其他费用	160 000 m^2	5 元/m^2	80	—
总计	—	—	254.710 3	—

⑤ 对环境的影响

热源系统对环境影响最主要的是 CO_2 排放量，1 kg 煤燃烧产生的 CO_2 质量为 2.62 kg，1 m^3 天然气燃烧产生的 CO_2 质量为 1.99 kg。燃气锅炉运行一个采暖季消耗的天然气为 449 686.5 m^3，排放的 CO_2 的质量为 894.876 t。采暖季运行消耗的电能为 132 302.5 kW·h，等价煤 46.359 tce，燃烧产生的 CO_2 的质量为 121.46 t。因此，方案 2 年 CO_2 排放量为 1 016.336 t。

⑥ 操作管理的难易程度

最容易操作按 100 分计算，经过相关专家反复打分，方案 2 的得分为 80 分。

(3) 方案 3

该方案采暖季采用热电厂市政蒸汽集中供热采暖，户内采暖设备为散热器。

① 主要设备选型

a. 换热器选型

该高校学生公寓的冬季采暖热负荷为 5.205 MW，再考虑各种损失取 1.2 的修正，则换热站的设计容量为 6.25 MW，集中供热的热源为蒸汽，室内采暖设备为散热器，供水温度为 95 ℃，回水温度为 70 ℃。依据上述条件选择 2 台汽水换热器，型号为 DBHW-1.6-40.2/3-SY-F，管长 3 m，换热面积 40.2 m^2，换热量 3.27×10^6 W。该汽水换热器的单价为 70 000 元/台。

b. 循环水泵选型

循环水泵选型同方案 1。

c. 补水泵选型

补水泵选型同方案 1。

方案 3 热电厂市政蒸汽集中供热采暖所有主要设备参数汇总如表 8-18 所示。

表 8-18 方案 3 主要设备参数表

序号	主要设备名称	数量	型号	单台功率/kW	效率	单价/万元	备注
1	换热器	2 台	DBHW-1.6-40.2/3-SY-F	—	90%	7	—
2	循环水泵	4 台	KQL-125/320-15/4	15	39%	0.667 9	水泵流量 22.6 L/s，扬程为 32.8 m
3	补水泵	2 台	40GDL6-12×3	1.5	—	0.219 9	水泵流量 6 m^3/h，扬程为 36 m

② 节能率

一次能源消耗量是指提供一定量热能或电能所需要的消耗标准煤炭的质量。由于方案3采暖季采用热电厂市政蒸汽集中供热，因此，采暖季系统运行时，消耗的能源主要有热力蒸汽和电。蒸汽消耗量的计算方法如下：

$$Q_z = q_r \cdot \tau_{EB} / \eta_{2z} \tag{8-44}$$

式中 Q_z——采暖季蒸汽消耗量，kW·h；

q_r——设计热负荷，kW；

η_{2z}——热力蒸汽利用效率；

其他符号释义同前。

因此，方案3采暖季蒸汽消耗量：

$$Q_z = 6.25 \times 10^3 \times 700 / 0.9 = 4\ 861\ 111\ \text{kW} \cdot \text{h} = 17\ 500\ 000\ 000\ \text{kJ}$$

折算成标准煤消耗量：

$$M_{dt} = Q_z \cdot (m_z / 10^3) \tag{8-45}$$

式中 M_{dt}——采暖季热力折算标准煤消耗量，t；

m_z——单位热能折算标准煤系数，kgce/MJ。

因此，方案3采暖季标准煤消耗量：

$$M_{dt} = 17\ 500\ 000\ 000 \times 0.034\ 2 / 10^3 = 598.50\ \text{tce}$$

循环水泵的耗电量，由式(8-22)得：

$$D_{dxh} = 3 \times 15 \times 700 = 31\ 500\ \text{kW} \cdot \text{h}$$

折算成标准煤消耗量，由式(8-23)得：

$$M_{dxh} = 31\ 500 \times (0.350\ 4 / 10^3) = 11.038\ \text{tce}$$

补水泵的耗电量，由式(8-24)得：

$$D_{bs} = 1 \times 1.5 \times 700 / 4 = 262.50\ \text{kW} \cdot \text{h}$$

折算成标准煤消耗量，由式(8-25)得：

$$M_{dbh} = 262.50 \times (0.350\ 4 / 10^3) = 0.092\ \text{tce}$$

方案3消耗的一次能源总量为：

$$M_d = M_{dt} + M_{dxh} + M_{dbh} = 598.50 + 11.038 + 0.092 = 609.63\ \text{tce}$$

运用式(8-13)～式(8-15)计算得，方案3采暖耗煤量指标为3.81 kg/m^2，节能率为61.5%。

③ 初投资

方案3的初投资包括主要设备费、辅助设备费、设备安装费、热力增容费。

a. 主要设备费

主要设备有：2台换热器，单价为7万元/台；4台循环水泵，单价为0.667 9万元/台；2台补水泵，单价为0.219 9万元/台。方案3主要设备初投资为：

$$C_{3z} = 2 \times 7 + 4 \times 0.667\ 9 + 2 \times 0.219\ 9 = 17.111\ 4\ \text{万元}$$

b. 辅助设备费

辅助设备费按照换热站主要设备费的25%取值，主要设备费为17.111 4万元，因此辅助设备费为：

$$C_{3f} = C_{3z} \times 0.25 = 17.111\ 4 \times 0.25 = 4.278\ \text{万元}$$

c. 设备安装费

设备安装费按设备费的 20%计算：

$$C_{3a}=(C_{3z}+C_{3f})\times20\%=(17.1114+4.278)\times0.20=4.278\ 万元$$

d. 热力增容费

换热站效率 η_{2z} 为 0.9，因此热力增容负荷为：

$$Q_{zrz}=6.25\times10^{3}/0.90=6\ 944.444\ \text{kW}$$

热力增容费为 100 元/kW，则方案 3 的热力增容费为：

$$C_{zrz}=6\ 944.44\times100\times10^{-4}=69.44\ 万元$$

综上所述，方案 3 初投资为：

$$C_{c3}=C_{3z}+C_{3f}+C_{3a}+C_{zrz}=17.1114+4.278+4.278+69.44=95.107\ 万元$$

方案 3 的各项初投资汇总如表 8-19 所示。

表 8-19　　方案 3 初投资汇总

项目	设备名称	数量	单价	合计/万元	备注
主要设备费	换热器	2 台	7 万元/台	14	—
	循环水泵	4 台	0.667 9 万元/台	2.672	3 用 1 备
	补水泵	2 台	0.219 9 元/台	0.439 8	2 用 1 备
辅助设备费		—	—	4.278	取锅炉房主要设备费的 25%
设备安装费		—	—	4.278	取锅炉房设备费的 20%
热力增容费		—	100 元/kW	69.44	—
总计		—	—	95.107	—

④ 系统年运行费用

a. 燃料费

方案 3 的燃料费主要是指蒸汽费用，蒸汽消耗量为 17 500 000 MJ，即 6 684.313 t 蒸汽，热力蒸汽的单价为 145 元/t，因此燃料费为：

$$Y_{3r}=y_{3r}\cdot Q_z \tag{8-46}$$

式中　Y_{3r}——燃料费，万元；

y_{3r}——热力蒸汽单价，元/t；

Q_z——蒸汽消耗量，t。

$$Y_{3r}=145\times6\ 684.313=96.923\ 万元$$

b. 水费

方案 3 消耗水的系统只有采暖系统，采暖系统水的消耗量按照系统所需补水量估算。由以上计算知，采暖系统的小时补水量为 4 750 L/h，即 4.750 t/h。采暖季系统运行所需交纳的水费为：

$$Y_{3s}=y_{3s}\cdot m_s\cdot t \tag{8-47}$$

式中　Y_{3s}——采暖季所需交纳的水费，万元；

y_{3s}——水单价，元/t；

m_s——采暖系统的小时补水量，t/h；

t——采暖系统运行时间，h。

$$Y_{3s}=y_{3s}\cdot m_s\cdot t=3.86\times 4.750\times 2\ 256\times 10^{-4}=4.136\ \text{万元}$$

c. 电费

方案 3 热源方案系统运行所需交纳电费，包括循环水泵及补水泵运行的电费。由以上计算可知，年运行所消耗电能为 31 500＋262.5＝31 762.5 kW・h。因此，方案 3 全年运行所需交纳电费为：

$$Y_{3d}=y_{3d}\cdot D \tag{8-48}$$

式中　Y_{3d}——方案 3 全年运行所需交纳电费，万元；

y_{3d}——电价，元/kW・h；

D——消耗电量，kW・h。

$$Y_{3d}=y_{3d}\cdot D=0.843\ 9\times 31\ 762.5\times 10^{-4}=2.68\ \text{万元}$$

d. 折旧费

折旧费按照系统初投资的 5%计算：

$$Y_{3z}=C_{3n}\cdot \alpha \tag{8-49}$$

式中　Y_{3z}——采暖系统的年折旧费，万元；

C_{3n}——采暖系统的初投资，万元；

α——年折旧费占初投资的比例。

$$Y_{3z}=C_{3n}\cdot 5\%=95.107\times 5\%=4.755\ \text{万元}$$

e. 其他费用

其他费用包括人工费、维修费等，按照建筑面积指标法计算，取 5 元/(m^2・a)。

$$Y_{3q}=y_{3q}\cdot S \tag{8-50}$$

式中　Y_{3q}——方案 3 的其他费用，万元；

y_{3q}——单位建筑面积其他费用，元/m^2；

S——建筑面积，m^2。

$$Y_{3q}=5\times 160\ 000\times 10^{-4}=80\ \text{万元}$$

综上所述，方案 3 的年运行费用为：

$$Y_3=Y_{3r}+Y_{3s}+Y_{3d}+Y_{3z}+Y_{3q}=96.923+4.136+2.68+4.755+80=188.494\ \text{万元}$$

方案 3 的年运行费用汇总如表 8-20 所示。

表 8-20　　方案 3 年运行费用汇总表

费用项目	数量	单价	合计/万元	备注
燃料费	6 684.313 t	145 元/t	96.923	—
水费	10 716 t	3.86 元/t	4.136	—
电费	31 762.5 kW・h	0.843 9 元/kW・h	2.68	—
折旧费	—	—	4.755	系统初投资的 5%
其他费用	160 000 m^2	5 元/m^2	80	—
总计	—	—	188.494	—

⑤ 对环境的影响

热源方案对环境的影响最主要因素是 CO_2 排放量，1 kg 煤燃烧产生的 CO_2 质量为 2.62 kg。方案 3 一次能源（煤炭）消耗量为 609.63 tce，因此，排放 CO_2 的质量为 1 597.231 t。

⑥ 操作管理的难易程度

最容易操作按 100 分计算，经过相关专家反复打分，方案 3 的得分为 85 分。

（4）方案 4

该方案采暖季以地源热泵为热源，户内采暖方式为地面辐射式采暖。

① 主要设备选型

a. 热泵机组选型

依据热泵机组设计原则以及设计容量选择型号为 GSHP2160（H/Q）-TR 型土壤源热泵机组 3 台，单台制热量（这里指单位时间制热量，暖道行业用法）为 2 114 kW，制热工况压缩机输入功率为 516 kW。蒸发器水侧阻力 50 kPa，制热工况热源侧水流量 344 m^3/h，蒸发器进出水温度为 7 ℃/3 ℃；冷凝器水侧阻力 52 kPa，制热工况使用侧水流量 364 m^3/h，冷凝器进出水温度为 40 ℃/45 ℃；全热回收水测阻力 52 kPa。热泵机组的单价为 105.7 万元。

b. 地埋管换热器的选型

地埋管式换热器是地源热泵系统设计的重点。地源热泵的地下换热器所处的位置是地壳中的浅层地表土壤中。土壤的类型、热物性、密度、含温量等对地源热泵系统的性能影响较大，需根据该项目的实际情况，计算单位管长的换热能力。具体设计步骤如下。

（a）计算地埋管换热器的换热量

地埋管换热量是指采暖季从土壤中吸收的热量。根据如下公式计算土壤性换热器的换热量：

$$Q'_1 = Q_1 \times (1 - 1/COP_1) \tag{8-51}$$

其中 Q_1——采暖季向土壤吸取的热量，kW；

Q_1——采暖季设计总热负荷，kW；

COP_1——设计工况下地源热泵机组的供热系数。

本工程总热负荷为 $Q_1 = 6\ 250$ kW；地源热泵机组的供热系数 COP_1 为 4.5。

$$Q'_1 = Q_1 \times (1 + 1/COP_1) = 6\ 250 \times (1 - 1/4.5) = 4\ 861.11 \text{ kW}$$

即系统采暖季最大总吸热量为 4 861.11 kW。

（b）竖井埋管管长

单位管长换热量与地质构造有密切关系，而且各地质层传热性能各有差异，建立模型计算比较困难。地埋管换热器采用单 U 形埋管，依据《实用供热空调设计手册》，地埋管换热器管内的介质，应保持紊流流动状态；单 U 形管管内介质的流速 $v \geq 0.6$ m/s。土壤源热泵机组单台制热量为 2 114 kW，制热工况时，单 U 形地埋管长度取每米孔深 50 W（见表 8-21）。

表 8-21　地埋管换热器方案设计概算指标[186]

项目与数值		每米孔深换热量/$W \cdot m^{-1}$		
		土层	岩土层	岩石层
竖直埋管	单 U 形埋管	30～40	40～50	50～60
	双 U 形埋管	36～48	48～60	60～72

按吸热量计算地埋管的长度,计算公式如下:

$$L_1 = Q'_1 \times 1\,000 / W_1 \tag{8-52}$$

其中 L_1——竖井总深度,m;

$Q_1{}'$——换热器总吸热量,kW;

W_1——单位孔深吸热量,W/m。

竖井总深度即竖井埋管长为:

$$L_1 = Q'_1 \times 1\,000 / W_1 = 4\,861.11 \times 1\,000/50 = 97\,222.2\ \text{m}$$

(c) 计算竖井数目

根据工程的地质条件,建议竖井深度为 100 m(如果地下有岩层或其他硬物,则需另外考虑)。计算竖井数目为:

$$N = L/H \tag{8-53}$$

其中 L——竖井总深度,m;

N——竖井口数,个;

H——单口竖井深度,m。

本项目竖井深度 $H=100$ m,因此 $N=L/H=97\,222.2/100=972.2$,取整数为 973 口,则本项目室外地埋管总设计竖井数为 973 口。

(d) 计算地埋管内径

$$d_i = \sqrt{\frac{G}{n \cdot \pi \cdot v \cdot 900}} \tag{8-54}$$

式中 G——热源侧额定流量,m^3/h;

v——单 U 形管管内介质的流速,取最小 0.6 m/s;

n——所需井个数。

$$d_i = \sqrt{\frac{G}{n \cdot \pi \cdot v \cdot 900}} = \sqrt{\frac{3 \times 344}{973 \times \pi \times 0.6 \times 900}} < 0.026\ \text{m}$$

单 U 形管流量为 0.732 m^3/h,选择外径为 DN25 的聚乙烯塑料管,内径为 20.4 mm,则流速为 0.623 m/s,单位长度摩擦压力损失为 329.6 P_a/m,最不利环路竖直管摩擦压力损失为 6.6 m。考虑最不利环路水平管阻力损失和系统局部阻力损失,管路总阻力损失为 21.53 m。

c. 循环水泵选型

地埋管水系统循环水泵管道压力损失为 21.53 m,蒸发器水侧阻力 52 kPa,循环水泵扬程为 26.73 m,蒸发器制热工况时热源侧额定流量为 $344 \times 3 = 1\,032\ m^3/h$,依据上述数据选择 3 台单级单吸立式离心泵作为循环水泵,型号为 ISG200－400(I)A,流量 374 m^3/h,扬程 44 m,转速 1 450 r/min,电功率 75 kW,效率 80%。该水泵的单价为 17 640 元/台。

d. 补水泵选型

该学生公寓建筑地上部分 19.8 m,因此,系统补水泵的扬程为 24.8 m。选择两台补水泵,一用一备。

热源侧充水高度取 2 m 水柱,因此,地埋管水系统补水泵的扬程为 7 m,选择两台补水泵,一用一备。补水量两者取相同。

下面计算补水泵的流量,首先计算系统的水容量。为了简便起见,V_c 值可按供给每 1

kW 热量所需设备的水容量估算，其值按表 8-9 选取。

依据式(8-17)采暖系统所需水容量为：

$$V=(5.2+5.2+6.9+1.7)\times 6.25\times 10^3=118\ 750\ \text{L}$$

补水泵的补水量为：

$$L=V\times 1\%\times 4=118\ 750\times 1\%\times 4=4\ 750\ \text{L/h}=1.32\ \text{L/s}$$

由上述计算知，井水用补水泵的扬程为 7 m，补水泵流量为 1.32 L/s 即 4.75 m^3/h，选择补水泵 2 台，其型号为 40GDL6-12×3，级数是 3，流量 6 m^3/h，扬程 36 m，电动机功率 1.5 kW。该水泵的单价为 2 199 元/台。系统用补水泵的扬程为 24.8 m，补水泵流量为 1.32 L/s 即 4.75 m^3/h，选择补水泵 2 台，其型号为 40GDL6-12×3，级数是 3，流量 6 m^3/h，扬程 36 m，电动机功率 1.5 kW。该水泵的单价为 2 199 元/台。

方案 4 主要设备参数汇总如表 8-22 所示。

表 8-22　　方案 4 主要设备参数表

编号	主要设备名称	数量/台	型号	单台功率/kW	效率/%	单价/万元	备注
1	热泵机组	3	GSHP2450(H/Q)-TR	516	90	105.7	—
2	地埋管水系统循环水泵	3	ISG200-400(I)A	75	80	1.764 0	水泵流量 374 m^3/h，扬程为 44 m
3	系统循环水泵	3	ISG200-400(I)A	75	80	1.764 0	水泵流量 374 m^3/h，扬程为 44 m
4	井水补水泵	2	40GDL6-12×3	1.5	—	0.219 9	水泵流量 6 m^3/h，扬程为 36 m
5	系统补水泵	2	40GDL6-12×3	1.5	—	0.219 9	水泵流量 6 m^3/h，扬程为 36 m

② 节能率

方案 4 采暖季以地源热泵为热源，户内采暖方式为地面辐射式采暖。采暖季一次能源消耗量计算如下：

热泵机组耗电量：

$$D_{dr}=N\cdot P_{dr}\cdot \tau_{EB} \tag{8-55}$$

式中　D_{dr}——热泵机组的总耗电量，kW·h；

P_{dr}——热泵机组的额定功率，kW；

N——热泵机组的运行台数；

τ_{EB}——当量满负荷运行时间，h。

$$D_{dr}=3\times 516\times 700=1\ 083\ 600\ \text{kW}\cdot\text{h}$$

折算成标准煤炭消耗量：

$$M_{dt}=D_{dr}\cdot (m_d/10^3) \tag{8-56}$$

式中　M_{dt}——循环水泵耗电量折算煤炭消耗量，tce；

m_d——供应单位电量折算标准煤炭消耗量，kgce/kW·h。

$$M_{dt}=1\ 083\ 600\times (0.350\ 4/10^3)=379.693\ \text{tce}$$

循环水泵的耗电量：

$$D_{dxh}=N\cdot P_{dxh}\cdot \tau_{EB} \tag{8-57}$$

式中　D_{dxh}——循环水泵的总耗电量，kW·h；

P_{dxh}——循环水泵的额定功率，kW；

N——循环水泵的运行台数；

τ_{EB}——当量满负荷运行时间，h。

$$D_{dxh}=6\times75\times700=315\ 000\ \text{kW}\cdot\text{h}$$

折算成标准煤炭消耗量：

$$M_{dxh}=D_{dxh}\cdot(m_d/10^3) \tag{8-58}$$

式中　M_{dxh}——采暖季循环水泵耗电量折算煤炭消耗量，tce；

m_d——供应单位电量折算标准煤炭消耗量，kgce/kW·h。

$$M_{dxh}=315\ 000\times(0.350\ 4/10^3)=110.376\ \text{tce}$$

补水泵的耗电量：补水泵的流量按照正常补水量的 4 倍取，因此，补水泵的运行时间约为循环水泵的 1/4，计算补水泵的耗电量为：

$$D_{db}=N\cdot P_{db}\cdot t/4=2\times1.5\times700/4=525\ \text{kW}\cdot\text{h}$$

折算成标准煤炭消耗量：

$$M_{dbh}=D_{db}\cdot(m_d/10^3) \tag{8-59}$$

式中　M_{dbh}——采暖季补水泵耗电量折算煤炭消耗量，tce；

m_d——供应单位电量折算标准煤炭消耗量，kgce/kW·h。

$$M_{dbh}=525\times(0.350\ 4/10^3)=0.184\ \text{tce}$$

方案 4 消耗一次能源总量为：

$$M_d=M_{dtce}+M_{dxh}+M_{dbh}=379.693+110.376+0.184=490.253\ \text{tce}$$

运用式(8-13)～式(8-15)计算得，方案 4 采暖耗煤量指标为 3.06 kg/m²，节能率为 69.1%。

③ 初投资

方案 4 的初投资包括主要设备费、辅助设备费、设备安装费。

a. 主要设备费

主要设备有，3 台热泵机组，单价为 105.7 万元/台；6 台循环水泵，单价为 1.764 0 万元/台；4 台补水泵，单价为 0.219 9 万元/台；地埋管总长 97.22 km，单价 3 元/m。方案 4 主要设备初投资为：

$$C_{4z}=3\times105.7+6\times1.764\ 0+4\times0.219\ 9+97.22\times1\ 000\times3\times10^{-4}=357.73\ \text{万元}$$

b. 辅助设备费

辅助设备材料费按照机房主要设备材料费的 25% 取值(不包括地埋管)，主要设备费为 357.73 万元，地埋管费用为 29.17 万元。方案 4 辅助设备费为：

$$C_{4f}=C_{4z}\times0.25=(357.73-29.17)\times0.25=82.14\ \text{万元}$$

c. 设备安装费

设备安装费按设备费的 20% 计算，设备安装费计算如下：

地埋管安装费(地埋管安装费按每米孔深 55 元计，孔深总长 97.22 km)：

$$C_{4ad}=97.22\times1\ 000\times55\times10^{-4}=534.71\ \text{万元}$$

其他设备安装费(式中 C_{4z} 不包括地埋管费用)：

$$C_{4aq}=(C_{4z}+C_{4f})\cdot\beta=[(357.73-29.17)+82.14]\times0.20=82.14\ \text{万元}$$

因此，方案 4 设备安装费为：

$$C_{4a}=C_{4ad}+C_{4aq}=534.71+82.14=616.85\text{ 万元}$$

综上所述，方案 4 初投资为：

$$C_1=C_{4z}+C_{4f}+C_{4a}=357.73+82.14+616.85=1\ 056.72\text{ 万元}$$

方案 4 的各项初投资汇总如表 8-23 所示。

表 8-23　　方案 4 初投资汇总

项目	设备名称	数量	单价	合计/万元	备注
主要设备费	热泵机组	3 台	105.7 万元/台	317.1	—
	循环水泵	6 台	1.764 万元/台	10.584	—
	补水泵	4 台	0.219 9 万元/台	0.879 6	—
	地埋管	97.22 km	3 元/m	29.17	—
辅助设备费		—	—	82.14	热泵机房主要设备费的 25%
设备安装费		—	—	616.85	热泵机房设备费的 20%
总计		—	—	1 056.72	—

④ 年运行费用

方案 4 的年运行费用有水费、电费、折旧费以及其他费用。

a. 水费

方案 4 采暖系统水的消耗量按照系统所需补水量估算。由以上计算知，采暖系统的补水量为 4 750 L/h，即 4.750 t/h。采暖季系统运行所需交纳的水费为：

$$Y_{4s}=n\cdot y_{4s}\cdot m_s\cdot \tau_{EB} \tag{8-60}$$

式中　Y_{4s}——采暖季所需交纳的水费，万元；

n——补水泵运行台数；

y_{4s}——水单价，元/t；

m_s——采暖系统的补水量，t/h；

τ_{EB}——采暖系统运行时间，h。

$$Y_{4s}=n\cdot y_{4s}\cdot m_s\cdot t=2\times3.86\times4.750\times2\ 256\times10^{-4}=8.273\text{ 万元}$$

b. 电费

方案 4 热源方案系统运行所需交纳电费，包括热泵机组、循环水泵及补水泵运行的电费。由以上计算可知，年运行所消耗电能为 1 083 600+315 000+525=1 399 125 kW·h。因此，方案 4 年运行所需交纳电费为：

$$Y_{4d}=y_{4d}\cdot D \tag{8-61}$$

式中　Y_{4d}——方案 4 年运行所需交纳电费，万元；

y_{4d}——电价，元/kW·h；

D——消耗电量，kW·h。

$$Y_{4d}=y_{4d}\cdot D=0.843\ 9\times1\ 399\ 125\times10^{-4}=118.072\text{ 万元}$$

方案 4 年运行所需交纳电费为 118.072 万元。

c. 折旧费

系统按照系统初投资的 5%计算：

$$Y_{4z}=C_{4n}\cdot\alpha \tag{8-62}$$

式中 Y_{4z}——采暖系统的年折旧费，万元；

C_{4n}——采暖系统的初投资，万元；

α——年折旧费占初投资的比例。

$$Y_{4z}=C_{4n}\cdot 5\%=1\ 056.721\times 5\%=52.836\ 万元$$

d. 其他费用

其他费用包括人工费、维修费等，按照建筑面积指标法计算，取5元/($m^2\cdot a$)。

$$Y_{4q}=y_{4q}\cdot S \tag{8-63}$$

式中 Y_{4q}——方案4的其他费用，万元；

y_{4q}——单位建筑面积其他费用，元。

S——建筑面积，m^2。

$$Y_{4q}=5\times 160\ 000=80\ 万元$$

综上所述，方案4的年运行费用为：

$$Y_4=Y_{4s}+Y_{4d}+Y_{4z}+Y_{4q}=8.273+118.072+52.836+80=259.181\ 万元$$

方案4的年运行费用如表8-24所示。

表8-24　方案4年运行费用表

费用项目	数量	单价	合计/万元	备注
水费	21 432 t	3.86元/t	8.273	—
电费	1 399 125 kW·h	0.843 9元/kW·h	118.072	—
折旧费	—	—	52.836	系统初投资的5%
其他费用	160 000 m^2	5元/m^2	80	—
总计	—	—	259.181	—

⑤ 对环境的影响

热源系统对环境的影响最主要因素是CO_2排放量，1 kg煤燃烧产生的CO_2质量为2.62 kg。热泵运行一个采暖季消耗的标准煤为490.253 tce，排放的CO_2的质量为1 284.463 t。因此，方案4年CO_2排放量为1 284.463 t。

⑥ 操作管理的难易程度

最容易操作按100分计算，经过相关专家反复打分，方案4的得分为90分。

8.3.4.3　各热源方案评价指标的计算结果

学生公寓各热源方案的评价指标计算结果如表8-25所示。

表8-25　方案各指标计算结果

	节能率	初投资费用/万元	年运行费用/万元	环境影响/t(CO_2)	操作管理/分
方案1	53.8%	132.917	137.005	1 917.26	75
方案2	59.3%	130.217	254.710	1 016.336	80
方案3	61.5%	95.107	188.494	1 597.231	85
方案4	69.1%	1 056.72	259.181	1 284.463	90

8.3.4.4 方案层对目标层的优属度

按照式(8-8)～式(8-10)计算得到的各方案优属度计算结果如表 8-26 所示。

表 8-26 各方案优属度

方案	单因素相对优属度					方案相对优属度
	节能率	初投资费用	年运行费用	环境影响	操作管理	
方案 1	0.44	0.88	0.65	0.35	0.45	0.58
方案 2	0.48	0.89	0.36	0.65	0.48	0.55
方案 3	0.50	0.92	0.52	0.46	0.52	0.62
方案 4	0.56	0.08	0.35	0.56	0.55	0.40

对表 8-25 和表 8-26 进行研究与分析，可以得到如下的结论：从节能率来看，方案 4 的节能率最高，方案 1 的节能率最低；而从方案相对优属度来看，却是方案 3 最优，方案 1 次之，方案 2 再次之，方案 4 最劣。出现这种情况的原因主要是方案 4 地源热泵可冬夏两用，单纯用于供热，在造价上并不占优势。因此，对于寒冷地区高校学生公寓而言，若不考虑夏季制冷，采用热电厂市政蒸汽集中供热将是最佳选择，此时建筑围护结构、建筑设备所分担比例如表 8-27 所示。若考虑夏季制冷，需要进一步对冷热源方案进行技术经济比较。

表 8-27 围护结构、供热系统相应的节能率

	围护结构	供热系统
节能贡献率	32.2%	29.3%
总贡献率	61.5%	

8.4 建筑外墙综合评价

8.4.1 评价指标

随着外墙保温系统的发展，外墙保温系统越来越丰富，如外墙复合保温系统以及外墙自保温系统等，保温系统选择需要考虑的因素也越来越多。因此，外墙保温系统的选择具有多因素、多准则的特性。

外墙保温系统适用性评价因素的选择应遵循综合分析原则、主导因素原则、差异性原则以及可比性原则。外墙保温系统适用性综合评价因素有一次能耗、全寿命周期费用、环境影响、防火性能、耐久性、施工难易性等。外墙外保温系统使用年限一般为 25 a，外墙自保温系统使用年限为 50 a。本书在比较过程中时间设置为 50 a，外墙外保温系统需要在第 26 a 增加一次初投资，因此外墙保温系统的耐久性可在全寿命周期费用中体现。依据上述因素选择原则，选择一次能耗、全寿命周期费用、环境影响以及防火性能作为外墙保温系统适用性综合评价的评价指标。

（1）一次能耗

建筑外墙保温系统的热工性能优劣直接影响建筑物自身暖通空调系统的运行能耗。将建筑物内暖通空调运行所消耗的不同种类能源统一转化成一次能源（标准煤）消耗量，不仅便于比较不同外墙保温系统的能耗，而且能够直接反映外墙保温系统的节能性。

（2）全寿命周期费用

不同外墙保温系统的初投资与建筑运行费用差异性较大，假如只考虑外墙保温系统的初投资或建筑运行费用就很难达到优选外墙保温系统的目的。全寿命周期费用法能够综合评价外墙保温系统的技术经济性。

（3）环境影响

目前，建筑能耗的终端燃料主要为化石燃料（煤炭、石油以及天然气等），为建筑提供运行能量的同时，也不断向大气排放污染物（其中包含 CO_2、SO_2、NO_x 以及烟尘等）。随着世界工业化发展，温室气体排放越来越多，产生温室效应，使全球气温上升，威胁到人类的生存与发展。CO_2 是温室气体之一，且二氧化碳占温室气体很大比例，因此减少 CO_2 排放是减少温室气体排放的重要方面。

（4）防火性能

外墙保温系统的防火性能直接影响建筑自身的消防安全。因此，本书选择保温系统的防火性能作为一个评价指标，并以保温材料的防火性能以及燃烧条件作为单因素评价指标。

8.4.2 评价模型

8.4.2.1 递阶层次结构模型

外墙保温系统的优选可分为三个层次：最高层、中间层以及方案层。优选模型的最高层是目标层，优选的目的是得到综合性能最好的外墙保温系统；优选模型的中间层是准则层；优选模型的最底层是方案层，主要包括外墙保温系统的不同做法。综合评价外墙保温系统的递阶层次结构图如图 8-7 所示。

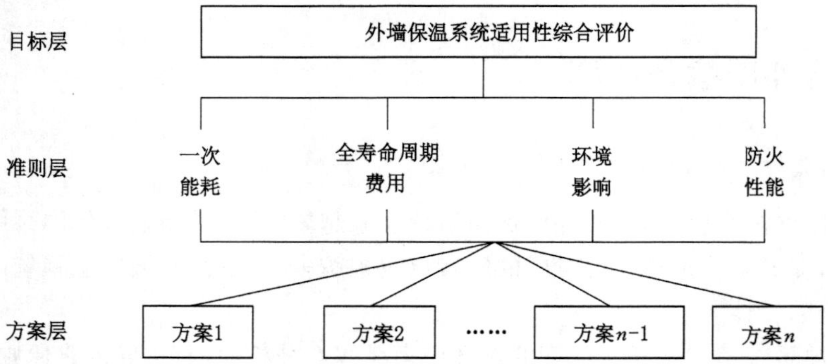

图 8-7　外墙保温系统评价的递阶层次结构图

8.4.2.2 准则层的权重系数

（1）构建判断矩阵：按照层次分析法计算各因素的步骤，经过相关专家反复打分，最终得出两两判断矩阵，如表 8-28 所示。

表 8-28　　权重系数判断矩阵

外墙保温系统	一次能耗	全寿命周期费用	环境影响	防火性能
一次能耗	1	3	4	3
全寿命周期费用	1/3	1	2	2
环境影响	1/4	1/2	1	1/2
防火性能	1/3	1/2	2	1

(2) 按照权重确定的方根法计算步骤，对表 8-28 中的判断矩阵进行处理。一次能耗、全寿命周期费用、环境影响、防火性能的权重分别为：

$$w_1=0.512;\quad w_2=0.225;\quad w_3=0.104;\quad w_4=0.159$$

(3) 计算最大特征值：

判断矩阵为：

$$A=\begin{Bmatrix} 1 & 3 & 4 & 3 \\ 1/3 & 1 & 2 & 2 \\ 1/4 & 1/2 & 1 & 1/2 \\ 1/3 & 1/2 & 2 & 1 \end{Bmatrix}$$

最大特征根为：4.081。

8.4.2.5　一致性检验

$$CI=\frac{\lambda_{\max}-n}{n-1}=0.027$$

而 $RI=1.12$，所以 $CR=\frac{CI}{RI}=0.03<0.1$。

可见上述判断矩阵的一致性良好，因而所得权重也是比较满意的。

由上述计算过程得出各评价因子权重系数，见表 8-29。

表 8-29　　评价因子权重系数

评价因子	一次能耗	全寿命周期费用	环境影响	防火性能
权重	0.512	0.225	0.104	0.159

8.4.3　外墙方案

以该高校教学楼为例，围护结构主要包含外墙、外窗、屋顶、地面以及分户楼板。选取三种外墙做比较，第一种墙体：该高校公共教学楼寒假采暖最佳保温层厚度为 40 mm EPS 的保温墙体(详见第 5 章)；第二种墙体按《公共建筑节能设计标准》规定的建筑外墙传热系数限值为 0.6 W/(m^2·K)计算得到，为 60 mm EPS 保温墙体；第三种墙体：粉煤灰复合自保温墙体。详细参数见表 8-30。

8.4.4　外墙方案综合评价

8.4.4.1　评价指标计算

(1) 一次能耗

不同外墙保温系统建筑运行能耗采用 DeST 模拟计算得出。现有常用的各种能源的折

表 8-30　　该高校教学楼不同墙体平均传热系数

墙体名称	材料名称	导热系数 /W·(m·K)$^{-1}$	厚度/m	平均传热系数 /W·(m^2·K)$^{-1}$
50 mm EPS 保温墙体	模塑聚苯板(EPS)	0.049	0.03	0.661
	煤矸石砖	0.814	0.24	
	水泥砂浆抹灰	0.93	0.04	
60 mm EPS 保温墙体	模塑聚苯板(EPS)	0.049	0.05	0.582
	煤矸石砖	0.53	0.24	
	水泥砂浆抹灰	0.93	0.04	
粉煤灰复合自保温墙体	粉煤灰复合自保温砌块	—	—	0.52
	水泥砂浆抹灰	0.93	0.04	

注:其他围护结构材料同表 5-20。

算系数见表 8-7。

(2) 全寿命周期费用

全寿命周期费用为初投资与运行费用之和,按式(5-12)～式(5-16)计算。

外墙外保温系统、内保温系统的使用年限一般为 25 a,外墙自保温系统使用年限一般为 50 a,建筑全寿命周期为 50 a。

(3) 环境影响

如前所述,选择碳排放作为环境影响的评价指标,1 kg 煤燃烧产生的 CO_2 质量为 2.62 kg。

(4) 防火性能

以保温材料的防火性能以及燃烧条件作为单因素评价指标,按照各外墙保温系统的防火性能打分(0～100 分)进行评价。

8.4.4.2　评价指标计算

(1) 一次能耗

经 DeST 模拟,该高校教学楼全年累计热负荷和节能率如表 8-31 所示。

表 8-31　　该高校教学楼不同墙体全年累计热负荷和节能率

墙体名称	传热系数/W·(m^2·K)$^{-1}$	全年累计热负荷/kW·h	承担的节能率
40 mm EPS 保温墙体	0.661	559 535.25	26.41%
60 mm EPS 保温墙体	0.582	554 691.38	26.59%
粉煤灰复合自保温墙体	0.52	550 945.37	26.72%

(2) 全寿命周期费用

该高校教学楼采用的粉煤灰复合自保温砌块价格如表 8-32 所示,其他主要材料价格如表 8-33 所示。

表 8-32　　粉煤灰复合自保温砌块价格

项目		单价	备注
原材料	水泥(元/t)	350	掺加 20%
	粉煤灰(元/t)	120	掺加 50%
	陶粒(元/m^3)	180	掺加 30%
	膨胀珍珠岩(元/m^3)	212	0.44 m^3/m^3(砌块)
工资奖金(元/块)		0.52	共 15 人,班产量 4 000 块,人均 139 元/天
维修费(元/块)		0.004	—
能耗(元/块)		0.033 8	用电量 20 kW · h,0.843 9 kW · h,500 块/h
场租费(元/块)		0.025	—
利润(元/块)		1.05	年产 100 万块,年利润 105 万元
累计价格	(元/块)	7.2	—
	(元/m^3)	335	—

表 8-33　　该高校教学楼其他主要材料价格

名称	规格	单位	价格/元
240 mm 厚炉渣砖墙	240 mm	m^3	160
EPS 模塑聚苯板	防火等级 B1	m^3	750

经计算,外墙保温系统的初投资和运行费用如表 8-34 所示,外墙保温系统全寿命周期费用如表 8-35 所示。

表 8-34　　该高校教学楼外墙保温系统初投资和运行费用

保温系统	初投资/万元	运行费用/万元
40 mm EPS 保温墙体	166.998	2 813.154
60 mm EPS 保温墙体	183.271	2 769.659
粉煤灰复合自保温墙体	478.582	2 769.905

表 8-35　　该高校教学楼外墙保温系统全寿命周期费用

外墙保温类型	40 mm EPS 保温墙体	60 mm EPS 保温墙体	粉煤灰复合自保温墙体
全寿命周期费用/万元	2 981.152	2 952.93	3 248.487

(3) 环境影响

该高校教学楼采暖系统热源为燃煤锅炉,环境影响以碳排放量为评价依据。经计算,该高校教学楼所产生的碳排放量如表 8-36 所示。

表 8-36　　该高校教学楼碳排放量

墙体类型	40 mm EPS 保温墙体	60 mm EPS 保温墙体	粉煤灰复合自保温墙体
煤炭消耗量/kg	106 740.2	105 810.5	105 099.9
CO_2排放量/kg	279 659.3	277 223.51	275 361.74

(4) 防火性能

该高校教学楼采用外墙外保温系统，其保温材料多为有机材料，可燃烧，且施工过程中保温材料暴露在空气中，因此存在一定的火灾隐患。各种外墙保温系统的防火性能单因素评价得分详见表 8-37。

表 8-37　　该高校教学楼防火性能

保温形式	40 mm EPS 保温墙体	60 mm EPS 保温墙体	外墙自保温
得分	60	60	95

该高校教学楼的一次能耗、全寿命周期费用、环境影响以及防火性能各因素指标计算结果汇总如表 8-38 所示。

表 8-38　　该高校教学楼各评价指标计算结果

保温形式	一次能耗/kW·h	全寿命周期费用/万元	环境影响/kg	防火性能
40 mm EPS 保温墙体	559 535.25	2 981.152	279 659.3	60
60 mm EPS 保温墙体	554 691.38	2 952.93	277 223.51	60
粉煤灰复合自保温墙体	550 945.37	3 248.487	275 361.74	95

8.4.4.3　*方案层对目标层的优属度*

各方案优属度计算结果如表 8-39 所示。

表 8-39　　外墙各方案优属度

方案	单因素相对优属度				方案相对优属度
	一次能耗	全寿命周期费用	环境影响	防火性能	
40 mm EPS 保温墙体	0.496	0.519	0.496	0.387	0.468
60 mm EPS 保温墙体	0.500	0.524	0.500	0.387	0.475
粉煤灰复合自保温墙体	0.504	0.476	0.504	0.613	0.530

经综合评价分析，采用粉煤灰复合自保温墙体方案最优，60 mm EPS 保温墙体方案次之，40 mm EPS 保温墙体方案再次之。

8.5　小结

本章从冷热源和建筑外墙两个方面，应用层次分析法，建立了相应的评价模型，确定了相应的评价因子和权重系数，并针对具体冷热源方案和建筑外墙系统进行了评价。

9 工程实例

9.1 学生公寓设计实例

9.1.1 建筑概况

徐州某高校研究生公寓为多层居住建筑,建筑设计使用年限为 50 a。总用地面积 9 350 m^2,总建筑面积 10 550 m^2,建筑总共 7 层,建筑高度 23.7 m,绿地面积 3 272.5 m^2。

9.1.2 围护结构设计

建筑结构类型为钢筋混凝土框架剪力墙结构。外墙采用煤矸石烧结空心砖,屋面隔热材料采用聚氨酯硬质泡沫,门窗采用铝合金门窗。具体构造及做法如下。

(1) 屋面

① 屋面 1(不上人平屋面,下有房间)

a. 现捣钢筋混凝土屋面板,表面清扫干净。

b. 20 mm 厚 1∶3 水泥砂浆粉光压平。

c. 4 mm 厚 SBS 改性沥青防水卷材。

d. 120 mm 厚岩棉保温层。

e. 40 mm 厚 C20 细石混凝土,配Φ 4@200 双向钢筋。

f. 25 mm 厚 1∶2.5 水泥砂浆抹平赶光,每隔 3～6 m 酌情分仓。分仓缝宽 20 mm,填满防水石膏。

② 屋面 2(不上人平屋面,下没有房间)

a. 现捣钢筋混凝土屋面板,表面清扫干。

b. 20 mm 厚 1∶3 水泥砂浆粉光压平。

c. 4 mm 厚 SBS 改性沥青防水卷材。

d. 40 mm 厚 C20 细石混凝土,配Φ 4@200 双向钢筋。

e. 25 mm 厚 1∶2.5 水泥砂浆保护层。

(2) 外墙

① 面砖外墙面

a. 刷 801 胶素水泥浆一遍,配比为 801 胶∶水＝1∶4(适用于轻质混凝土墙体)。

b. 12 mm 厚 1∶3 水泥砂浆打底扫毛或划出纹道,外墙不同材料拼接处宜附加金属网,网的宽度为 300 mm,金属网可采用规格 ϕ1.2@15×15 的钢丝网,钢丝网可靠固定于墙体上,钉距宜为 500 mm。

c. 40 mm 厚岩棉保温层。

d. 带尾孔射钉@500,呈梅花形错位排列,用双股 ϕ0.7 mm 镀锌钢丝与钢丝网绑结。

e. 贴 8～10 mm 外墙饰面砖,在砖粘贴面上随贴随涂刷一遍混凝土界面处理剂,增强粘结力。

f. 专用勾缝剂勾缝。

② 涂料外墙面

a. 刷 801 胶素水泥浆一遍，配合比为 801 胶：水＝1：4（适用于轻质混凝土墙体）。

b. 15 mm 厚 1：3 纤维水泥砂浆打底，外墙不同材料拼接处宜附加金属网，网的宽度为 300 mm，金属网可采用规格 ϕ1.2@15×15 的钢丝网，钢丝网可靠固定于墙体上，钉距宜为 500 mm。

c. 40 mm 厚岩棉保温层。

d. 聚合物抗裂砂浆。

e. 弹性涂料。

（3）窗户

玻璃材料使用 6 mm 单片灰玻璃＋12A＋6 mm 单片白玻璃组成之中空玻璃。

（4）地面

① 花岗石楼面（门厅）

a. 素土夯实。

b. 100 mm 厚混凝土垫层。

c. 素水泥浆结合层一道。

d. 15 mm 厚 1：3 水泥砂浆找平。

e. 25 mm 厚 1：3 干硬性水泥砂浆，面上撒素水泥。

f. 15 mm 厚花岗石铺实拍平，水泥浆擦缝。

② 地砖楼面（一般宿舍、值班室、公共活动室、物业管理办公室、走道、设备用房等）

a. 素土夯实。

b. 100 mm 厚混凝土垫层。

c. 素水泥浆结合层一道。

d. 15 mm 厚 1：3 水泥砂浆找平。

e. 25 mm 厚 1：3 干硬性水泥砂浆，面上撒素水泥。

f. 10 mm 厚地砖铺实拍平，水泥浆擦缝。

③ 陶瓷地砖阳台地面（最大总厚 50 mm）

a. 素土夯实。

b. 100 mm 厚混凝土垫层。

c. 1：2.5 水泥砂浆（掺 3％防水粉）做不小于 0.5％～1％排水坡度，坡向地漏，最薄处为 15 mm 厚。

d. 刷基层处理剂一遍（基层必须干净、干燥）。

e. 2 mm 厚高分子防水涂料，分纵横两道涂刮。

f. 25 mm 厚 1：3 干硬性水泥砂浆，面上撒素水泥。

g. 10 mm 厚防滑地砖铺面，专用填缝料填缝，地面最高点标高低于同层房间地面完成面 20 mm。

④ 防滑地砖地面（卫生间）

a. 素土夯实。

b. 100 mm 厚混凝土垫层。

c. 陶粒混凝土填充层。

d. 1∶2.5 水泥砂浆找平及找坡 0.5%～1%(或按详图),坡向地漏,最薄处不小于 15 mm,随手抹光。

e. 刷基层处理剂一遍(基层必须干净、干燥)。

f. 2 mm 厚高分子防水涂料,面上撒黄砂,四周沿墙上翻高度 500 mm。

g. 25 mm 厚 1∶3 干硬性水泥砂浆,面上撒素水泥。

h. 8～10 mm 厚 300 mm×300 mm 防滑地砖铺实拍平,用专用填缝料填缝。

⑤ 防滑地砖楼面(自行车库、洗衣房)

a. 素土夯实。

b. 100 mm 厚灰砂垫层。

c. 素水泥浆结合层一道。

d. 15 mm 厚 1∶3 水泥砂浆找平。

e. 25 mm 厚 1∶3 干硬性水泥砂浆,面上撒素水泥。

f. 10 mm 厚防滑地砖铺面,专用填缝料填缝,地面最高点标高低于同层房间地面完成面 20 mm。

9.1.3 采暖设计

(1) 设计参数

① 采暖室外设计温度:−5 ℃。

② 采暖室内设计温度:宿舍及活动间,18 ℃;卫生间,16 ℃。

③ 设计热媒参数:95 ℃/70 ℃热水(由校园热交换站提供)。

④ 热负荷设计参数:本工程总的建筑面积 10 550 m^2,总的热负荷为 419 kW,平均热指标为 $q=40\ W/m^2$。

⑤ 系统定压由设在热交换站内的气压罐统一定压,该建筑的定压高度为 25～27 m。

(2) 系统设计

① 本工程采暖系统均为上供下回单管同程式系统,在系统的入口处的回水管上设置平衡阀以调节各系统间的流量平衡。

② 卫生间内的散热器采用 GRD/430-Ⅱ-20 型(6 根管)钢制绕片对流散热器,散热器高度为 550 mm,厚度为 120 mm,散热量 $Q=2\ 000$ W/m($\Delta T=64.5$ ℃)。其余房间内的散热器均采用 GRD/580-Ⅱ-25 型(8 根管)钢制绕片对流散热器,散热器高度为 700 mm,厚度为 120 mm,散热量为 $Q=2\ 800$ W/m($\Delta T=64.5$ ℃)。

③ 散热器均为挂墙安装,散热器底距地为 150 mm。在每组散热器上设置手动跑风阀一个。

(3) 施工说明

① 室外地坪标高为−0.150 m。

② 采暖供回水干,立管均采用热镀锌钢管,丝扣连接。

③ 管道支架、管卡等铁件除锈后刷红丹防锈漆两遍、银粉漆两遍。采暖立管距地面 1.6～1.8 m 处设立管卡子固定,散热器支管大于 1.5 m 时应设管卡或托钩固定。管道上必须配备必要的支架、吊架,其具体形式见详见国标图集 91SB1。钢管的滑动支架间距如表

9-1 所示。

表 9-1　　钢管的滑动支架间距

公称直径	DN15	DN20	DN25	DN32	DN40	DN50	DN70	DN80
不保温管/m	2.5	3.0	3.5	4.0	4.5	5.0	6.0	6.0
保温管/m	1.5	2.0	2.0	2.5	3.0	3.0	4.0	4.0

④ 敷设在地沟、吊顶及非采暖房间内的管线均做离心玻璃棉管壳保温，保温厚度：DN$\leqslant$32，δ=30 mm；管径 DN>32，δ=40 mm，保温层外缠玻璃钢铝箔。

⑤ 管道穿楼板、梁、内墙处设钢制套管，规格比管道规格大两号；穿内墙套管两端同墙体抹灰面平，穿楼板套管下端同板底平；上端高出楼板裸面 30 mm。管间空隙用油麻填实，并用沥青灌平。管道穿梁处应与结构专业协商，对梁进行加固处理。

⑥ 管道安装完毕对系统进行 0.6 MPa 水压实验，系统不渗、不漏，且 10 min 内压降不大于 0.05 MPa 为合格。

⑦ 经试压合格后，应对系统反复注水、排水，直至排出水中不含泥砂、铁屑等杂质，且水色不浑浊方为合格。

⑧ 除本设计说明外，还应遵守《建筑给排水及采暖工程质量验收规范》(GB 50242—2002)。

9.1.4　给排水设计

9.1.4.1　设计范围

本工程设计范围为：室内生活给水系统、排水系统及消防给水系统。

9.1.4.2　生活给水、排水系统

(1) 用水量统计如表 9-2。

表 9-2　　用水量统计

项目	最高日/$m^3 \cdot d^{-1}$	最大时/$m^3 \cdot h^{-1}$	用水指标	备注
生活给水	280.32	29.2	120 L/(d·人)	
中水	186.88	19.5	120 L/(d·人)	
室外消火栓		90.0	120 L/s	由室外给水管网解决
室外消火栓		54.0	120 L/s	火灾持续时间 2 h

(2) 给水系统竖向为一个分区，给水方式为下行上给式，由校园给水管网直接供给。

(3) 生活用热水由空气源热泵太阳能热水系统供给。

(4) 排水系统为污废水合流排水系统，污水自流排出室外，经化粪池处理后统一排放。最大小时排水量为 39 m^3，最高日排水 374 m^3。

9.1.4.3　消防给水系统

(1) 室外消防给水

室外消防用水量为 25 L/s。本工程室外消火栓不应少于 2 个，每个室外消火栓出水量按 10～15 L/s 计。室外消火栓的布置由室外给水管网设计时统一考虑。

(2) 室内消防给水

① 室内消火栓用水量为 15 L/s。室内消火栓给水管网上下连成环状管网,各层均设室内消火栓,室内消火栓的布置能保证任何部位有两个消火栓的水枪充实水柱同时到达。

② 消火栓箱均采用玻璃门铝合金外框,内含 SN65 消火栓一个,QZ19 直流水枪一个,DN65、25 m 长麻织衬胶水龙带一条,以及消防按钮和指示灯各一个。

③ 消火栓给水系统采用稳高压制。消防水箱、消防水池及水泵房另行委托设计。室外设水泵接合器两套。

④ 消火栓给水系统在室外设一套地上式消防水泵接合器,以备消防车加压供水。

(3) 室内灭火器的配置

灭火器按中危险级要求配置。在各消火栓箱下方均设灭火器箱,内置 2 具手提式磷酸铵盐干粉灭火器,每具最小灭火级别为 5A。

9.1.4.4 施工说明

(1) 室外地坪标高为−0.150 m。

(2) 图中所注管道标高,生活给水管和消防给水管为管中心标高,排水管为管内底标高。

(3) 生活给水管采用 PPR 塑料管热熔连接,消火栓给水管采用热镀锌钢管丝扣连接,排水管采用 UPVC 塑料排水管,承插粘接。给水管道穿屋面处设置刚性防水套管,施工参照国标图集 S312-8-7(Ⅱ)型。

(4) 消防管道在安装完毕后,镀锌层破坏处先刷樟丹两遍,再刷灰色防火漆两遍,埋地部分刷樟丹及冷底子油各一遍。管道支架除锈后,先刷樟丹两遍,再加刷防火漆两遍。各管道应在试压合格后再进行防腐保温等工作。

(5) 屋顶明装消防管道和给水管道均需采取保温措施。保温材料为离心玻璃棉厚 40 mm,保温层外缠玻璃钢铝箔。敷设在吊顶内的消防给水管道应采取防结露措施,材料为离心玻璃棉管壳厚 30 mm,外缠玻璃钢铝箔。

(6) 组合式铝合金消火栓柜大小为 700 mm×1 600 mm×240 mm(宽×高×厚),消火栓箱嵌墙暗装预留洞大小为:750 mm×1 650 mm×200 mm,洞底距楼面 150 mm,消火栓箱放入墙体后背面用钢丝网抹灰。安装详见国标图集 99S202-14(甲型)。

(7) 排水横管与横管、横管与立管的连接,采用 45°三通和 90°斜三通,排水立管与排出管端部采用两个 45°弯头连接。排水管伸缩节安装,主管≤4 m 设一个伸缩节,横管 2～4 m 设一个伸缩节,具体做法参照图集 96S341。所有排水管坡度 $i=0.026$。

(8) 卫生间有地漏的地面,应以不小于 1% 的坡度坡向地漏,地漏应低于地坪 15 mm,其水封深度不应小于 50 mm。

(9) 给水管道穿过梁、墙、柱子处,均应预埋套管。给水管套管尺寸一般比安装管大二档。穿内墙套管两端同墙体抹灰面平,管间空隙用油麻填实,并用沥青灌平。排水管穿楼板处应预埋橡胶防水环。

(10) 卫生设备安装:淋浴器安装详见国标图集 99S304-128,自闭式冲洗阀蹲式大便器安装详见国标图集 99S304-83,洗手盆安装详见国标图集 99S304-38,室内雨水斗安装参照国标图集 01S302。

(11) 管道安装完毕必须做水压实验。给水管以表压 1.0 MPa 压力稳压 1 h,压力降不得超过 0.05 MPa，然后在工作压力的 1.15 倍状态下稳压 2 h，降压不大于 0.03 MPa 且不渗不漏为合格。消防管道以表压 1.0 MPa 30 min 后降压不超过 0.05 MPa 且不渗不漏为合格。排水管道分层做满水实验，10 min 内不渗不漏为合格。

（12）PPR 管外径与公称直径见表 9-3。

表 9-3　　PPR 管外径与公称直径对照表

公称直径	DN15	DN20	DN25	DN32	DN40	DN50
外径×壁厚/mm×mm	ϕ20×2.3	ϕ25×2.3	ϕ32×3.0	ϕ40×3.7	ϕ50×4.6	ϕ63×5.8

（13）生活给水立管及水平管的支吊架间距不得大于表 9-4 中所列数值。

表 9-4　　生活给水立管及水平管的支吊架间距

管径 DN	15	20	25	32	40	50	70
水平管/mm	500	600	700	800	900	1 000	1 100
立管/mm	900	1 000	1 200	1 400	1 600	1 700	1 800

（14）排水管上的吊钩或卡箍应固定在承重结构上，固定件间距不得大于表 9-5 所列数值。

表 9-5　　固定件间距

管径	DN50	DN75	DN100	DN150
立管/mm	1 500	2 000	2 000	2 000
横管/mm	500	750	1 100	1 600

（15）除本设计说明外，还应遵守《建筑给排水及采暖工程质量验收规范》（GB 50242—2002）。

9.1.4.5　热水系统

该建筑使用太阳能热水系统，空气源热泵热水机组辅助加热，如图 9-1～图 9-3 所示。

图 9-1　太阳能热水系统

图 9-2　空气源热泵热水系统

图 9-3　热水系统水箱

恒温水箱太阳能热水系统原理见图 9-4，其功能介绍如下：

(1) 数码管水温显示：显示集热器顶部温度 T_1，显示集热水箱温度 T_3，显示恒温水箱温度 T_4，按向下键依次在集热器顶部温度处显示温度 T_6、显示集热器底部温度 T_2，水箱温度处显示用户管路温度 T_5。

(2) 温差循环：当集热器顶部温度与集热水箱温度之差 $T_1-T_3>7$ ℃（可调）时，水泵 P_1 打开，进行循环；当 $T_1-T_3<3$ ℃（可调）时，水泵 P_1 关闭，停止循环。

(3) 定温进水：当恒温水箱温度 T_4 大于定温进水温度 1 ℃且水位小于 6 格时，电磁阀 E_1 打开，定温补水；到恒温水箱温度 T_4 小于等于此设定温度 2 ℃或水位达到 6 格时，电磁阀 E_1 关闭，停止进水。

(4) 集热水箱向恒温水箱定温进水：当集热水箱温度 T_3 大于定温进水温度 2 ℃且水位小于 6 格，且电磁阀 E_1 不启动，启动泵 P_3；到 T_3 小于或等于此设定温度 2 ℃或水位达到 6 格或电磁阀 E_1 启动时，停止泵 P_3。

(5) 手动上水：电磁阀 E_1 不启动时，手动上水到设定的水位自动停止。

(6) 定时上水：电磁阀 E_1 不启动时，自动在设定的时间上水到设定的水位，并自动停止。

(7) 自动上水：通过自动上水键启动循环上水功能，当恒温水箱水位低于设定下限水位且电磁阀 E_1 不启动时，启动泵 P_3 上水到设定上限水位值或电磁阀 E_1 启动时，关闭泵 P_3 停止上水。

(8) 恒温水箱手动加热：手动启动辅助加热，把恒温水箱内的水加热到电加热设定温度后停止加热。

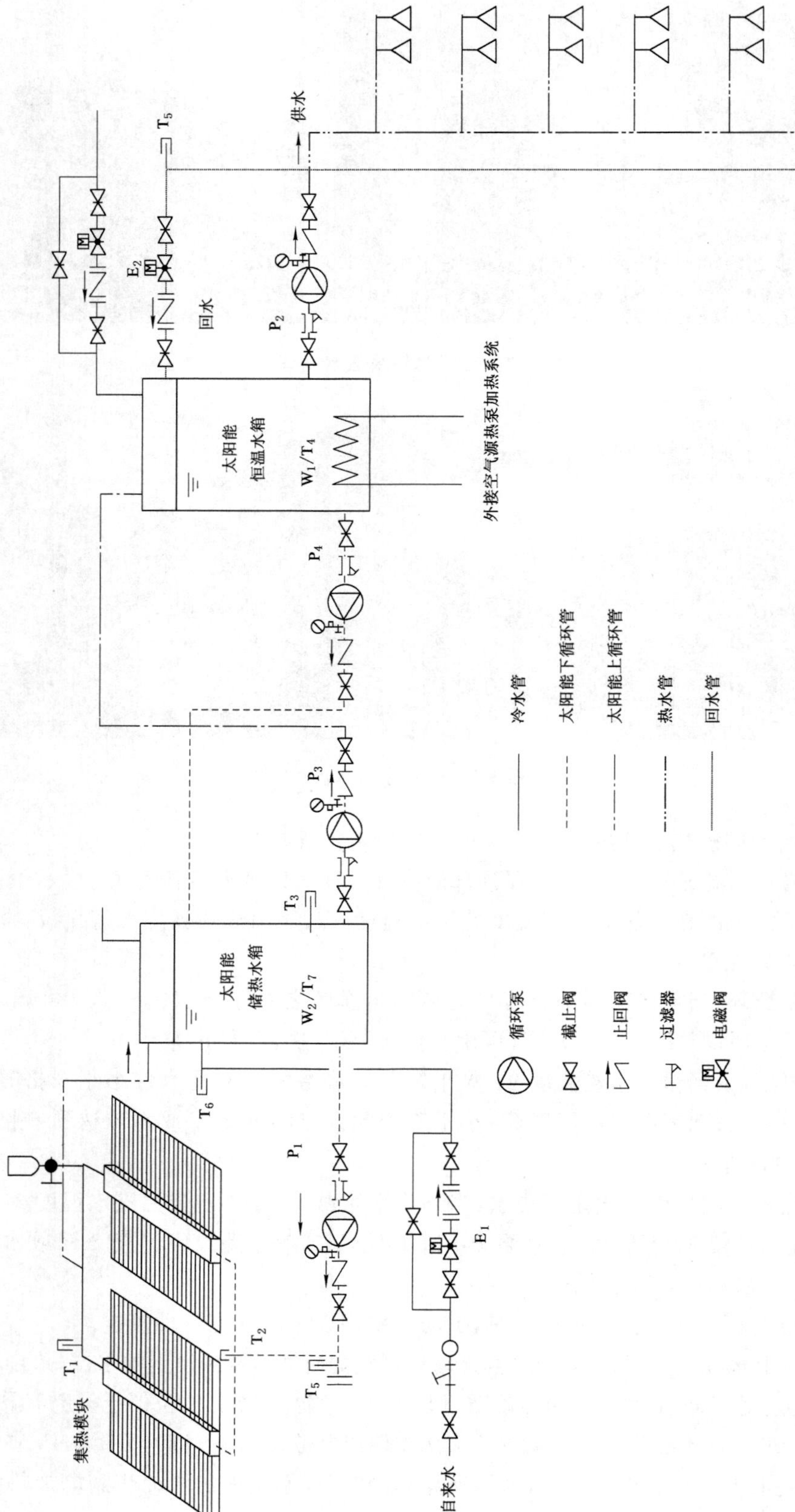

图9-4 恒温水箱太阳能热水系统原理图

(9) 恒温水箱定时加热:可任意设定辅助加热定时启动时间(建议设定在下午3时至5时之间)。当恒温水箱温度 T_4 在设定时间前达到电加热设定温度时,辅助加热自动取消;而当恒温水箱温度在设定时间前未到达设定温度时,辅助加热启动,直到恒温水箱温度 T_4 大于设定值2 ℃时停止加热。

(10) 恒温水箱自动加热:可用辅助加热反复循环加热,使恒温水箱温度恒定在电加热设定温度附近。当恒温水箱温度 T_4 低于此设定温度时,自动启动辅助加热,到恒温水箱温度高于此设定温度2 ℃后停止。

(11) 防冻电热带:当温度 T_6 小于防冻设定温度时,防冻电热带启动;当温度 T_6 大于此设定温度3 ℃后防冻循环停止。

(12) 自动管路循环:若管路温度 T_5 低于设定温度,且恒温水箱温度 T_4 高于此设定值5 ℃,启动管路循环泵 P_2;当 T_5 高于此设定温度3 ℃或 T_4 低于此设定温度3 ℃时,停止 P_2。

(13) 防冻循环功能:当集热器底部温度 T_2 小于设定温度时,水泵 P_1 启动,进行循环防冻;当集热器底部温度 T_2 大于此设定温度3 ℃时,延时2 min后防冻循环停止。

(14) 高温度保护:当集热器顶部温度 T_1 小于设定温度时,P_1 不启动(按泵循环按键可启动 P_1,5 min后停);当 T_1 小于此设定温度时,恢复启动 P_1。

(15) 低水位保护:当水位为0格时,H_2、P_2 不启动。

(16) 水箱间温差循环:当 $T_4<40$ ℃(可调)$T_3-T_4>5$ ℃时,水泵 P_3、P_4 打开,进行循环,当 $T_3-T_4<2$ ℃或 $T_4>40$ ℃$+2$ ℃时,水泵 P_3、P_4 关闭,停止循环。

(17) 停电保持:停电时,控制器内置电池可以维持系统时钟继续运行,可以连续运行1 a以上,系统运行参数可以永久保存。

(18) 故障报警:将可能发生的故障显示在屏幕上,便于故障确认及维修。

(19) 宽电压工作:可以承受较宽的电压波动,耐高压、耐低压幅度较大。

(20) 安全防护:设有短路、过流、漏电、过温断电等四种安全防护功能。

9.1.5 电气设计

9.1.5.1 设计范围

包括低压供配电系统,全楼电力、照明系统,防雷接地系统,综合布线系统,有线电视系统。

9.1.5.2 工程概况

本工程为徐州某高校学生公寓,建筑高度23.9 m,框架结构。工程中应急照明、电梯电源为二级负荷,其余为三级负荷。二级负荷采用双电源供电。

9.1.5.3 供电电源

(1) 本工程低压电源由C2楼内配电室引来两路低压电源,电压为220/380 V,电源进线采用YJV22-1KV交联铜芯电缆直埋引来,入户后穿钢管至一层配电间。

(2) 全楼总设备容量1 908 kW计算容量1 336 kW,其中:一区671 kW,二区499 kW,分别由4根YJV22-1K-4×150电缆进线。

(3) AA1与AA2,AB1与AB2电源进线分别引自两个独立电源。

9.1.5.4 配电系统

低压配电系统采用三相四线制220/380 V TN-C-S系统。

9.1.5.5 设备选型与安装

(1) 低压开关柜采用GGD型固定开关柜,柜下设有电缆沟。

(2) 配电箱(控制箱)均为暗装非标箱,系统图配电箱表注尺寸仅供土建预留洞口。

(3) 光源:宿舍、活动室采用电子三基色荧光灯;走廊灯采用嵌入式电子三基色节能灯,控制开关为声光控制型(一层门厅控制开关为普通型)。

(4) 应急照明:走道设应急照明及疏散指示灯(带电池浮充)。疏散指示灯停电时自动切换为直流供电,电池供电时间大于 30 min。疏散指示灯、安全灯采用玻璃和不燃烧体做外罩。

(5) 插座安装高度除注明外均为距地 0.3 m,灯开关及电扇调速开关安装高度均为距地 1.3 m。

(6) 各机房内控制箱及电气竖井内的配电箱暗装,底边距地 1.4 m。房间内配电箱均暗装。

9.1.5.6　导线及敷设

(1) 由变电所引出的低压电缆中,一般回路采用 YJV-1kV 型电力电缆。消防设备及事故照明用电回路的低压电缆采用 NH-YJV-1kV 耐火型电力电缆。电气竖井的电缆均沿电缆桥架敷设,在强电竖井内设有竖向金属 GXC 电缆桥架。平面未标导线数为默认 BV500-3×2.5 PC20。单控开关导线数为 BV500-2×2.5 PC16。

(2) 所有横向导线均穿钢管暗敷或在线槽内敷设。当管线长度超过 30 m 时,中间应做接线盒,接线盒规格由施工单位自行决定。竖向导线沿竖井内桥架敷设。

(3) 所有与消防设备有关的线路均穿金属管暗敷在楼板及墙体内。若在线槽内敷设时,线槽应做防火处理。

(4) 当有不同电压或不同种类导线在同一金属线槽中敷设时,应做金属分隔。

(5) 所有电缆桥架的安装路径及高度,原则上按图纸标注,但需要在现场与管道综合考虑后确定。如发生碰撞,可根据实情适当调整,避免返工。

(6) 所有电缆桥架、线槽、穿线金属管均应做好跨接线。电气竖井内沿电缆桥架敷设一根 40 mm×4 mm 铜带作为保护干线。金属桥架内设 25 mm×4 mm 热镀锌扁钢使金属桥架两端可靠连接。

(7) 管线穿越建筑物伸缩沉降缝做法参见《建筑电气通用图集》(09BD)。

(8) 电缆桥架穿越防烟分区、防火分区、楼层时应在安装完毕后,用防火材料封堵。

9.1.5.7　接地及安全

(1) 本工程低压配电系统采用 TN-C-S 系统,设置专用保护线(PE)。凡正常不带电而绝缘损害时可能带电的电气设备的金属外壳,穿线金属管电缆外皮、支架等均应与保护线可靠连接,从变/配电所起把中性线与保护线(PE)严格分开。

(2) 为减少人体接触电压,在变/配电所内设置总等电位连接,对特殊场所如卫生间等处还应设辅助等电位连接;供给插座回路均采用漏电开关或漏电保护器。

(3) 总等电位连接应把保护干线,接地干线,各种金属管道如水管、煤气管、空调系统的升压管以及建筑金属构件,钢筋混凝土基础等可靠连接。总等电位连接线采用 40 mm×4 mm 热镀锌扁钢(BV-25 mm 导线穿 SC25 钢管)。辅助等电位连接应把所有能同时触及的电气设备外壳可导电部分、各种金属管、楼板钢筋及所有保护线连接起来。

(4) 保护线(PE)最小截面按表 9-6 选择,但有机械保护时最小截面不得小于 2.5 mm^2,无机械保护时不得小于 4 mm^2。

表 9-6　　保护线(PE)最小截面

装置的相截面 S/mm^2	接地线及保护线最小截面/mm^2
$S \leqslant 16$	S
$16 \leqslant S \leqslant 35$	16
$S > 35$	$S/2$

(5) 电气竖井从底层至顶层通长设置 25 mm×4 mm 铜排作为接地干线。每层距地 500 mm 预留接地端子。

(6) 卫生间做局部等电位连接，具体做法参见图集《等电位连接安装》(02D501-2)。

9.1.5.8　建筑物防雷

(1) 本工程预计雷击次数 0.083 次/a，按三类防雷建筑设计。

(2) 避雷线采用 ϕ12 mm 热镀锌圆钢沿屋檐或女儿墙支架敷设，支起高度 150 mm。

(3) 引下线利用柱内的两根主钢筋，上端与避雷线连接，下端与接地装置连接。引下线位置详见防雷平面图。

(4) 每根引下线在室外地坪下 1 m 处应设有外甩钢筋，钢筋直径 12 mm，长 2 m。

(5) 接地装置利用桩基、承台及地基梁的钢筋，所以要求所有地基梁的两根主筋均应与引下线焊接。

(6) 防雷接地与电气接地采用统一接地装置，接地装置充分利用自然接地体，其总接地电阻应不大于 1.0 Ω。

(7) 引下线在室外地坪上 0.5 m 处设测试卡子，施工完成后实测接地电阻应不大于 1 Ω。当不能满足要求时，利用外甩钢筋使其达标。

(8) 所有凸出屋面的金属件均应与防雷接地系统连接。

(9) 建筑物内各种竖向金属管道在底下一层应与圈梁钢筋连接一次。

(10) 对电缆进出线，在进出端将电缆的金属外皮、钢管等与电气设备接地相连，防止雷电波入侵。

9.1.5.9　计算机网络布线系统

(1) 本工程设置语音、计算机网络综合布线系统，进线电缆分别进入 A、B 区四层配线机房，以及竖井垂直桥架引至各层。

(2) 从配线机房到用户插座采用超五类 8 芯 UTP，长度不超过 90 m。楼层内采用水平桥架(吊顶内安装)，工作区信息插座采用 RJ45 插座。

9.1.5.10　有线电视系统

本工程设置有线电视系统，进户电缆由专业公司选型安装。本工程预埋进户钢套管进入弱电竖井，套管出外墙 1.2 m，埋深室外地坪下 0.8 m，电话分线箱安装距地 1.8 m，电话分支线均选用 RVB 2×0.5 穿 PC 管暗敷。

9.1.5.11　其他

(1) 施工做法参见《建筑电气安装工程图集》。

(2) 图纸中电气型号仅参考其性能参数，产品选型由甲方确定。

(3) 未尽事宜由现场配合解决。

9.2 新建图书馆设计实例

9.2.1 建筑概况

徐州某高校新建图书馆用地正对西校门，位于西校区中心。其周边环境优美，视野空旷，西望泉山，南眺牛头山，北看水库。其东侧是教学主楼，南侧为学生宿舍，北侧有实训中心和体育馆，西北侧和西南侧规划为科研中心、设计院和监理中心。所处地段近乎正方形，场地现状为坡地，东南高，向东北方向放缓坡，局部相对平整。基地内靠北有一条水渠，水渠周围乔木、灌木生长茂密，植被良好。

该建筑在设计初期即规划阶段以组丛聚落式布局，建筑体量化整为零，形体自由，边界多变，更容易与环境相融；各个功能区既相对分散又联系紧密，机动性强；方形规整柱网，经济实用，为将来的扩建提供可能。建筑形体设计采用底层局部架空上层形成错落空间的形式，这样观景平台可以提供更好的视野；边界生长的建筑形态更容易与环境结合；在建筑的中部有开中庭以改善底层的采光。

该建筑地上五层，地下一层，建筑高度 23.90 m，见图 9-5。建筑经济技术指标见表 9-7，层高汇总表见表 9-8。

图 9-5　徐州某高校新建图书馆

表 9-7　经济技术指标

用地面积	占地面积	总建筑面积	地上面积	地下面积	建筑密度	容积率	绿化率
54 878 m^2	8 993 m^2	27 896 m^2	23 929 m^2	967 m^2	16.39%	0.49	57.4%

表 9-8　层高汇总表

实际楼层	标准层号	层高/mm
1 层	标准层 1	5 500
2 层	标准层 2	4 500
3 层	标准层 3	4 500
4 层	标准层 4	4 500
5 层	标准层 5	4 500

9.2.2 围护结构设计

(1) 屋面：

第1层：加草黏土76。

第2层：炉渣混凝土、水泥砂浆(200 mm)。

第3层：硬质聚氨酯泡沫板(70 mm)。

第4层：防水卷材、聚氨酯。

第5层：水泥砂浆。

第6层：钢筋混凝土(120 mm)。

(2) 外墙类型1：XR无机保温材料＋EIFS永成200钢筋混凝土。

第1层：水泥砂浆(20 mm)。

第2层：钢筋混凝土(200 mm)。

第3层：石灰、水泥、砂、砂浆(20 mm)。

第4层：玻璃纤维网(1 mm)。

第5层：硬质聚氨酯泡沫板(50 mm)。

第6层：饰面层(20 mm)。

(3) 埋墙类型1：XR无机保温材料＋EIFS永成200钢筋混凝土。

第1层：水泥砂浆(20 mm)。

第2层：钢筋混凝土(200 mm)。

第3层：石灰，水泥，砂，砂浆(20 mm)。

第4层：玻璃纤维网(1 mm)。

第5层：硬质聚氨酯泡沫板(50 mm)。

第6层：饰面层(20 mm)。

(4) 地面：

第1层：20 mm厚花岗条石(长2 000 mm，错动拼接)，灌稀水泥浆擦缝。

第2层：10 mm厚1∶3干硬性水泥砂浆粘结层，上撒素水泥。

第3层：20 mm厚DS干拌砂浆找平层。

第4层：1.5 mm厚聚合物水泥基防水涂料。

第5层：50 mm厚挤塑板隔热层，用聚合物砂浆粘接。

第6层：钢筋混凝土底板。

第7层：水泥基渗透结晶型防水涂料层。

第8层：20 mm厚C20细石混凝土保护层。

第9层：APP改性沥青防水卷材(3＋3)。

第10层：基层处理剂。

第11层：20 mm厚1∶2水泥砂浆找平层。

第12层：100 mm厚C15混凝土垫层。

第13层：素土夯实。

(5) 楼面：

第1层：5～10 mm厚铺地砖，DTG擦缝。

第2层：5 mm厚DTA砂浆粘结层。

第 3 层:20 mm 厚 DS 干拌砂浆找平层。

第 4 层:50 mm 厚轻集料混凝土垫层。

第 5 层:钢筋混凝土楼板。

(6) 外窗:采用铝型材单框断热桥中空 Low-E 玻璃窗 6+12A+6。

9.2.3 空调设计

9.2.3.1 设计参数

空调房间设计参数见表 9-9。

表 9-9 空调房间设计参数

房间名称	夏季		冬季	
	温度/℃	相对温度/%	温度/℃	相对温度/%
办公室、会议室	26	65	20	—
报告厅	26	60	20	—
门厅	28	60	18	—
书库	28	55	18	—

9.2.3.2 空调方式

本工程采用以变冷媒流量空调系统为主,分体式空调机组为辅的形式。空调总冷负荷为 2 901.2 kW,建筑面积冷指标为 104 W/m²;总热负荷为 1 869.1 kW,建筑面积热指标为 67 W/m²。

(1) 采用风冷式变冷媒流量空调系统作为夏季供冷及冬季供热方式,集中控制和就地控制系统相结合。

(2) 消防控制室、值班室单独设置分体空调机供冷及供热,以满足其 24 h 使用的要求。

(3) 空调冷媒管通过竖井接至每层,外围空气凝结水直接排至室外排水沟,其余集中排放至卫生间。

(4) 设有开启外窗的房间采用自然通风换气方式,不另设新风供应系统。

(5) 办公区中无开启外窗的房间和会议室、培训室、视听室等人员密度较大的房间采用带热回收的新风换气机。

(6) 200 人报告厅采用变冷媒流量新风处理机组提供经过冷热处理的新风。

(7) 设置 64 套变冷媒流量空调机组。

9.2.3.3 空调、通风、防排烟系统的自动控制要求

(1) 本工程的空调自动控制系统采用直接数字控制系统(DDC 系统),由中央电脑等终端设备加上若干现场控制分站和传感器、执行器等组成。为便于管理,变冷媒流量空调系统应由供货商配置控制系统,包括就地控制器、集中控制器及数据管理服务器(DMS)。

空调控制系统应当根据楼宇控制系统要求提供与之相配套的接口,以便接入楼宇控制系统。据运行管理需要,可采用集中控制及冷量计量计费系统。

(2) 所有设备均能就地启停。风机应有手动及 DDC 自动控制转换开关,当此开关处于手动状态时,DDC 系统应能监视设备的运行状态。大型设备应能在自控室中通过中央电脑进行远距离启停。

9.2.3.4 节能设计

(1) 变冷媒流量空调机组节能参数见表 9-10，通风系统中风机的单位风量耗功率见表 9-11。

表 9-10　变冷媒流量空调机组节能参数

制冷量/kW	COP/W·W^{-1}	$IPLV$/W·W^{-1}	数量/套
45	3.17	3.90	2
56	3.78	3.98	7
61.5	3.75	4.03	4
61.5	3.38	4.06	14
78.5	3.40	4.09	6
85	3.20	4.02	24
90	3.12	3.78	8

表 9-11　通风系统中风机的单位风量耗功率(W_s)

设备编号	风量/m^3·h^{-1}	风压/Pa	W_s/W·(m^3·h)$^{-1}$
J-1	4 650	200	0.10
P-1	4 650	200	0.10
J-2	7 500	200	0.09
P-2	5 000	200	0.10
J-3	3 400	200	0.11
P-3	2 500	200	0.11
J-4	2 000	200	0.11
P-4	1 800	200	0.11
P-5	3 200	200	0.11
P-6/P-7	4 000	150	0.08

(2) 空调风系统 X1-1 的最不利风管总长度为 18.58 m；风机的 W_s 为 0.31 W/(m^3/h)。

(3) 空调风管采用闭孔发泡橡塑材料[导热系数 0.034 W/(m·K)，难燃 B1 级]进行保温，厚度为 28 mm，热阻为 0.82 K/W。

(4) 自动控制：变冷媒流量空调设备配备就地控制器、集中控制器及数据管理服务器(DMS)。

(5) 冷、热量计量：冷、热量计量计费系统或按照系统划分电费计量。

(6) 能量回收：全楼安装 5 台热回收式全热交换器，处理新风量共计 6 800 m^3/h，占总体空调系统新风量的 63%，显热回收效率不小于 65%。

(7) 可再生能源利用：屋顶预留安装太阳能光伏发电系统条件。

9.2.4 给排水设计

本工程设有给水系统、排水系统、雨水系统。

9.2.4.1 给水系统

(1) 设计用水量：给水水源为城市自来水。市政供水压力以 0.15 MPa 计。

最高日用水量：48.40 m^3/d，最大小时用水量：12.02 m^3/h。

(2) 系统设计：

由于市政给水不能保证管网的水压要求，并且根据校方要求，供水系统不分区，因此均由设于一层的给水泵房的变频给水设备加压后供给（整个新校区的加压供水设施均设置在本泵房内）。最低卫生器具配水点处的静水压不大于 0.60 MPa。

生活水箱及变频给水设备设于一层生活水泵房内。变频给水设备包括主泵 7 台（6 用 1 备），稳压泵 1 台，气压罐 1 台。生活给水水箱有效容积 220 m^3。

(3) 用水计量：生活水箱、消防水池补水、咖啡操作间等主要用水点均单设水表计量。

(4) 建筑绿化用水管道的起端设置倒流防止器。

9.1.4.2　排水系统

(1) 设计排水量：最高日排水量为 39.81 m^3/d。

(2) 系统设计：室内污、废水采用合流排水系统。室内±0.00 以上的污、废水直接排出室外。室内±0.00 的污、废水汇集至集水坑，由潜水泵提升排出室外。每个集水坑设潜水泵两台。潜水泵由集水坑水位自动控制。污水经室外化粪池处理后排入市政污水管道。

9.1.4.3　雨水系统

屋面雨水采用 87 型雨水斗内排水系统，降雨历时 $T=5$ min，设计重现期 $P=5$ 年。在屋面女儿墙上设溢流口。溢流口和排水管系的总排水能力按 10 a 重现期设计。室外下沉庭院按 50 a 重现期设计。

9.1.4.4　卫生器具

选用的卫生器具必须符合行业标准《节水型生活用水器具》(CJ/T 164—2014)的要求。公共卫生间坐便器冲洗采用 3.0/6.0 L 两档冲水量水箱，蹲便器采用感应式冲洗阀，小便器采用感应式冲洗阀，洗手盆采用红外感应式龙头。

9.2.5　电气设计

9.2.5.1　设计范围

(1) 电源设计分界点：本工程电源分界点为 10 kV 进线柜进线开关上口。本设计负责分界点以下的中、低压部分以及两路 10 kV 电缆线路由城市电网引入本工程建设红线内的路径。

(2) 本设计包括建筑红线内的以下内容：

① 10/0.4 kV 变配电系统；

② 10/0.4 kV 电力配电系统；

③ 照明系统；

④ 防雷保护、安全措施及接地系统；

⑤ 火灾自动报警及消防联动系统（见消防篇）；

⑥ 火灾应急广播兼公共广播及系统（见消防篇）。

(3) 本设计的室外景观照明、立面照明预留配电箱并估算用电量，确定电缆引出路径；室外景观照明及大楼立面照明由景观公司负责设计。

9.2.5.2　变配电室

(1) 负荷等级及各类负荷容量

一级负荷中特别重要负荷：安全防范系统设备、图书检索设备。

一级负荷：火灾应急照明及疏散指示标志、变配电室、消防控制室、消防设备（消防风机、消防水泵等）。

二级负荷：弱电机房、生活水泵、污水泵、电梯、普通照明、空调及其他。

负荷容量如下：

一级负荷：P_e＝560 kW（其中 185 kW 仅为消防时使用）。

二级负荷：P_e＝3 397 kW。

(2) 10 kV 供电电源线路预埋

由市政引来两路 10 kV 电力电缆，穿管埋地引入本工程变配电室。当一路电源故障时，另一路电源能负担全部二级负荷。

(3) 供电措施

2 路 10 kV 电力电缆引自上一级变电站。一级负荷中特别重要负荷从不同变压器的两段母线引来 2 路低压电源，在末端配电柜互投，并配置 UPS 不间断电源。一级负荷及二级负荷中弱电机房、生活水泵、污水泵、电梯设备采用不同变压器的两段母线引来 2 路电缆，以放射式、树干式供电，末端互投；其他二级负荷采用一路电源以放射式、树干式供电。

(4) 备用电源

本工程疏散照明采用集中免维护蓄电池组作为第三电源；电信机房、消防控制室、检索系统计算机房配备 UPS 作为备用电源，由各专业公司成套供应。消防控制室的 UPS 连续供电时间不低于 180 min。

(5) 低压配电系统接线方式及运行方式

变压器低压侧均为单母线分段运行，设置联络母联开关，联络开关设自投自复/自投不自复/手动转换开关。自投时应自动断开非保证负荷，以保证变压器正常工作。主进开关与联络开关设电气连锁，任何情况下只能合其中的 2 个开关。

低压断路器要求分断能力在 35 kA 以上，进线、母联开关设过载长延时、短路短延时保护，馈出线设过载长延时及瞬时保护，部分回路设分励脱扣器。

(6) 变、配电室

① 设备安装容量：P_e＝3 772 kW，其中照明负荷为 1 747 kW，空调负荷为 1 659 kW，其他电力负荷为 366 kW。

计算有功功率：P_j＝1 974 kW；补偿前无功功率为 1 353 kVar，补偿后无功功率为 603 kVar；视在功率：S_j＝2 115 kV·A。

② 本工程在一层设置变配电室。变配电室内设高低压配电柜和 2 台 1 250 kV·A 干式变压器。变配电室正下方做电缆夹层，层高不小于 2.0 m。

(7) 计量方式

采用高压计量，并在动力设备低压出线回路设置计量子表。

(8) 功率因数补偿

本工程采用低压集中自动补偿方式，在每台变压器低压母线上装设不燃型干式补偿电容器，补偿后功率因数不低于 0.95。

(9) 谐波治理

低压系统采用集中治理谐波方式，在每台变压器低压母线上装设滤波电抗器，集中滤除配电系统的有害谐波，以保证供电质量。

9.2.5.3　电力配电系统及电缆（线）的选择、敷设

（1）本工程设备电源均由变配电室引来，电压等级为 0.4/0.23 kV。

（2）单台容量较大的负荷如电梯、VRV 空调机等采用放射式供电；一般设备如普通照明等采用放射式与树干式相结合方式配电；重要负荷如消防设备、消防控制室电源、电信机房电源、应急照明等均采用双回路专用电缆供电，在最末一级配电箱处设双电源自投装置，自投方式为自投自复。

（3）普通照明、空调等设备采用 WDZ-YJFE-0.6/1kV 阻燃低烟无卤电力电缆，沿电缆桥架敷设至配电点。

（4）消防设备、应急照明采用 WDZN-YJFE-0.6/1kV 耐火低烟无卤电力电缆配电，沿电缆桥架敷设至配电点，并在末端互投。疏散指示照明除采用双电源配电外，还采用区域集中电源作为第三电源，其连续供电时间不小于 30 min。

（5）弱电系统各设备电源、生活泵、电梯电源等二级负荷采用 WDZ-YJFE-0.6/1kV 阻燃低烟无卤电力电缆沿电缆桥架敷设，以两路供电至适当配电点并在末端互投。

（6）本工程 WDZ-YJFE-0.6/1kV 和 WDZN-YJFE-0.6/1kV 电力电缆的最高工作温度均为 90 ℃。

（7）导线除有注明者外均选用 WDZ-BYJF-0.45/0.75 聚氯乙烯绝缘导线，穿钢管（SC）敷设。火灾时仍需继续工作的支线采用 WDZN-BYJF-0.45/0.75 聚氯乙烯绝缘耐火型导线。

（8）当线槽内敷设有火灾时仍需工作的电缆或导线时，金属线槽需做防火处理，其耐火等级不小于 1 h，并用隔板与普通电缆隔开敷设。配电线路在电气竖井及设备机房内为明敷。暗敷于混凝土中的管路穿钢管（SC），吊顶内穿金属开孔线槽或镀锌电线管。普通回路在桥架上敷设的导线应绑扎成束。本工程凡明配管均为热镀锌钢管，其他部位的暗配管均为焊接钢管并要求做防腐处理。

9.2.5.4　变配电监控系统

本工程设置变配电室监控系统，实现以下功能：

（1）变配电设备低压主开关运行状况监视及故障警报。

（2）电源及主供电回路电流值显示。

（3）高、低压配电系统图图形显示。

（4）电源电压值显示。

（5）功率因数测量。

（6）电能计量。

（7）变压器超温报警。

9.2.5.5　自动控制

（1）凡由火灾自动报警系统控制的设备，在控制箱内预留外接控制端子。

（2）生活泵采用变频控制（变频装置设备自带）；污水泵采用液位计自动控制，超水位报警。

（3）排烟风机等平时就地实验控制，火灾时通过火灾报警及联动控制系统自动控制。消防专用设备的过载保护电器只报警，不跳闸。

(4) 非消防电源的切除通过空气断路器的分励脱扣或接触器来实现。

(5) 本工程小于 30 kW 的电动机采用直接启动方式；30 kW 以上的非消防电动机采用软启动器启动方式(带变频控制的除外)。

(6) 本设计水泵、风机均按 1 500 r/min 时额定电流的 1.05 倍整定热脱扣器的动作电流，若水泵、风机订货时，转速、功率变化，则应按实际额定电流的 1.05 倍整定热脱扣器的动作电流。

9.2.5.6 照明系统

(1) 照明种类及照度标准

照明分正常照明、应急照明。按现行国家标准《建筑照明设计标准》(GB 50034—2013)执行，具体如下：

① 阅览室、办公室设计照度 300 lx，功率密度限值 11 W/m^2。

② 密集书库设计照度 100 lx，功率密度限值 6 W/m^2。

③ 走道、库房设计照度 100 lx，功率密度限值 6 W/m^2。

④ 大堂、展厅、电梯厅设计照度 150 lx，功率密度限值 8 W/m^2。

⑤ 风机房、换热站、水泵房设计照度 100 lx，功率密度限值 5 W/m^2；变配电室设计照度 200 lx，功率密度限值 8 W/m^2。

⑥ 消防控制室、电信、电视机房设计照度 500 lx，功率密度值 18 W/m^2。

(2) 光源及灯具选择

① 阅览室、办公室、设备机房、弱电机房等场所均以高效荧光灯为主。荧光灯选用三基色 T5 灯管，采用电子式镇流器。荧光灯光效大于 85 lm/W，显色指数 *Ra* 大于 80，色温 3 000～5 000 K。

② 在设备机房等高大空间场所设置金卤灯，金卤灯采用节能型电感镇流器，设就地补偿装置，补偿后功率因数不小于 0.9。光效大于 75 lm/W，显色指数 *Ra* 大于 65，色温 3 000～5 000 K。

③ 本工程所有灯具均采用节能型高效灯具，为Ⅰ类灯具，灯具内需设置接地端子。无特殊装修要求的场所，有吊顶时，选用嵌入式格栅荧光灯，无吊顶时选用盒式荧光灯，杆吊式安装，底边距地 2.8 m。

④ 荧光灯灯具效率不低于 65%(透明保护罩)。应急照明灯具应满足《消防应急灯具》(GB 17945—2010)相关要求。

(3) 照明控制

① 大堂、展厅、阅览室、公共走道等大空间场所照明采用智能灯光控制系统控制，便于物业部门的管理维护，并有利于节约电能。

② 设备机房、库房、实验室、小办公室等场所采用普通翘板开关控制，方便灵活。

③ 公共走道平时采用智能灯光控制系统控制，火灾发生时由消防控制室控制，强行点亮应急照明。

9.2.5.7 节能与环保

(1) 本工程电气设备均优先选用节能、环保的绿色产品。户内变压器选用 SCB10 环氧树脂真空浇注节能型干式变压器。

(2) 照明光源优先采用节能型光源，荧光灯采用高效节能的 T5 管荧光灯，所有镇流器均采用节能型电子/电感镇流器。

(3) 室内采用智能照明控制系统:为便于大空间照明的管理和节约能源,本工程在阅览室、大堂、展厅采用智能灯光控制系统进行控制。

(4) 变配电室、电气竖井深入负荷中心,最大程度地节约电缆、电线的长度,降低电压损耗。

10 结论与展望

10.1 结论

本书对寒冷地区高校建筑的能耗状况进行了系统的调查研究，总结分析了高校建筑的能耗现状及其特点，并对节能潜力进行了较为深入的分析，为高校建筑节能指明了方向。对校园微气候调节技术进行了研究，现场实测了寒冷地区徐州多种植物对周围温度和湿度的影响，给出了对降低热岛强度具有明显效果的植物物种和种植方式。对常见的高校建筑布局方式的室外风场进行了数值模拟分析，提出了适宜的建筑布局方式和朝向。对高校建筑的建筑设计节能技术、建筑设备设计节能技术、可再生能源利用技术、节能技术评价等进行了研究。主要结论如下：

(1) 对寒冷地区高校建筑的能耗状况进行了系统的调查，总结分析了高校学生公寓、教学楼、图书馆等的能耗特点和节能潜力。高校建筑用能具有集中性和间歇性并存的特点，人员集中、人均能耗大，加之部分学生节能意识淡薄，节能潜力较大。

(2) 植被对室外热湿环境的影响明显，树荫下的温度相比空地处的温度有很大的差异，法桐、银杏等乔木和灌木丛等树荫下面比空地处的温度低大约 2.0 ℃。灌木丛对环境的增湿效果也较明显，而单纯的草地对温湿度的调节效果不明显。

(3) 校园绿化是改善建筑微气候环境的有效措施，树种建议选种乡土植物和高大树木如银杏树、法桐树、柳树等，种植方式宜采用乔、灌、草相结合的方式，既可提高绿化效果，又具有良好的微气候调节作用。

(4) 建筑布局和朝向对室外风环境具有重要的影响，可利用 CFD 数值模拟计算进行优化分析。根据徐州地区冬夏季工况的数值模拟计算结果，行列式布局具有较好的室外风环境，建筑朝向宜采用南偏西 20°～25°。

(5) 从建筑朝向、自然通风、建筑体型、平面布局、窗墙比与遮阳等方面提出了校园公寓建筑和公共建筑的建筑设计节能技术措施。

(6) 根据国家相关节能标准，从外墙、屋面、楼地面、外窗等方面给出了相应围护结构应达到的节能设计标准和可采取的节能技术措施。对外墙和屋面的热工性能可通过全寿命周期费用分析法进行优化。

(7) 结合寒冷地区高校建筑的用能特点，分别从采暖、空调、冷热源、给水排水和电气等方面提出了校园建筑设备节能技术。

(8) 分析了寒冷地区太阳能、地热能、空气热能等资源条件，提出了适于校园建筑的太阳能、地热能、空气热能等可再生能源利用方式。对于办公建筑来说，可采用太阳能光伏发电满足部分或全部的照明和设备用电需求；中央空调部分可以采用地源热泵技术，实现冬季供热和夏季供冷的节能，也可采用地道风技术先对室外空气进行预处理，再送入中央空调新风系统进一步降温，降低空调能耗。对于公寓建筑来说，热水用量大，可采用太阳能热水系统、空气能热泵热水系统供应热水，以利节能。

(9) 应用层次分析法从冷热源和节能建筑外墙两个方面，建立了相应的综合评价模型，确定了相应的评价因子和权重系数，并针对具体的冷热源方案和节能建筑外墙系统进行了评价。

10.2 展望

本书主要针对寒冷地区高校建筑的能耗状况，研究提出了寒冷地区高校建筑的节能技术措施，由于节约型绿色校园建设涉及面广，很多问题还需要进一步研究。今后可从以下方面继续深入开展相关研究：

(1) 绿色校园建筑的被动式节能技术及应用。

(2) 自保温墙体技术在校园建设中的应用。

(3) 植被对室外温湿度影响。本书仅对寒冷地区一些常见的乡土植物进行了现场实测调查，但对本地区引进的一些绿化树种还需要进一步调查测试，丰富绿化树种。

(4) 对其他地区、其他类型的校园建筑节能技术。

参 考 文 献

[1] 仇保兴.贯彻落实科学发展观 大力发展节能与绿色建筑[J].中华建设,2005,(1):8-10.

[2] 江亿.我国建筑耗能状况及有效的节能途径[J].暖通空调,2005,35(5):30-40.

[3] 杜涛,黄珂,周志华,等.中国北方城镇居住建筑供暖能耗现状与节能潜力分析[J].暖通空调,2016,46(10):75-81.

[4] 中国高校力推节约型校园建设[Z/OL].(2014-06-11).http://www.chinanews.com/edu/2014/06-11/6270243.shtml.

[5] 中华人民共和国教育部.2015 年全国教育事业发展统计公报[I][R/OL].http://www.moe.gov.cn/srcsite/A03/s180/moe_633/201607/t20160706_270976.html.

[6] 陈淑琴,朱晟炜,谭洪卫,等.我国高校校园建筑节能管理现状及问题研究[J].建设科技,2015,12:34-38.

[7] 张福麟.在全国高等学校节约型校园示范建设推进工作交流研讨会上的讲话[Z/OL].(2009-04-02)[2010-11-01].http://hq.zjvtit.edu.cn/info/1036/1223.html.

[8] 谭洪卫.中国绿色校园的发展与思考[J].建设科技,2013,(12):25-29.

[9] 陈翊.节约型校园建设与评价的研究[D].上海:同济大学,2008.

[10] 施建军.以绿色大学理念创建低碳校园[J].中国高等教育,2010,(12):21-22.

[11] 陈志洁.生态型校园建设的探析与构想[D].福州:福建农林大学,2011.

[12] 郝林.可持续·教育·校园生活——具有可持续意识的英国高校学生宿舍建筑评析[J].世界建筑,2003,(10):76-82.

[13] 余亦文.高校节约型校园规划建设的研究与实践[D].长沙:中南大学,2009.

[14] 陈东.学生公寓节能设计中自然通风的研究与实践[J].福建建设科技,2007,(03):64-67.

[15] 陈佳敏.山东建筑大学绿色学生公寓测评与改进设计[D].济南:山东建筑大学,2011.

[16] 肖元真,王明和,曹积家.我国节能减排面临的问题及解决的方法[J].经济前沿,2008,(1):27-31.

[17] 周盼.高校节约型校园建设与探讨[J].南京工业职业技术学院学报,2016,(1):80-82.

[18] 屈利娟,王立民,陈伟.节约型校园能耗监管平台示范校建设调查研究——基于全国 52 所监管平台示范建设高校[J].高校后勤研究,2015,(5):94-99.

[19] 谭洪卫.绿色校园的挑战与机遇[J].建设科技,2016,(12):13-15.

[20] 张景华.北京:打造高校节约型校园[N].光明日报,2014-06-06.

[21] 邹源,胡春胜. 城市微气候影响因素及区域信息图之浅析[J].武汉理工大学学报,2008,30(8):178-180.

[22] 韩焕金. 城市绿化树种生态功能研究[D]. 哈尔滨:东北林业大学,2002.
[23] AKIRA Hoyano. Climato logical uses of plants for solar control and the effects on the thermal environment of a building[J]. Energy and buildings,1998,(11):181-199.
[24] TOSHICKT Ichinose. Regional warming related to land use change during recent 135 years in Japan[J]. Journal of global environment engineering,2003,9:19-39.
[25] ROSENFELD A H, AKBARI H, BRETZ S, et al. Mitigation of urban heat islands: materials, utility programs, updates[J]. Energy and buildings,1995,22:255-265.
[26] SANTAMOURIS M,PAPANIKOLAOU N,LIVADA I,et al. On the impact of urban climate on the energy consumption of buildings[J]. Solar energy,2001,70(3):201-216.
[27] WONG N H,JUSUF S K,SYAFII. Evaluation of the impact of the surrounding urban morphology on building energy consumption [J]. Solar energy,2011,85(1):57-71.
[28] 王廷夷. 植被对建筑物自然通风的影响研究[D]. 湘潭:湖南科技大学,2010.
[29] 李帅,敬鑫,于海漪. 北方工业大学校园微气候测试与分析[J]. 华中建筑,2010,(12):58-63.
[30] 林波荣. 绿化对室外热环境影响的研究[D]. 北京:清华大学,2004.
[31] 胡永红,王丽勉,秦俊,等. 不同群落结构的绿地对夏季微气候的改善效果[J]. 安徽农业科学,2006,34(2):235-237.
[32] 晏海,王雪,董丽. 华北树木群落夏季微气候特征及其对人体舒适度的影响[J]. 北京林业大学学报,2012,34(5):57-63.
[33] 李英汉,王俊坚,陈雪,等. 深圳市居住区绿地植物冠层格局对微气候的影响[J]. 应用生态学报,2011,22(2):343-349.
[34] 赵娜. 武汉当代居住小区微气候营造的比较性研究[D]. 武汉:武汉理工大学,2009.
[35] 赵敬源,刘加平. 城市街谷热环境数值模拟及规划设计对策[J]. 建筑学报,2007,(3):37-39.
[36] DUTTA Kamlesh, SARTHAK S. Architectural space planning using evolutionary computing approaches: a review[J]. Artificial intelligence review,2011,36(4):311-321.
[37] HUGH Barton,GEOFF Davis,RICHARD Guise. Sustainable settlements:a guide for planners, designers and developers [C]. New York: World Architecture Special Report,1995.
[38] HSIEH K J,LIEN F S. Numerical modeling of buoyancy-driven turbulent flows in enclosures[J]. International journal of heat and fluid flow,2004,25(4):659-670.
[39] ZHAI Z,CHEN Q. Numerical determination and treatment of convective heat

transfer coefficient in the coupled building energy and CFD simulation[J]. Building and environment,2004,39(8):1001-1009.
[40] 吴晓冬.寒冷地区住区组团布局的微气候适应性研究[D].西安:长安大学,2010.
[41] 陈飞.建筑与气候——夏热冬冷地区建筑风环境研究[D].上海:同济大学,2007.
[42] 王新华.住宅自然通风的数值模拟及气候效应研究[D].天津:天津大学,2008.
[43] 都桂梅.几种典型布局住宅小区风环境数值模拟研究[D].长沙:湖南大学,2009.
[44] 于海泳.大连住宅小区风环境设计研究[D].大连:大连理工大学,2010.
[45] 全远丽.建筑物表面风压及周围风环境的数值模拟研究[D].广州:暨南大学,2007.
[46] 殷超杰.夏热冬冷地区被动式建筑设计策略应用研究[D].武汉:华中科技大学,2007.
[47] 王珍吾,高云飞,孟庆林,等.建筑群布局与自然通风关系的研究[J].建筑科学,2007,23(6):24-27.
[48] 杨晓彬,陈志龙,上官林宏,等.城市居住区地下停车对微气候的影响研究[J].地下空间与工程学报,2016,12(1):11-19.
[49] 邱长存,任乃鑫.基于 Ecotect 软件分析的居住区微气候环境研究——以山东省临沂住区为例[J]. 沈阳建筑大学学报(社会科学版),2015,(5):466-471.
[50] 张春灵,姜允芳.基于风环境数值模拟的住宅区规划设计优化研究[J].中外建筑,2016,(4):83-87.
[51] 郑子豪,陈颖彪,千庆兰,等.基于三维模型的城市局地微气候模拟[J].地球信息科学学报,2016,18(9):1199-1208.
[52] 冯伟,吕恒林,田国华,等.基于室外风场模拟的农村住宅布局优化设计[J].建筑节能,2015,43(9):53-58.
[53] 李晗,吴家正,赵云峰,等.建筑布局对住宅住区室外微环境的影响研究[J].建筑节能,2016,(3):57-63.
[54] 叶宗强,周典,徐怡珊.基于风环境评价的西安市大型居住区规划策略[J].规划师,2016,(11):112-117.
[55] 麻连东.基于微气候调节的哈尔滨多层住区建筑布局优化研究[D].哈尔滨:哈尔滨工业大学,2015.
[56] 龚晨,汪新.建筑布局对住宅小区风环境的影响研究[J].建筑科学,2014,(7):6-12.
[57] 王宇婧.北京城市人行高度风环境 CFD 模拟的适用条件研究[D].北京:清华大学,2012.
[58] 李顺.某校园建筑风热环境数值仿真及分析评价[D].济南:山东建筑大学,2016.
[59] 王芬.校园风环境模拟及优化设计——以赣南师范学院为例[J].赣南师范学院学报,2015,(6):88-91.
[60] 徐进欣.大学园区风环境模拟研究[D].济南:山东建筑大学,2015.
[61] 庄智,余元波,叶海,等.建筑室外风环境 CFD 模拟技术研究现状[J].建筑科学,2014,(2):108-114.

[62] 王洪光.西安地区高校教室室内热环境研究[D].西安:西安建筑科技大学,2005.
[63] 胡帆.长沙地区高校教学楼低能耗优化设计研究[D].长沙:湖南大学,2006.
[64] 王磊,龚波,余南阳.自然通风热舒适性[J].哈尔滨工业大学学报,2009,(12):254-258.
[65] 龚波.教学楼风环境和自然通风教室数值模拟研究[D].成都:西南交通大学,2005.
[66] 栗德祥,周正楠.节能设计策略的集成与创新——清华大学超低能耗示范搂[J].室内设计与装修,2006,(3):57-59.
[67] 薛志峰,曾剑龙,耿克成,等.建筑节能技术综合运用研究——清华大学超低能耗示范楼实践[J].中国住宅设施,2005,(6):14-16.
[68] 江亿,薛志峰,曾剑龙,等.清华大学超低能耗示范楼[J].暖通空调,2004,34(6):64-66.
[69] 林宪德.节能65%钻石级绿色建筑——台湾成功大学绿色魔法学校[J].新建筑,2010,(2):77-81.
[70] KAYNAKLI O. A review of the economical and optimum thermal insulation thickness for building applications [J]. Renewable and sustainable energy reviews,2012,16(1):415-425.
[71] HENDRIKS L, LINDEN K V D. Building envelopes are part of a whole: reconsidering traditional approaches[J]. Building and environment,2003,38(2):309-318.
[72] 班广生.建筑维护结构节能设计与实践[M].北京:中国建筑工业出版社,2010.
[73] 齐晓琳,桑国臣,杨柳.外墙外保温体系性能优势分析[C]//2007全国建筑环境与建筑节能学术会议论文集[M].成都:西南交通大学出版社,2007.
[74] 北京艺高世纪科技股份有限公司.外墙外保温常见技术问答[M].北京:中国建筑工业出版社,2009.
[75] 建设部标准定额研究所.建筑外墙外保温技术导则[M].北京:中国建筑工业出版社,2006.
[76] 中华人民共和国建设部.外墙外保温工程技术规程:JGJ 144—2004[S].北京:中国建筑工业出版社,2005.
[77] 陶有生.建筑节能与墙体材料[C]//中国建筑学会建材分会墙体保温材料及应用技术专业委员会.墙体保温与建筑节能[M].北京:中国电力出版社,2008.
[78] 陈重.徐州地区外墙保温系统及备案管理模式研究[D].徐州:中国矿业大学,2010.
[79] 王厚华,吴伟伟.居住建筑外墙外保温厚度的优化分析[J].重庆大学学报,2008,31(8):937-941.
[80] AL-KHAWAJA M J. Determination and selecting the optimum thickness of insulation for buildings in hot countries by accounting for solar radiation[J]. Applied thermal engineering,2004,24(17):2601-2610.
[81] MAHLIA T M I, IQBAL A. Cost benefits analysis and emission reductions of

optimum thickness and air gaps for selected insulation materials for building walls in Maldives[J]. Energy,2010,35(5):2242-2250.

[82] SISMAN N, KAHYA E, ARAS N, et al. Determination of optimum insulation thicknesses of the external walls and roof (ceiling) for Turkey's different degree-day regions[J]. Energy policy,2007,35(10):5151-5155.

[83] TOSUN M, DINCER K. Modelling of a thermal insulation system based on the coldest temperature conditions by using artificial neural networks to determine performance of building for wall types in Turkey[J]. International journal of refrigeration,2011,34(1):362-373.

[84] ARSLAN O, KOSE R. Thermoeconomic optimization of insulation thickness considering condensed vapor in buildings[J]. Energy and buildings, 2006, 38 (12):1400-1408.

[85] UCAR A. Thermoeconomic analysis method for optimization of insulation thickness for the four different climatic regions of Turkey[J]. Energy,2010,35: 1854-1864.

[86] KAYFECI M, KECEBAS A, GEDIK E. Determination of optimum insulation thickness of external walls with two different methods in cooling applications [J]. Applied thermal engineering,2013,50(1):217-224.

[87] CUCE E, CUCE P M, WOOD C J, et al. Optimizing insulation thickness and analysing environmental impacts of aerogel-based thermal superinsulation in buildings[J]. Energy and buildings,2014,77(7): 28-39.

[88] BOLATTÜRK A. Optimum insulation thicknesses for building walls with respect to cooling and heating degree-hours in the warmest zone of Turkey[J]. Building and environment,2008,43(6):1055-1064.

[89] MAHLIA T M I, TAUFIQ B N, ISMAIL, et al. Correlation between thermal conductivity and the thickness of selected insulation materials for building wall [J]. Energy and buildings,2007,39(2):182-187.

[90] ÖZKAN D B, ONAN C. Optimization of insulation thickness for different glazing areas in buildings for various climatic regions in Turkey[J]. Applied energy, 2011,88(4):1331-1342.

[91] SÖYLEMEZ M S, ÜNSAL M. Optimum insulation thickness for refrigeration applications[J]. Energy conversion & management,1999,40(1):13-21.

[92] NYERS J, KAJTAR L, TOMIĆ S, et al. Investment-savings method for energy-economic optimization of external wall thermal insulation thickness[J]. Energy and buildings,2015,86:268-274.

[93] BOLATTÜRK A. Determination of optimum insulation thickness for building walls with respect to various fuels and climate zones in Turkey[J]. Applied thermal engineering,2006,26(11):1301-1309.

[94] FIALOVSKI A. Optimization of insulation thickness for external walls using

different energy-sources[J]. Applied energy,2006,83(9):921-928.

[95] UCAR A,BALO F. Effect of fuel type on the optimum thickness of selected insulation materials for the four different climatic regions of Turkey[J]. Applied energy,2009,86(5):730-736.

[96] UCAR A, BALO F. Determination of the energy savings and the optimum insulation thickness in the four different insulated exterior walls[J]. Renewable energy,2010,35(1):88-94.

[97] KAYNAKLI O. A study on residential heating energy requirement and optimum insulation thickness[J]. Renewable energy, 2008,33(6):1164-1172.

[98] EKICI B B,GULTEN A A,AKSOY U T. A study on the optimum insulation thicknesses of various types of external walls with respect to different materials, fuels and climate zones in Turkey[J]. Applied energy, 2012, 92(2):211-217.

[99] DYLEWSKI R,ADAMCZYK J. Economic and environmental benefits of thermal insulation of building external walls[J]. Building and environment, 2011, 46(12):2615-2623.

[100] 何水清. EPS 板外保温系统施工技术[J]. 住宅科技,2010,30(6):46-49.

[101] 薛一冰,杨秀燕. EPS 薄抹灰外墙外保温系统改进与分析[J]. 建筑节能,2011,39(10):62-66.

[102] 周洪涛,盖广清,马俊超. EPS 外墙外保温工程的过程质量控制[J]. 建筑技术 2010,41(5):412-414.

[103] 王二磊,杨少龙,卢哲安,等. XPS 保温板与结构层黏结性能试验研究[J]. 土木工程学报,2010,(s2):363-367.

[104] 赵书杰,张新庆. XPS 挤塑板薄抹灰外墙外保温系统工程质量控制措施[J]. 施工技术,2010,39(3):85-87.

[105] 黄春华,叶勇军. 节能建筑外墙保温层厚度的经济性优化[J]. 建筑热能通风空调,2005,24(6):73-76.

[106] 李斌,张春囡. 从经济角度运用全生命周期原理评价外墙外保温节能体系的能效[J]. 建筑科学,2007,23(6):28-32.

[107] 陈凡,谭大璐. 节能建筑外墙最佳保温层厚度探讨及效益评估[J]. 新型建筑材料,2007,(2):48-51.

[108] 许建柳,何嘉鹏,孙伟民. 南京建筑围护结构保温层经济厚度计算研究[J]. 2008,38(1):49-52.

[109] YU J H, YANG C Z, TIAN L W, et al. A study on optimum insulation thicknesses of external walls in hot summer and cold winter zone of China[J]. Applied energy,2009,86(11):2520-2529.

[110] 于靖华,杨昌智,田利伟,等. 长沙地区居住建筑外墙保温层最佳厚度的研究[J]. 湖南大学学报(自然科学版),2009,36(9):16-21.

[111] YU J H, TIAN L W, YANG C Z, et al. Optimum insulation thickness of residential roof with respect to solar-air degree-hours in hot summer and cold

winter zone of china[J]. Energy and buildings,2011,43(9):2304-2313.

[112] 郭楠,赵松源,赵嵩颖.长春市既有建筑外墙节能改造保温厚度的研究[J].建筑节能,2010,38(10):64-66.

[113] 张小波,张旭,王健.长江流域住宅围护结构热工参数优化分析[J].2012,40(2):76-80.

[114] ZHU P,HUCKEMANN V,FISCH M N. The optimum thickness and energy saving potential of external wall insulation in different climate zones of China [J]. Procedia engineering,2011,21(3):608-616.

[115] AL-SANEA S A,ZEDAN M F,AL-AJLAN S A. Effect of electricity tariff on the optimum insulation-thickness in building walls as determined by a dynamic heat-transfer model[J]. Applied energy,2005,82(4):313-330.

[116] AKTACIR M A,BÜYÜKALACA O,YILMAZ T. A case study for influence of building thermal insulation on cooling load and air-conditioning system in the hot and humid regions[J]. Applied energy,2010,87(2):599-607.

[117] DAOUAS N, HASSEN Z, AISSIA H B. Analytical periodic solution for the study of thermal performance and optimum insulation thickness of building walls in Tunisia[J]. Applied thermal engineering,2010,30(4):319-326.

[118] DAOUAS N. A study on optimum insulation thickness in walls and energy savings in Tunisian buildings based on analytical calculation of cooling and heating transmission loads[J]. Applied energy,2011,88(1):156-164.

[119] OZEL M. Effect of wall orientation on the optimum insulation thickness by using a dynamic method[J]. Applied energy,2011,88(7):2429-2435.

[120] OZEL M. The influence of exterior surface solar absorptivity on thermal characteristics and optimum insulation thickness[J]. Renewable energy,2012,39(1):347-355.

[121] OZEL M. Thermal performance and optimum insulation thickness of building walls with different structure materials[J]. Applied thermal engineering,2011,31(17):3854-3863.

[122] OZEL M. Determination of optimum insulation thickness based on cooling transmission load for building walls in a hot climate[J]. Energy conversion and management,2013,66(1):106-114.

[123] PAN D M, CHAN M Y, DENG S M, et al. The effects of external wall insulation thickness on annual cooling and heating energy uses under different climates[J]. Applied energy,2012,97(3):313-318.

[124] AXAOPOULOS I, AXAOPOULOS P, GELEGENIS J. Optimum insulation thickness for external walls on different orientations considering the speed and direction of the wind[J]. Applied energy,2014,117(3):167-175.

[125] CARRERAS J, BOER D, GUILLÉN-GOSÁLBEZ G, et al. Multi-objective optimization of thermal modelled cubicles considering the total cost and life

cycle environmental impact[J]. Energy and buildings,2015,88:335-346.

[126] 房琳,曲德林,刘福祯.空调建筑经济绝热厚度的分析[J].清华大学学报(自然科学版),2002,42(5):625-628.

[127] 房琳,曲德林,刘福祯.空调建筑外墙和屋顶经济绝热厚度的计算[J].太阳能学报,2002,23(6):711-716.

[128] 李兆坚,侯军祥,张晓航,等.太阳辐射试验室建筑保温对空调负荷和能耗影响研究[J].应用基础与工程科学学报,2011,19(1):112-117.

[129] 张万征,郭凌云,程艳华.住宅建筑外墙保温材料及保温层厚度优化分析[J].建筑节能,2011,39(8):41-43.

[130] 刘磊,荆有印,杜海.寒冷地区写字楼围护结构热工性能优化[J].制冷与空调,2011,25(4):411-414.

[131] 荆有印,柴保双,宋燕,等. 寒冷地区外墙保温对建筑负荷的影响及经济保温层厚度的确定[J].建筑科学,2007,23(12):39-41.

[132] ASAN H. Effects of Wall's insulation thickness and position on time lag and decrement factor[J]. Energy and buildings,1998,28(3):299-305.

[133] OZEL M,PIHTILI K. Investigation of the most suitable location of insulation applying on building roof from maximum load levelling point of view[J]. Building and environment,2007,42(6):2360-2368.

[134] OZEL M,PIHTILI K. Optimum location and distribution of insulation layers on building walls with various orientations[J]. Building and environment,2007,42(8):3051-3059.

[135] AL-SANEA S A, Zedan M F. Improving thermal performance of building walls by optimizing insulation layer distribution and thickness for same thermal mass[J]. Applied energy,2011,88(9):3113-3124.

[136] MAVROMATIDIS L E, MANKIBI M E, MICHEL P, et al. Numerical estimation of time lags and decrement factors for wall complexes including multilayer thermal insulation, in two different climatic zones[J]. Applied energy,2012,92(4):480-491.

[137] CHIRARATTANANON S,HIEN V D,TUMMU P. Thermal performance and cost effectiveness of wall insulation under Thai climate[J]. Energy and buildings,2012,45(7):82-90.

[138] BOND D E M, CLARK W W, KIMBER M. Configuring wall layers for improved insulation performance[J]. Applied energy,2013,112(4):235-245.

[139] IBRAHIM M, BIWOLE P H, WURTZ E, et al. A study on the thermal performance of exterior walls covered with a recently patented silica-aerogel-based insulating coating[J]. Building and environment,2014,81(7):112-122.

[140] CHENG R,WANG X,ZHANG Y P. Analytical optimization of the transient thermal performance of building wall by using thermal impedance based on thermal-electricanalogy[J]. Energy and buildings,2014,80:598-612.

[141] OZEL M. Effect of insulation location on dynamic heat-transfer characteristicsof building external walls and optimization of insulation thickness[J]. Energy and buildings,2014,72:288-295.

[142] 高蕾.模块式生态屋面系统关键技术研究[D].重庆:重庆大学,2008.

[143] 肖坚.夏热冬冷地区住宅坡屋顶隔热保温构造研究[D].长沙:湖南大学,2006.

[144] 朱江涛.寒冷地区公共建筑的低能耗技术研究[D].天津:河北工业大学,2010.

[145] 马洪涛.聚氨酯硬泡体防水保温层复合屋面的施工[J].新型建筑材料.2009,(10):82-85.

[146] 周福忠.基于Ansys的无机浆料楼地面保温系统开裂原因分析及优化[D].重庆:重庆大学,2014.

[147] 董海荣,刘加平.多层住宅围护结构整体性保温的节能效应研究[J].工业建筑,2003,33(10):11-13.

[148] 刘发明,付传清.高校新建建筑节能及其检测技术探究[J].赤峰学院学报(自然科学版),2014,(15):53-55.

[149] 涂逢祥.建筑节能——当代建筑科技发展的一个重要方向[J].建筑技术,1996,(11):731-733.

[150] 司国凤,姚文海.建筑节能与节能门窗[J].黑龙江科技信息,2008,(17):269.

[151] 李炳华,宋镇江.建筑电气节能技术及设计指南[M].北京:中国建筑工业出版社,2011.

[152] 邹平华.借鉴俄罗斯经验积极发展我国集中供热事业[J].暖通空调,2000,30(4),33-37.

[153] 王金墩,姜再柱.丹麦城市集中供热概况及对我国城市集中供热的启示[J].区域供热,2011,(4):51-53.

[154] 孙童.城市民用建筑集中供热采暖节能原理研究[D].天津:天津大学,2003.

[155] 赵美玉.两种采暖方式的比较[J]. 山西建筑,2007,(13):171-173.

[156] 王新彬.寒冷地区村镇学校建筑太阳能采暖技术应用研究[D].济南:山东建筑大学,2010.

[157] 高飞,毛帮国.采暖学校节省采暖经费开支的应用研究[J].今日科苑,2010,(18):228.

[158] 王海洋.分时段低温供暖方式的可行性分析[J].科技创新与应用,2012,(34):226-227.

[159] 郝晓龙,戴德伟,马登峰,等.我国北方学校冬季采暖期的节能方法研究[J].佳木斯大学学报(自然科学报),2008,26(6):778-779.

[160] 彭京砥.日本空调现状[J].郑州纺织工学院学报,1990,(1):83-87.

[161] 张强.暖通空调节能存在的问题及改进措施的探讨[J].科技风,2013,(11):230-231.

[162] 王志勇,刘泽华,王汉青,等.基于建筑环境的空调系统设计及节能分析[J].建筑热能通风空调,2004,23(2):54-57.

[163] 余晓平,黄大勇,陈三得,等.重庆某酒店中央空调系统运行管理现状及能耗分析

[J]. 建筑节能，2007，35(3)：38-41.
[164] 杨新才，田开成，于天明，等. 中央空调节能控制技术的应用[J]. 建筑节能，2007，35(11)：11-13.
[165] 万玲，符永正. 中央空调系统风机运行工况实测及节能分析[J]. 建筑热能通风空调，2011，(6)：62-64.
[166] 王良志，刘学勇，巴志强，等. 大型综合医院空调系统节能管理实践浅析[J]. 现代医院管理，2017，15(3)：8-10.
[167] 张超，刘东，张晓杰，等. 上海地区高校办公建筑能耗及节能潜力研究[J]. 建筑热能通风空调，2013，32(1)：37-40.
[168] 赵磊，朱海涛. 中央空调智能控制系统在公用建筑节能中的应用[J]. 环境保护与循环经济，2011，31(5)：57.
[169] 屈文斌. 变频技术在中央空调系统节能中的应用[J]. 测试工具与解决方案，2013，(15)：96-97.
[170] 龚延风，虞维平. 定风量空调系统全年多工况节能运行方法研究[J]. 暖通空调，2003，33(2)：119-122.
[171] 田喆，彭鹏，朱能. 某银行办公楼全空气空调系统测试与诊断分析[J]. 流体机械，2004，32(12)：61-63.
[172] 班博林，解国珍. 能量回收式空气处理机组全年运行节能分析[J]. 北京建筑工程学院学报，2006，22(1)：21-25.
[173] 常世钧，冷热源及建筑节能的研究现状和进展[J]，建筑热能通风空调，2003，(5)，18-23.
[174] 李洋. 符合 LEED 标准的绿色建筑给排水系统设计[J]. 给水排水，2012，38(5)：77-80.
[175] 蔡宇仕. 建筑给排水设计节水措施的探讨[J]. 山西建筑，2005，31(11)：136-137.
[176] 刘永刚. 建筑给排水设计中的节能节水措施综述[J]. 山西建筑，2008，34(16)：174-175.
[177] 赵世明，高峰. 建筑给排水系统的节能原理[J]. 给水排水，2008，34(s2)：8-10.
[178] 张玉平. 建筑给排水专业节能措施及再生水资源的利用[J]. 山西建筑，2011，37(8)：111-112.
[179] 徐扬，丁淳. 上海虹桥综合交通枢纽西航站楼给排水节能节水设计[J]. 给水排水，2010，36(4)：83-85.
[180] 廖述龙. 高层楼宇建筑电气节能技术研究[D]. 上海：上海交通大学，2012.
[181] 龙惟定，胡欣. 上海公共建筑能耗现状及节能潜力分析[J]. 暖通空调. 1998，(6)：13-17.
[182] 清华大学建筑节能研究中心. 中国建筑节能年度发展研究报告 2010[M]. 北京：中国建筑工业出版社，2010.
[183] 代铭玉. 国内外新能源利用现状[J]. 绿色科技，2011，(08)：61-64.
[184] 佚名. 世界能源消费现状和可再生能源发展趋势[J]. 辽宁建材，2006，(06)：7-8.
[185] 李思德. 德国可再生能源利用步入世界前列[J]. 能源研究与利用，2013，(5)：

22-23.
[186] 蔡隽逸.现阶段欧盟可再生能源政策进展及发展趋势[J].内蒙古水利,2013,(5):177-179.
[187] 汪岗,王琦,刘小勇.中国可再生能源发展现状分析[J].北方环境,2011,23(5):9.
[188] 国家发展改革委.可再生能源发展“十三五”规划[EB/OL].http://www.sdpc.gov.cn/zcfb/zcfbtz/201612/t20161216_830264.html.
[189] 林葎,张娟,惠京颖.低碳校园建设的实践与探索[J]. 建筑经济,2011,(06):96-97.
[190] 赵珊珊.重庆农村地区太阳能利用情况调查及综合效益分析[D].重庆:重庆大学,2010.
[191] 佚名.创新节能建筑:山东建筑大学梅园1号学生公寓楼西楼[J].建筑创作,2007,(9):54-59.
[192] 孟为.100所校园今年将建阳光屋顶[N].北京日报,2011-06-01(10).
[193] 钱锋,魏崴,曲翠松.同济大学文远楼改造工程历史保护建筑的生态节能更新[J].时代建筑,2008,(2):56-61.
[194] 司士荣.国内外地热能开发利用综述[J].太阳能,1998,(2):6.
[195] 唐志华.湖南省浅层地热能建筑应用及地源热泵模糊综合评判研究[D].长沙:湖南大学,2011.
[196] 王秉忱.我国浅层地热能开发现状与发展趋势(三)[J].供热制冷,2012,(2):56-57.
[197] 财政部,住房城乡建设部.关于印发可再生能源建筑应用城市示范实施方案的通知[EB/OL].http://www.mof.gov.cn/wjfb/200907/t20090709_192204.html.
[198] 罗佐县.我国地热产业政策优化改革思考[J].当代石油石化,2017,25(06):6-12.
[199] 国务院《关于印发“十三五”控制温室气体排放工作方案的通知》(国发〔2016〕61号)http://www.gov.cn/zhengce/content/2016-11/04/content_5128619.htm.
[200] 张丙利.苏北地区新农村住宅热湿环境调节应用技术研究[D].徐州:中国矿业大学,2012.
[201] 郑爱平.地道风降(升)温技术在西北地区的应用研究[J].节能与环保,2001,(6):43-45.
[202] 杨洪生.自然通风降温系统在建筑中的应用——北京大学附属小学校园建筑的节能技术实践[J].建筑学报,2008,(3):20-23.
[203] 谭洪卫.首批“节约型校园建设”示范高校——同济大学节约型校园建设示范[J].建设科技,2009,(10):20-23.
[204] 姚春妮,刘幼农.空气热能纳入可再生能源的建筑应用技术研究[J].建设科技,2016,(2):12-16.
[205] 闫志强.空气能应列入可再生能源范围[N].中国能源报,2015-05-18(24).
[206] 于靖华.基于EETP指标的夏热冬冷地区居住建筑围护结构热工性能及经济性

研究[D]. 长沙:湖南大学,2009.
[207] 杨玉兰. 居住建筑节能评价与建筑能效标识研究[D]. 重庆:重庆大学,2009.
[208] 党奇,谭蓉,徐新华. 建筑围护结构热性能指标 OTTV 的研究与应用[J]. 制冷与空调,2010,10(4):10-14.
[209] 任俊,刘加平. 居住建筑节能设计计算与评价 EHTV 法研究[J]. 西安建筑科技大学学报,2004,36(2):138-141.
[210] 韩学廷,李国富,邹志胜. 关于围护结构热工性能权衡判断法的讨论[J]. 建筑节能,2011,39(11):44-47.
[211] 雷飞,胡平放. 夏热冬冷地区公共建筑热工性能评估方法的讨论[J]. 暖通空调,2009,39(3):70-72.
[212] 杨玉兰,李百战,姚润明. 居住建筑能效评价指标及权重的确定[J]. 暖通空调,2009,39(5):48-52.
[213] 冯浩茹,彭盈. 基于全寿命周期原理的外墙外保温节能体系经济评价方法[J]. 四川建筑科学研究,2011,37(2):277-280.
[214] 陆宁,郭颖,赵丽萍,等. 城镇既有住宅建筑节能的模糊诊断评价研究[J]. 建筑节能, 2011,39(5):52-55.
[215] 魏晓东. 基于 AHM 的既有居住建筑围护结构节能改造效益综合评价研究[J]. 科技管理研究, 2011,31(16):73-77.
[216] 王清勤,何维达. 既有公共建筑节能改造评价指标体系构建的探讨[J]. 建筑节能, 2011,39(4):73-76.
[217] 周倩. 基于方案排队法的空调系统冷热源优化布局[J]. 甘肃科学学报,2013,25(4):87-91.
[218] 赵斌. 寒冷地区中小型商业建筑空调系统方案分析比较研究[J]. 供热制冷,2016,(5):64-67.
[219] 张彬. 利用温频法对空调冷热源进行经济分析及选择[J]. 供热制冷,2011,(2):62-64.
[220] 罗志冬,胡松涛,刘光乘. 某医院空调系统冷热源的经济性对比分析[J]. 青岛理工大学学报,2015,36(3):68-71.
[221] 张广丽,陈丽萍. 夏热冬冷地区居住建筑冷热源经济性分析[J]. 制冷与空调,2011,11(6):78-81.
[222] 陈绿华,符史亮,高航,等. 基于 AHP 的冷热源方案选型[J]. 建筑节能,2016,44(5):113-118.
[223] 陈菲,陈震,何嘉鹏. 基于层次分析法的夏热冬冷地区大型商业建筑空调冷热源方案选择[J]. 江苏建筑,2015,(1):106-110.
[224] 郭永辉,谈莹莹,张国强. 基于多目标决策的空调冷热源方案优化[J]. 河南科技大学学报(自然科学版),2009,30(3):62-66.
[225] 刘慧卿,李文杰,潘文彦. 基于离差最大化与灰关联耦合的空调冷热源优选模型[J]. 建筑科学,2010,26(12):102-105.
[226] 闫加贺,黄建恩,冯伟,等. 基于优属度和层次分析法的冷热源方案优选[J]. 可再

生能源,2011,29(4):102-105.
[227] 王勇平,龚光彩.建筑冷热源优化选型模型[J].节能,2012,31(10):44-46.
[228] 李小双.水加热用能设备能效评价与节能潜力研究[D].北京:北京建筑大学,2014.
[229] 中国标准化研究院.中国用能产品能效状况白皮书(2013)[M].北京:中国标准出版社,2013.
[230] 王如竹,张川,翟晓强.关于住宅用空气源热泵空调、供暖与热水设计要素的思考[J].制冷技术,2014,(1):32-41.
[231] 饶荣水.空气源热泵热水器全年综合性能系数评估[J].制冷与空调,2012,12(4):13-21.
[232] 杨晚生.建筑环境学[M].武汉.华中科技大学出版社,2009.
[233] 朱颖心.建筑环境学[M].北京:中国建筑工业出版社,2015.
[234] 陶文铨.数值传热学[M].西安:西安交通大学出版社,2001.
[235] 王瑞.建筑节能设计[M].武汉:华中科技大学出版社,2014.
[236] 王丁丁.建筑设计与自然风[D].郑州:郑州大学,2007.
[237] 中华人民共和国住房与城乡建设部,国家质量监督检验检疫总局.外墙外保温系统技术要求及评价方法(征求意见稿)[S].
[238] 王平利.空调冷热源方案选择方法的研究[D].成都:西南交通大学,2002.
[239] 邢栋.现代办公建筑节能设计方法及策略研究[D].青岛:青岛理工大学,2013.
[240] 刘晓燕,李晓庆,刘立君.民用供暖建筑复合墙体保温层厚度优化设计[J].暖通空调,2007,37(1):77-79.
[241] 郭楠,赵松源,赵嵩颖.长春市既有就建筑外墙节能改造保温厚度的研究[J].建筑节能,2010,38(10):64-66.
[242] 赵金玲,庄智,李伯军.建筑围护结构保温层经济厚度计算方法的研究[J].建筑热能通风空调,2005,24(3):68-71.
[243] 本书编委会.公共建筑节能设计标准宣贯辅导建材[M].北京:中国建筑工业出版社,2005.
[244] 住房和城乡建设部标准定额研究所.居住建筑节能设计标准应用技术指导手册[M].北京:中国建筑工业出版社,2010,8:29.
[245] 于靖华,杨昌智,田利伟,等.长沙地区居住建筑外墙保温层最佳厚度的研究[J].湖南大学学报,2009,36(9):16-21.
[246] 冯雨,刘洪波.2011 年上半年煤炭市场分析及下半年预测[J].煤炭经济研究,2011,31(8):40-42.
[247] 张喆.2010 年我国煤炭市场形势综述及 2011 年基本预测[J].中国能源,2011,33(2):44-46.
[248] 刘加平,谭良斌,何泉.建筑创作中的节能设计[M].北京:中国建筑工业出版社,2009.
[249] 杨柳.建筑节能综合设计[M].北京:中国建材工业出版社,2014.
[250] 刘晓燕.建筑节能原理与应用[M].北京:中国水利水电出版社,2012.

[251] 徐占发.建筑节能技术实用手册[M].北京:机械工业出版社,2005.
[252] 吕恒林,田国华,黄建恩,等.苏北地区新农村科学规划及住宅节能体系研究[M].徐州:中国矿业大学出版社,2014.
[253] 李德英.建筑节能技术[M].北京:机械工业出版社,2006.
[254] 赵贤兵,李芳芹,李永存.空调循环水泵合理配置与节能研究[J].湘潭矿业学院学报,2002,17(3):78-80.
[255] 廖鸣镝,肖建平,屈国伦,等.广州设计大厦建筑设备节能改造方案简陈[J].建筑电气,2012,31(6):34-36.
[256] 王赛华.中央空调冷源系统节能运行探讨[J].福建建设科技,2013,(1):50-51.
[257] 龙惟定,武涌.建筑节能技术[M].北京:中国建筑工业出版社,2009.
[258] 贾东生,陈瑛,刘海燕,等.高校节水的有效途径[J].节能与环保,2012,(9):56-57.
[259] 刘振印.建筑给排水节能节水技术探讨[J].给排水,2007,33(1):61-70.
[260] 李蔚,陈车.谈建筑电气节能技术的设计应用[J].武汉勘察设计,2011,(2):33-40.
[261] 赵宏伟.关于高层建筑应用变频给水设备的探讨[C]//中国土木工程学会工业分会建筑给排水委员会20周年庆典论文集,2007.
[262] 韩振春.兴邦大厦建筑给排水的节能设计措施[J].建筑节能,2013,(8)::64-66.
[263] 韩子磊.节能技术在建筑电气设计中的应用[J].智能建筑电气技术,2008,2(6):84-87.
[264] 徐先勇,罗安,方璐,等.配电网综合电气节能关键技术研究[J].电网技术,2009,33(7):47-54.
[265] 佚名.我国变压器行业正在快速发展[J].电源世界,2015,(2):4.
[266] 王峥,任毅.我国太阳能资源的利用现状与产业发展[J].资源与产业,2010,12(2):89-92.
[267] 徐海荣,钟史明.充分利用我国太阳能资源,开发太阳能光伏产业[J].沈阳工程学院学报(自然科学版),2006,2(4):299-302.
[268] 闫云飞,张智恩,张力,等.太阳能利用技术及其应用[J].太阳能学报,2012,(s1):47-56.
[269] 赵奇,乌一军,骆丹煦,等.太阳能热水系统热性能试验的探讨和研究[J].家电科技,2011,(11):58-59.
[270] 吕恒林,冯伟,黄建恩,等.粉煤灰混凝土砌块自保温墙体技术研究[M].徐州:中国矿业大学出版社,2016.
[271] 何梓年.太阳能热利用[M].合肥:中国科学技术大学出版社,2009.
[272] 赵振华.太阳能采暖系统的应用研究[D].天津:天津大学,2010.
[273] 叶盛.空调冷热源的选择与评估[D].上海:同济大学,2007:44-47.
[274] 吴勇,李晓骅,卫鑫,等.高校学生公寓太阳能热水系统可行性探讨——以西昌学院为例[J].科技致富向导,2012,(12):100.
[275] 曲云霞.地源热泵系统模型与仿真[D].西安:西安建筑科技大学,2004.

[276] 成俊杰. 地源热泵技术原理及其优缺点[Z/OL]. (2012-02-16). http://wenku.baidu.com/view/bc65c4747fd5360cba1adbcf.html.
[277] 汪训昌. 关于发展地源热泵系统的若干思考[J]. 暖通空调,2007,(3):38-43.
[278] 李萍. 湖南村镇住宅地道风技术应用及设计研究[D]. 长沙:湖南大学. 2011.
[279] 杨世铭,陶文铨. 传热学[M]. 北京:高等教育出版社,1998.
[280] 李柏年. 模糊数学及其应用[M]. 合肥:合肥工业大学出版社,2007.
[281] 陈守煜. 系统模糊决策理论与应用[M]. 大连:大连理工大学出版社,1994.
[282] 赵荣义,钱以明,范存养. 简明空调设计手册[M]. 北京:中国建筑工业出版社,2006.
[283] 仇保兴. 中国建筑节能年度发展研究报告 2008[M]. 北京:中国建筑工业出版社,2008.
[284] 吴学慧,孙德兴. 城市原生污水源热泵的经济性分析[J]. 暖通空调,2007,37(11):36-39.
[285] 王超群,龙惟定. 冷热电三联供实例经济分析[J]. 暖通空调,2004,(3):38-41.
[286] 李德英. 供热工程[M]. 北京:中国建筑工业出版社,2006.
[287] 陆耀庆. 供暖通风设计手册[M]. 北京:中国建筑工业出版社,1987.